WINFRIED STÜRRLE

Der Marktzins in der unternehmerischen Investitionsentscheidung

Betriebswirtschaftliche Schriften

Heft 38

Der Marktzins in der unternehmerischen Investitionsentscheidung

Von

Dr. Winfried Störrle

DUNCKER & HUMBLOT / BERLIN

Gedruckt 1970 bei Berliner Buchdruckerei Union GmbH., Berlin 61
Printed in Germany
n 2

Geleitwort

Die Untersuchung der Beziehungen zwischen Investitionstätigkeit und Zins war lange Zeit die Domäne volkswirtschaftlicher Zinstheoretiker, allen voran John Maynard Keynes, der die Diskussion um den Zins als konjunkturpolitisches Steuerungsinstrument der Investitionstätigkeit durch seine Theorie der Zinsempfindlichkeit der unternehmerischen Investitionsentscheidung neu entfacht hat.

Heute hat sich als herrschende Meinung herausgebildet, daß diese Abhängigkeit auf keinen Fall allgemein und ausnahmslos Geltung besitzt. Nach den diesbezüglichen Untersuchungen von Friedrich und Vera Lutz, Kenneth E. Boulding und insbesondere Erich Preiser gilt als erwiesen, daß nur durch das Zusammenwirken einer ganzen Reihe spezieller Faktoren eine Zinsempfindlichkeit der Investitionsentscheidung herbeigeführt wird.

Erst in den 50er Jahren rückte die Problematik der Investitionsentscheidung in der Betriebswirtschaftstheorie in den Vordergrund. Der Schwerpunkt wurde hier — der einzelwirtschaftlichen Betrachtungsweise entsprechend— auf entscheidungstheoretische Aspekte gesetzt. Der Anstoß dazu ging wie bei zahlreichen anderen „modernen" Problemen der Betriebswirtschaftslehre von der amerikanischen Fachwelt aus und führte auch in Deutschland zu zahlreichen Publikationen in Fachzeitschriften. Notwendigerweise mußten sich diese Erörterungen auf Detailprobleme beschränken. Eine fundamentale Darstellung einer umfassenden Investitionstheorie deutschen Ursprungs fehlt meines Wissens bis heute. Lediglich auf den tangierenden Gebieten der allgemeinen Entscheidungstheorie und der Informations- und Kommunikationstheorie liegen Grundlagenwerke vor.

Auch die vorliegende Thematik beschränkt sich auf ein Teilgebiet der Investitionstheorie, auf die Bedeutung des Marktzinses für die Investitionsentscheidung. Der Verfasser — 1968/69 Assistent an meinem Lehrstuhl — versucht jedoch, die Untersuchung des Zinseinflusses auf die Entscheidung über die langfristige Bindung von Kapital in der Unternehmung in den Zusammenhang einer geschlossenen entscheidungsorientierten Investitionstheorie zu integrieren. Der Untersuchungsweg folgt dem chronologischen und technologischen Aufbau der Investitionsentscheidung. Die daraus resultierende Verwertbarkeit der Ergebnisse für die praktische Unternehmertätigkeit entspricht zudem der Grundeinstellung des Verfassers, daß nur eine praxisbezogene Investitionstheorie den Anforderungen der Betriebswirtschaftslehre genügen kann. Damit sind die Ergebnisse der Untersuchung, die durch praxisnahe Beispiele verdeutlicht werden, gleichzeitig als Entscheidungshilfen für den Investor geeignet.

Dem Entscheidungsprozeß folgend, zeigt die Abhandlung einen dreiteiligen Aufbau. Auf die Behandlung der theoretischen Grundlagen der Investitionsentscheidung und des Zinses folgt die Erörterung der Informationsgewinnung und -aufbereitung (Investitionsanalyse). Hier werden insbesondere hinsichtlich der Bestimmung des Kalkulationszinsfußes neue Akzente gesetzt und seine dominierende Wirkung auf die Ergebnisse der Investitionsrechnungen verdeutlicht. Damit verbunden ist eine Würdigung der einzelnen Verfahren der Investitionsrechnungen sowohl nach den Zielen der Analyse als auch nach der Praktikabilität der einzelnen Methoden.

Im letzten Teil, der sich der Bewertung von Entscheidungsfaktoren widmet, wird besonders auf das Problem der vom Investor an das Investitionsprojekt zu stellenden Rentabilitäts-, Liquiditäts- und Sicherheitsanforderungen eingegangen. Dr. Störrle mißt dabei dem Marktzins insbesondere als Vergleichsmaßstab hinsichtlich der zu fordernden Mindestrendite große Bedeutung bei. Hier ergeben sich auch Berührungspunkte mit den eingangs erwähnten Problemen der Zinsempfindlichkeit der Investitionstätigkeit durch Änderungen des Marktzinses in seiner Eigenschaft als Fremdkapitalzins und als Opportunitätsrendite. Aber auch die unter Umständen ausschlaggebende Wirkung bestimmter liquiditätspolitischer Faktoren auf das Entscheidungsergebnis wird hier deutlich gemacht.

Ich bin nicht in allem derselben Meinung wie Dr. Störrle (das Märchen von den in allen Punkten die Meinung des Ordinarius wiedergebenden Schülerarbeiten ist offenbar nicht auszurotten), aber ich akzeptiere die Grundideen, den folgerichtigen Aufbau und die logische Gedankenführung. Vor allem meine ich, daß es, insgesamt gesehen, gelungen ist, die investitionspolitischen Entscheidungsfaktoren und ihre Interdependenzen unter zinstheoretischen und -politischen Aspekten aus der Sicht des Unternehmers umfassend zu erörtern. Auf einigen wesentlichen Gebieten werden dabei neue Wege und Konsequenzen im allgemeinen Trend der wissenschaftlichen Durchdringung der unternehmerischen Investitionsentscheidung aufgezeigt. Die aus diesen Erkenntnissen neu erwachsenden Problemstellungen müssen späteren Untersuchungen vorbehalten bleiben. Ist zur Fortsetzung dieser Diskussion der Ansatz gegeben, kann ein Hauptziel dieses Buches als erreicht gelten.

Rückersdorf, im Herbst 1969 Professor Dr. Oswald Hahn

Inhaltsverzeichnis

Erster Teil

Der investitionspolitische Entscheidungsprozeß

Zweiter Teil

Der Wirkungsbereich des Marktzinses nach den Investitionstheorien

Dritter Teil

Die Funktionen des Marktzinses im Entscheidungsprozeß

Abkürzungsverzeichnis

AER	American Economic Review
BankA	Bank-Archiv
BFuP	Betriebswirtschaftliche Forschung und Praxis
DB	Der Betrieb
Der österr. Bw.	Der österreichische Betriebswirt
DGfB	Deutsche Gesellschaft für Betriebswirtschaft
HB	Handelsblatt
HBR	Harvard Business Review
HdB	Handwörterbuch der Betriebswirtschaft
HdW	Handbuch der Wirtschaftswissenschaften
IdW	Institut der Wirtschaftsprüfer
JbfNÖuStat	Jahrbuch für Nationalökonomie und Statistik
JoB	Journal of Business
JoF	Journal of Finance
MI	Management International
Österr. BankA	Österreichisches Bank-Archiv
WP	Die Wirtschaftsprüfung
ZfB	Zeitschrift für Betriebswirtschaft
ZfbF	Zeitschrift für betriebswirtschaftliche Forschung
ZfgStw.	Zeitschrift für die gesamte Staatswissenschaft
Zfhf, NF	Zeitschrift für handelswissenschaftliche Forschung, Neue Folge
ZfK	Zeitschrift für das gesamte Kreditwesen
ZfNÖ	Zeitschrift für Nationalökonomie

Erster Teil:

Der investitionspolitische Entscheidungsprozeß

A. Die Investitionspolitik der Unternehmung

I. Die Investition unter betriebswirtschaftlichen Aspekten

1. Diese Untersuchung entnimmt ihre Problematik aus den Bereichen der Investitionstheorie, der Entscheidungstheorie und der Finanzierungslehre. Herangezogen werden müssen des weiteren Methoden und Ergebnisse volkswirtschaftlicher, mikroökonomischer Theorien, der Psychologie, der Mathematik (insbesondere der Finanzmathematik und der Statistik) und der betrieblichen Organisationslehre.

Die Grundprobleme stammen aus der Investitionstheorie; ihre Behandlung ist jedoch zugeschnitten auf Vorbereitung und Fällen der Investitionsentscheidung, die Investitionsdurchführung bleibt außer Betracht, die Investitionsplanung wird nur relevant, soweit sie der Vorbereitung der *Durchführungs*entscheidung dient. Innerhalb des Komplexes der Investitionsentscheidung kommen die Grundsätze der Entscheidungstheorie zum Zuge, die wir auf die Theorie einer wirtschaftlichen Entscheidung beschränken wollen. Innerhalb dieses eingeschränkten Bereiches soll nun der Marktzins als entscheidungspolitisches Kriterium untersucht werden.

Daraus ist zu ersehen, daß die vorliegende Arbeit weder eine vollständige Abhandlung der Investitionstheorie noch der Entscheidungstheorie darstellen kann.

Nach dieser theoretischen Abgrenzung müssen wir nun noch im Interesse der Ableitung aussagefähiger Ergebnisse Prämissen setzen. Vorausgesetzt werden soll ein Wirtschaftssystem, das ein autonomes Handeln der Wirtschaftssubjekte aufgrund eigener Initiative und Verantwortung und nach eigenem Ermessen zuläßt, allein begrenzt durch das Gesetz demokratischen Verzichts auf schrankenlose Freiheit zum Wohl der Allgemeinheit. Diese Voraussetzungen sind in der Wirtschaftsform der Freien und Sozialen Marktwirtschaft gegeben. Außerdem werden Gesetzmäßigkeiten im wirtschaftlichen Ablauf postuliert, d. h. die Wirtschaftssubjekte handeln rational unter Abwägung der mit ihrem Handeln verbundenen Vor- und Nachteile. Das einzelne Wirtschaftssubjekt wählt zur Erreichung eines selbst gesetzten oder vorgegebenen Zieles — das für sich betrachtet allerdings nicht rational zu sein braucht — jene Mittel und Wege aus, die nach bestem Wissen geeignet sind, den angestrebten Zweck zu verwirklichen.

Durch die Voraussetzung einer betriebswirtschaftlichen Abhandlung wird nun allerdings der Kreis der Wirtschaftssubjekte einmal der Art nach, zum anderen der Aktion nach eingeschränkt. Der Staat fällt mit seinen hoheitlichen Handlungen aus unserer Betrachtung heraus. Nicht ganz so klar ist die Position der Privathaushalte. Eine Reihe betriebswirtschaftlicher Fachvertreter rechnet auch die Konsumtivwirtschaft unter das Erkenntnisobjekt der Betriebswirtschaftslehre[1]. Zurückzuführen ist diese Auffassung auf Walter *Mahlberg*, der bereits 1926[2] glaubte, sämtliche Erkenntnisse der Betriebswirtschaftslehre auf den Privathaushalt ausdehnen zu können und das Geschehen nach denselben Prinzipien wie bei der Unternehmung untersuchen und steuern zu können[3]. „Davon kann keine Rede sein. Im Haushalt ist alles, was geschieht, endgültig, am eindeutigsten der Verbrauch[4].“ Weder die Zielvorstellungen des Unternehmers noch die Geschehnisse in der Unternehmung, sei es das Produzieren, Kapital beschaffen und einsetzen oder das Verkaufen, lassen sich auf den Haushalt übertragen. Demzufolge ist auch die Betrachtungsweise der Betriebswirtschaftslehre nicht allgemein auf den Haushalt anwendbar. In der Praxis beschränkte sich die Lehre deshalb auch auf eine Theorie der Unternehmung. Im folgenden sollen die Investitionsentscheidungen der Haushalte ausgeklammert werden und auf die Investitionspolitik einer Industrieunternehmung, bei der die zu untersuchende Problematik am deutlichsten hervortritt, abgestellt werden.

---

1 Nach Günter *Wöhe* (Methodologische Grundprobleme der Betriebswirtschaftslehre, Meisenheim/Glan 1959) gehören dazu: Walter *Mahlberg*, Heinrich *Nicklisch*, Fritz *Schmidt*, Fritz *Schönpflug*, Wilhelm *Hasenack*, Josef *Löffelholz* und Curt *Sandig*. Vgl. auch *Sandig*, Curt: Die Forschungs- und Darstellungsmethoden und das Methodenproblem in betriebswirtschaftlicher Sicht, in: BFuP 9. Jg. (1957), S. 138; ders.: Art. Methodenprobleme, betriebswirtschaftliche, in: HdB, 3. Aufl., 3. Bd.; *Linhardt*, Hanns: Neue Tendenzen in der Betriebswirtschaftslehre, in: Angriff und Abwehr im Kampf um die Betriebswirtschaftslehre, Berlin 1963, S. 198 ff., hier S. 204. Hanns *Linhardt* zählt auch Erich *Kosiol* und Rudolf *Seyffert* zu diesen Vertretern. Aufgrund ihrer Äußerungen können auch Oswald *Hahn* und Fritz *Klein-Blenkers* zu dieser Richtung gerechnet werden.

2 Vgl. *Mahlberg*, Walter: Die Betriebsverwaltung, Grundriß der Betriebswirtschaftslehre, Bd. 2: Der Betriebsbegriff und das System der Betriebswirtschaftslehre, Leipzig 1926.

3 Vgl. *Linhardt*, Hanns: Das Objekt der Wirtschaftswissenschaft, in: ZfB 26. Jg. (1956), S. 197 ff.; Wiederabdruck in: *Linhardt*, Hanns: Angriff und Abwehr im Kampf um die Betriebswirtschaftslehre, a.a.O., S. 148 ff., hier S. 171.

4 Ebenda, S. 171.

Das Ziel der Untersuchung ist es, aufzuzeigen, ob zwischen Marktzins und Investitionsentscheidung Abhängigkeiten bestehen und welche. Der Weg, der dabei beschritten wird, gleicht dem der Theorienbildung. Einmal wird von praktischen Erfahrungen und vielfach bewährten Regelungen ausgegangen, die als Rezepte für spätere Investitionsvorhaben mit derselben Ausgangssituation und in Erwartung gleichartigen Ablaufes angewendet werden (empirische Theorienbildung)[5]. Zum anderen werden aus Entscheidungsmodellen, wie sie die Investitionstheorie liefert, durch Deduktion Abhängigkeitsregeln gefunden. Inwieweit die auf diese Weise gefundenen „Theorien" praktikabel sind, hängt von der Anzahl der Prämissen, die dabei gesetzt werden müssen, und von ihrer Wirklichkeitsnähe ab sowie von der Anzahl der durch die Theorie vorausgesagten möglichen Ergebnisse (Eindeutigkeit der Ergebnisse). Eine Theorie dieser Art, die die Investitionsentscheidung als abhängige Variable des Marktzinses zeigt, wurde u. W. bislang nur von der Nationalökonomie aufgestellt.

2. Zunächst bedarf es einer Abgrenzung der verwendeten Begriffe, die zum überwiegenden Teil der Investitionstheorie entnommen werden. Schon der Begriff der Investition selbst findet verschiedenartige Auslegung in der Wissenschaft. Allgemein versteht man unter investieren Kapital langfristig in Sachgütern anlegen oder für größere Unternehmen, die sich über eine längere Zeit hinziehen, mit Überlegung so verwenden, daß man Nutzen oder Gewinn davon erwarten kann[6]. Das Moment der Langfristigkeit als begründender Bestandteil wird auch betont von Konrad *Mellerowicz:* „Betriebliche Investition ist Kapitaleinsatz auf längere Sicht"[7], hier allerdings schon abgestellt auf die Investition in der Unternehmung, während nach Hanns Linhardt jegliche „Mittelverwendung durch Umsetzung von Geldbeträgen in Maschinen, Geräte, *Rohstoffe* und so weiter"[8] als Investition anzusehen ist. Auch Friedrich A. und Vera *Lutz* sind der Meinung, daß „Inputs in any period which give rise to outputs in the same period are not considered as involving any investment of capital"[9]. Lutz' Feststellung kann sich jedoch nur auf den Fall des ‚*total* output in the same period' beziehen. Aus den weiteren Ausführungen von Lutz geht hervor, daß sie abstellen auf jenen Kapitaleinsatz, der nicht

---

[5] Vgl. *Wild,* Jürgen: Zur praktischen Bedeutung der Organisationstheorie, in: ZfB 37. Jg. (1967), S. 577.

[6] Duden. Vergleichendes Synonymwörterbuch, München 1964, S. 374 u. 352.

[7] *Mellerowicz,* Konrad: Geleitwort zu *Brandt,* H.: Investitionspolitik des Industriebetriebs, Wiesbaden 1959.

[8] *Linhardt,* Hanns: Kapitalwirtschaft und Kapitalrechnung, in: Die Unternehmung im Markt. Festschrift für Wilhelm Rieger, Stuttgart—Köln 1953, S. 39—65, hier S. 41 (Hervorhebung vom Verf.).

[9] *Lutz,* Friedrich A. und Vera: The Theory of Investment of the Firm, Princeton 1951, S. 50.

vollständig in der Einsatzperiode der Unternehmung in Form von Erlösen wieder zufließt. Ein periodenmäßiger Anteil an den Gesamteinnahmen aus der Investition kann sehr wohl bereits wieder in der ersten Periode entstehen.

Dieses Dilemma sucht Ludwig *Pack* zu umgehen, indem er neben Anlagen- auch Umsatzinvestitionen nennt, die dadurch gekennzeichnet sind, daß „die durch die Investition dem Betrieb zugeführten konkreten Werte bei bestimmungsgemäßer Nutzung wieder im Verlaufe einer einzigen Umsatzperiode in die Geldform zurückgeführt werden“[10]. Allerdings ist dieses Begriffspaar nicht exakt genug, da einerseits im Anlagevermögen kurzfristig Geldanlagen vorhanden sein können, andererseits auch im *Umlaufs*vermögen — Umsatz ist kein korrespondierender Begriff zu Anlagen — Kapital langfristig gebunden sein kann; man denke an jene Teile des Umlaufsvermögens, die zum betriebsnotwendigen Vermögen gehören, z. B. ‚eiserne Bestände des Vorratsvermögens‘[11] und ständiger Vorrat an liquiden Mitteln[12]. Ebensowenig eindeutig wie das Merkmal der Fristigkeit ist die begriffliche Beschränkung auf Anlage in Sachgütern, wie sie im allgemeinen Sprachgebrauch vorgenommen wird. Unter den Investitionsbegriff fällt nach Ansicht Matthias *Heisters* auch der Kapitaleinsatz in Dienstleistungen wie „Sicherung von Transportleistungen und der Einsatz von Arbeitskraft. Schließlich sind der Erwerb von Aktien, der Kauf von Obligationen und die Anlage von Bankguthaben Investitionen“[13]. Dieser Einteilung folgt auch Horst *Brandt*[14], der wie auch Oswald *Hahn*[15] die betriebliche Investition als Teil der Kapitalwirtschaft des Betriebes erfaßt sieht, wobei die Finanzierung im weitesten Sinne des Begriffes neben der Beschaffung auch die Bewirtschaftung des Kapitals umfaßt (vgl. aber 3. Teil, B, III).

Bei Betrachtung der verschiedenen Auslegungen fällt auf, daß dem Investitionsbegriff sowohl eine Aktivität als auch ein Zustand zugeordnet wird, „the word ‚investment‘ means at one and the same

---

10 *Pack*, Ludwig: Betriebliche Investition, Wiesbaden 1959, S. 101.

11 Vgl. *Groos*, Manfred: Die optimale Investitionsentscheidung in der Unternehmung unter besonderer Berücksichtigung der Ersatzinvestitionen, Diss. Köln 1964, S. 2 f.

12 Vgl. *Albach*, Horst: Wirtschaftlichkeitsrechnung bei unsicheren Erwartungen, Köln-Opladen 1959, S. 11.

13 *Heister*, Matthias: Rentabilitätsanalyse von Investitionen, Köln-Opladen 1962, S. 2.

14 Vgl. *Brandt*, Horst: Investitionspolitik des Industriebetriebs, 2. Aufl., Wiesbaden 1964, S. 13.

15 Vgl. *Hahn*, Oswald: Zahlungsmittelverkehr der Unternehmung, Wiesbaden 1962, S. 65 und 69.

time, an act and the result of that act: the decision to invest and the capital invested"[16]. In unserem Zusammenhang ist allein die Aktion des Investierens maßgebend, deren wichtigste Voraussetzung eine positive Investitionsentscheidung darstellt.

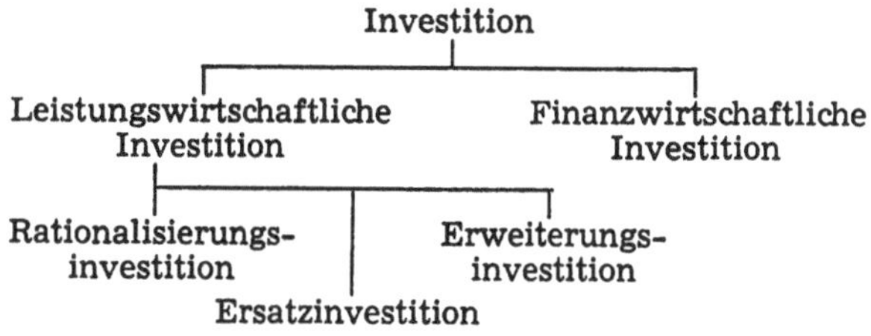

Abb. 1. Der Investitionsbegriff

(In Anlehnung an: *Brandt*, Horst: Investitionspolitik des Industriebetriebs a.a.O., S. 13 und *Schäfer*, Erich: Über einige Grundfragen der Betriebswirtschaftslehre, in: ZfB 20. Jg. (1950), S. 553 ff., hier S. 557; ders.: Grundfragen der Betriebswirtschaftslehre, in: HdW, Bd. I, S. 11 ff., hier S. 33.)

Mehr analytischen Charakter trägt die heute in der Theorie weitgehend anerkannte Definition Kenneth E. *Bouldings*, der die Investition ganz abstrakt versteht „as a series of payments, ... some of which are positive and some of which are negative..."[17]. Zu diesen zwei Wertströmen, von denen einer vom Investor ausgeht und der andere dem Investor wieder zufließt, kommt als dritter begriffsnotwendiger Bestandteil u. E. die Zeit, die zwischen diesen Wertströmen und zwischen den einzelnen Posten innerhalb der Ströme liegt und die für unser Zinsproblem von fundamentaler Bedeutung ist[18]. Sie gibt dem Investitionsbegriff erst das Bewegungsmoment und macht ihn zum zeitraumbezogenen Begriff[19]. Die Zeitbezogenheit des Investitionsvorganges birgt die entscheidungstechnischen Hauptprobleme. Die Ungewißheit zukünftiger Erwartungen wird zum Hauptfaktor unternehmerischer Risikopolitik. Im Gegensatz zu diesen rein theoretischen Begriffsbestimmungen steht die Benützung des Investitionsbegriffes in der Praxis, wo vor allem „Geldaufwand zum Zwecke der Erweiterung oder Modernisierung (oder Ersatz; d. Verf.) der be-

---

[16] *Massé*, Pierre: Optimal Investment Decisions, New York 1962, S. 1.

[17] *Boulding*, Kenneth E.: Time and Investment, in: Economica, Vol. III (1936), S. 196 ff., hier S. 197.

[18] Vgl. auch *Heister*, Matthias: Rentabilitätsanalyse von Investitionen, a.a.O., S. 16.

[19] Vgl. *Lehmann*, Max Rudolf: Allgemeine Betriebswirtschaftslehre, 3. Aufl., Wiesbaden 1956, S. 84 f.

trieblichen Anlagen"[20] als Investition betrachtet wird. Vorgänge desselben Aufbaues sind jedoch auch in Unternehmungen zu finden, deren Kapital nicht hauptsächlich in ihr Anlagevermögen fließt. Wir halten deshalb den weiter gefaßten — allerdings damit auch weniger konkreten — Begriff der Theorie für exakter.

Die folgende Untersuchung baut deshalb auf dem Investitionsbegriff Kenneth E. *Bouldings* auf, den wir auf die Unternehmungssphäre beziehen und um das Zeitelement erweitern:

Den Einsatz von Kapital im betrieblichen Umsatzprozeß[21] (d. h. Geld wird auf Mehrgeld bewirtschaftet[22]) bezeichnen wir als Investition. Sie wird durch zwei gegenläufige Zahlungsströme charakterisiert, von denen einer vom Investor ausgeht (Auszahlungen) und einer dem Investor zufließt (Einzahlungen). Die Wertströme setzen sich in der Regel aus einer Mehrzahl von Einzelposten zusammen. Sowohl die Posten dieser Zahlungsreihen als auch ihre Summen unterscheiden sich sachlich in ihren Beträgen und zeitlich in den Terminen ihrer Realisierung. Neben der Unterscheidung der Investitionsarten nach den Motiven und Zielen ist vor allem die Unterteilung in Real- und Finanzinvestitionen für eine Untersuchung unter zinstheoretischen Gesichtspunkten maßgebend. „Investitionen, deren Wertströme unmittelbar zwischen Investor und Investitionsobjekt (im Sinne von Sachgut; d. Verf.) fließen, heißen Realinvestitionen. Investitionen, deren Wertströme nur mittelbar zwischen Investor und Investitionsobjekt fließen, heißen Finanzinvestitionen[23]." Letztere sind dadurch gekennzeichnet, daß originärer Kapitalgeber und Investor die Finanzierungsverhandlungen nicht mehr direkt miteinander führen. Die Mittelbeschaffung und -verteilung erfolgt durch Finanzierungsinstitute. Der Investor verhandelt nur mit diesen. Die Refinanzierungsquellen dieser Institute sind dem Investor im einzelnen unbekannt.

---

[20] *Gutenberg*, Erich: Zur neueren Entwicklung der Wirtschaftlichkeitsrechnung, in: ZfgStw. 108. Bd. (1952), S. 643.

Vgl. auch *Knetschke*, Claus: Die Zinsreagibilität der industriellen Investition, Frankfurt/Main 1963, S. 22: „... Maßnahmen, die alle dem Zweck dienen, die materiell erforderlichen Voraussetzungen zur Aufnahme einer geplanten Fertigung zu schaffen."

[21] Hier wird der Umsatzprozeß im Sinne Erich *Schäfers* als umfassender Vorgang der gesamten betrieblichen Tätigkeit verstanden.

[22] Vgl. *Rieger*, Wilhelm: Einführung in die Privatwirtschaftslehre, 4. Aufl., Erlangen 1964, S. 44; *Linhardt*, Hanns: Das Objekt der Wirtschaftswissenschaft, a.a.O., S. 162; *Preiser*, Erich: Der Kapitalbegriff und die neuere Theorie, in: Die Unternehmung im Markt. Festschrift für Wilhelm Rieger zu seinem 75. Geburtstag, hrsg. v. Johannes Fettel und Hanns Linhardt, Stuttgart 1953, S. 14 ff., hier S. 19.

[23] *Schneider*, Erich: Wirtschaftlichkeitsrechnung. Theorie der Investition, 4. Aufl., Tübingen 1962, S. 1 u. 7.

Erich *Schneiders* Unterschiede zwischen Real- und Finanzinvestition bauen auf dem Investitionsbegriff Kenneth E. Bouldings auf. Darüberhinaus ist aber u. E. noch besonders zu betonen, daß Realinvestitionen besonders durch die Unsicherheit der Gewinnerwartungen geprägt werden. Die zu erwartende Kapitalverzinsung ist im Gegensatz zur Finanzinvestition mit fest vereinbarten Zinserträgen nicht im voraus bekannt.

3. Während sich die Tätigkeit des Investierens auf den wirtschaftlichen Bereich menschlichen Handelns bezieht, stellt das *Entscheiden* eine allgemeine geistige Tätigkeit des Menschen mit Anwendungsgebieten aller Art dar, die wissenschaftliche Theorien jeglicher Richtung interessiert. Die Psychologie untersucht beispielsweise dabei, wie sich der Mensch gefühlsmäßig verhält, wenn ihm eine Aufgabe gestellt wird, für die es mehrere Lösungen oder Lösungswege gibt. In ökonomischem Zusammenhang interessieren hier sowohl die rationalen Lösungswege als auch die Kriterien einer rationalen Entscheidungsfindung, d. h. wie die Entscheidung in einem Prozeß der Problemlösung zustandekommt. Das bedeutet gleichzeitig, daß uns nur der *einmalige* Prozeß der Entscheidungsfindung beschäftigt. Entscheidungen, die zwar noch als solche klassifiziert werden, in Wirklichkeit aber nur Wiederholungsvorgänge eines früher bereits allgemeingültig formulierten Entscheidungsprozesses darstellen, bleiben unbeachtet. Solche Routine- oder Wiederholungs-‚Entscheidungen' (vgl. 1. Teil, A, II., 3.) erfolgen systematisch nach vorgegebenen Grundsätzen und Bearbeitungsrichtlinien (z. B. Anwendung einer vorbestimmten Methode der Investitionsrechnung). „Echter Entscheidungen bedarf es zu ihrer (der Grundsätze; d. Verf.) Aufhebung oder Abänderung, nicht jedoch zu ihrer Anwendung[24]."

Im Entscheidungsprozeß schlagen sich eine Fülle von inneren und äußeren Einflüssen nieder, unter anderem neben sozialen Faktoren ethische Wertungen und religiöse Überzeugung, individuelle Kenntnisse und Erfahrungen und, vor allem im Wirtschaftsleben, rationale Überlegungen[25, 26], und zwar sowohl in bezug auf das formale Zu-

[24] *Katona*, George: Das Verhalten der Verbraucher und Unternehmer. Über die Beziehungen zwischen Nationalökonomie, Psychologie und Sozialpsychologie, Tübingen 1960, S. 278.
Aus dem englischen: Psychological Analysis of Economic Behavior. New York 1951.

[25] Vgl. Encyclopaedia Britannica, London 1960, Art. Psychology, Vol. 18, Sp. 687 b.

[26] Über das Rationalprinzip als Orientierungsmaßstab wirtschaftlichen Handelns vgl. 2. Teil, B., II., 1.; sowie *Koch*, Helmut: Das Wirtschaftlichkeitsprinzip als betriebswirtschaftliche Maxime, in: ZfhF NF 3. Jg. (1951), S. 160 ff.; *Pack*, Ludwig: Rationalprinzip und Gewinnmaximierungsprinzip, in: ZfB 13. Jg. (1961), S. 207 ff. und 281 ff.; ders.: Rationalprinzip, Gewinnprinzip und Rentabilitätsprinzip, in: ZfB 17. Jg. (1965), S. 525 ff.

standekommen der Entscheidung als auch auf ihren materiellen Inhalt. Obwohl rationale Gesichtspunkte also nur *eine* Entscheidungsgrundlage darstellen, müssen wir diesen Grundsatz unter den von uns einführend gemachten Prämissen in der Unternehmungswirtschaft in den Vordergrund stellen. Erst durch ihn wird es möglich, gesetzmäßige Beziehungen zu finden, die für eine Vielzahl von wirtschaftlichen Abläufen Geltung besitzen und diese „Gesetzmäßigkeiten" zur Grundlage einer Theorie zu machen. Das Problem der richtigen Entscheidung ist mit der Wirtschaftswissenschaft untrennbar verbunden. Schon die von den Klassikern geschaffene Figur des „economic man", vor allem aber die im Utilitarismus und bei John St. *Mill* einsetzende Formalisierung des Begriffes des „homo oeconomicus"[27], die durch die Entwicklung des Rationalkalküls durch die Grenznutzenschule Hermann *Gossens* ihre Fortbildung fand, erreichte einen Höhepunkt in der auf Vilfredo *Pareto* zurückgehenden Theorie der Wahlhandlungen, die noch heute für die volkswirtschaftliche Nachfragefunktion von Bedeutung ist.

Damit wird eine Kernfrage der subjektiven Weltlehre berührt. Die Entscheidungen der Individuen sind bestimmend für die Wirkung der Kräfte im Wirtschaftskreislauf. Schon die Kapitaltheorien Eugen *v. Böhm-Bawerks* und Irving *Fishers* basierten auf den zeitlichen Dispositionen der Wirtschaftssubjekte. Die moderne dynamische Theorie, einschließlich der modernen Investitionstheorie, konnte sich erst aus diesen Grundlagen entwickeln. War die Theorie damit beim Erforschen des menschlichen Handelns, vor allem der Unternehmertätigkeit[28], so verlagerte sich die Forschungsrichtung unter dem Einfluß von John *v. Neumann* und Oskar *Morgenstern*[29] immer mehr auf die mathematisch fundierte Analyse des Entscheidungsprozesses, der nach Möglichkeit mit Methoden des Operations Research quantitativ determiniert wurde. Zahlreiche Wissenschaftler widmen sich inzwischen diesen Problemen[30]. „Aufgabe dieser mathematischen Entscheidungsforschung

[27] Vgl. *Zwiedineck-Südenhorst*, Otto: Der Begriff des homo oeconomicus und sein Lehrwert, in: JbfNÖStat Band 140 (1936), S. 519 ff.

[28] Vgl. z. B. *Schumpeter*, Joseph A.: Theroie der wirtschaftlichen Entwicklung, 5. Aufl., Berlin 1952 (1. Aufl. 1912), der in der Durchsetzung neuer produktiver Kombinationen das Merkmal unternehmerischer Tätigkeit sieht.

[29] Vgl. *v. Neumann*, John u. *Morgenstern*, Oskar: Theory of Games and Economic Behavior, Princeton-Oxford 1944. Deutsche Übersetzung: Spieltheorie und wirtschaftliches Verhalten, Würzburg 1961.

[30] Vgl. z. B. *Moxter*, Adolf: Präferenzstruktur und Aktivitätsfunktion des Unternehmers, in: ZfbF 16. Jg. (1964), S. 6 ff.; *Gäfgen*, Gerard: Theorie der wirtschaftlichen Entscheidung, Tübingen 1963; *Kosiol*, Erich: Die Organisation des Entscheidungsprozesses, Berlin 1959; *Hax*, Karl: Planung und Organisation als Instrumente der Unternehmensführung, in: ZfhF 11. Jg. (1959), S. 605 ff.; *Katona*, George: Psychological Analysis of Economic Behavior, a.a.O.; *Simon*, Herbert A.: Administrative Behavior. A study of decision making processes in administrative organizations, New York 1945.

ist es, Verfahren zu entwickeln, mit deren Hilfe man aus einer Fülle von möglichen Lösungen ohne übergroßen Aufwand diejenige Entscheidung zu finden vermag, die im Hinblick auf das angestrebte Ziel unter den gegebenen Bedingungen optimal ist[31]."

Um von einer Entscheidung in unserem Sinne sprechen zu können, müssen deshalb folgende Kriterien gegeben sein:

(1) Wahlmöglichkeit zwischen verschiedenen Handlungsmöglichkeiten,

(2) Selbständige, nicht durch Vorschriften gebundene Vornahme der Wahl,

(3) Bereitschaft zur Übernahme des Risikos, das aus der Durchführung der Entscheidung erwachsen kann[32].

4. Der dritte Grundbegriff, der zu klären ist, ist der des Marktzinses. Als Spezies des Zinses ist auch er nach seiner Hauptfunktion ein ‚Zeitüberbrückungsfaktor', wie wir die Aufgabe des Zinses, Zeitintervalle zu kapitalisieren, bezeichnen wollen. Er ermöglicht den objektiven rechnerischen Vergleich von zeitpunktbezogenen Werten, wenn diese Zeitpunkte verschieden sind; die Bevorzugung von Gegenwartsgütern gegenüber Zukunftsgütern[33] bzw. die Liquiditätspräferenz[34] sind die Triebkräfte, die diesen Vergleichsfaktor Zins notwendig machen. Die Besonderheit des Marktzinses liegt darin, daß er einen Preis für diese ‚time preference' oder ‚liquidity preference' darstellt, der am Markt, d. h. aufgrund des Zusammenspiels von Angebot und Nachfrage außerhalb der Unternehmung, gebildet wird. Inwieweit diese theoretische Konzeption des Marktes auf die Praxis übertragen werden kann und wann deshalb ein Zins einwandfrei als Marktzins zu erkennen ist, wird an späterer Stelle zu erörtern sein (vgl. 2. Teil, A., II.).

II. Die Investitionspolitik im Rahmen der Unternehmungspolitik

1. Die investitionspolitische Zielfunktion und ihre Verwirklichung nach der betriebswirtschaftlichen Theorie

Unter den erörterten Voraussetzungen rationalen unternehmerischen Handelns kann die Investitionstätigkeit des Unternehmers niemals

---

[31] Arbeitskreis *Hax*, Karl: Wesen und Arten unternehmerischer Entscheidungen, in: ZfbF 16. Jg. (1964), S. 685 ff., hier S. 686.

[32] Vgl. ebenda, S. 689.

[33] Vgl. die Realen Zinstheorien Eugen *v. Böhm-Bawerk*, Irving *Fisher*, Heinrich *v. Stackelberg*.

[34] Vgl. die Monetären Zinstheorien: Abstinenz-, Ausbeutungs-, Fruktifikations-, Liquiditäts-, Nutzungs-, Wartentheorien und die dynamischen Zinstheorien mit den Vertretern Joseph *Schumpeter*, W. *Nassau* sen., Alfred

Selbstzweck sein. Sie ist ihrerseits Mittel zum Zweck der Verfolgung eines übergeordneten Zieles. Dieses Unternehmungsziel als originärer Zweck der Kapitalbewirtschaftung muß zuerst bestimmt werden, denn es liefert die Richtlinien der Investitionspolitik. Horst *Brandt* drückt dieses Ziel durch ein Bündel von Unterzielen aus, die es gilt in ihrer Kombination zu maximieren[35]:

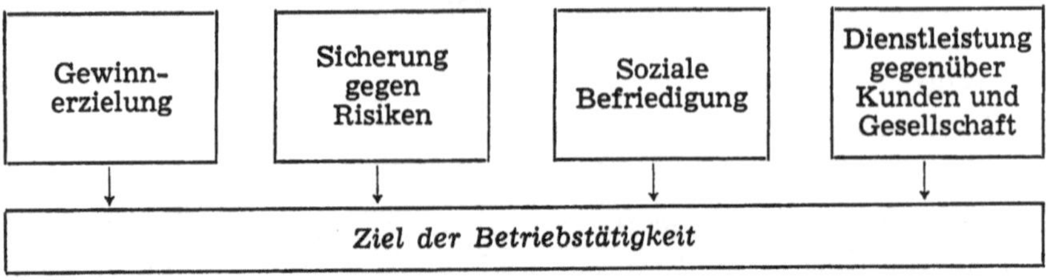

Abb. 2. Ziele der Unternehmungspolitik

Quelle: *Brandt*, Horst: Investitionspolitik des Industriebetriebs, a.a.O., S. 119.

Da die Komponenten der Zielsetzung sich gegenläufig entwickeln können, bedeutet Maximierung des ‚Bündels' nicht auch Maximierung der einzelnen Komponenten, sondern *Optimierung*. „Jede Verschiebung zugunsten der Maximierung einer Komponente muß die Optimierung der anderen Komponenten und damit die maximale Erfüllung des gesamten Betriebszieles aufheben[36]." Dabei ist zu beachten, daß den einzelnen Zielen im Hinblick auf das Gesamtziel unterschiedliches Gewicht beizumessen ist, so kann z. B. durchaus eine gewisse Hierarchie der Unterziele bestehen. Unter diesem Aspekt könnten wir unter Berücksichtigung des sinkenden Einflusses auf das Entscheidungsergebnis unterscheiden nach

(1) absoluten Zielen,

(2) relativen Zielen,

(3) eventuellen Zielen[37].

Das Ziel einer auf den industriellen Bereich begrenzten Investitionspolitik im Rahmen dieser Unternehmungspolitik ist die optimale Anlagenwirtschaft. Unter diesem Gesichtspunkt kann das Wesen der Investitionspolitik „als Auswahl von Anlagen mit dem Ziel rationeller

---

Marshall, Gustav *Cassel*, John Bates *Clark*, Frank H. *Knight*, John M. *Keynes*, Jean B. *Say*, Anton *Menger*, Anne Robert *Turgot*.

35 Vgl. *Brandt*, Horst: Investitionspolitik des Industriebetriebs, a.a.O., S. 119.

36 *Brandt*, Horst: Investitionspolitik des Industriebetriebs, a.a.O., S. 119.

37 Vgl. *Kepner*, Charles H. — *Tregoe*, Benjamin B.: Management- Entscheidungen vorbereiten und richtig treffen, München 1967, S. 191.

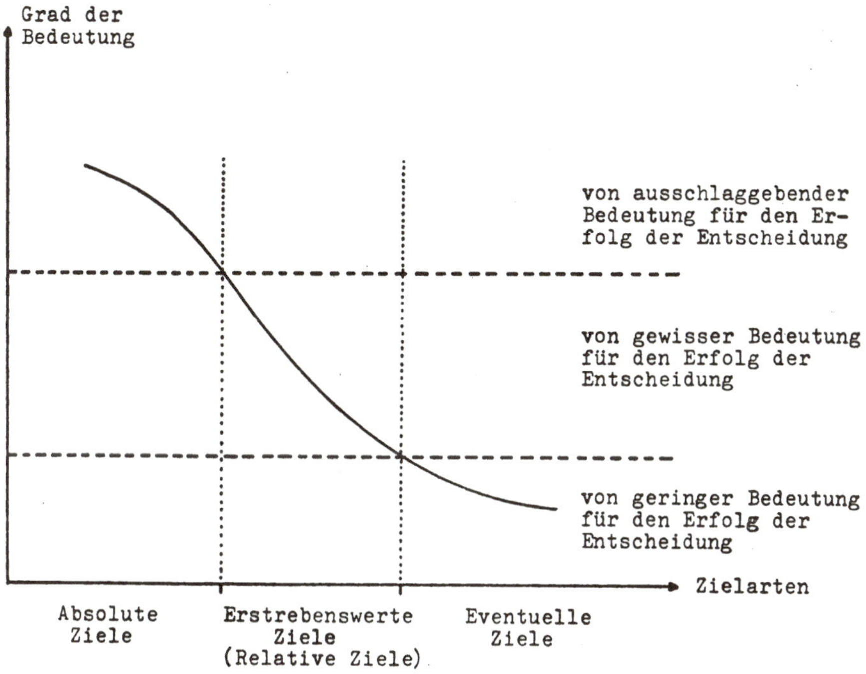

Abb. 3. Rangordnung der Ziele

Quelle: *Kepner*, Charles H. — *Tregoe*, Benjamin B.: a.a.O., S. 191.

Kapitalverwendung"[38] umschrieben werden, die in der Entscheidung über Durchführung oder Nichtdurchführung einer Investition gipfelt. Dieses Investitionsziel läßt sich in eine Vielzahl von Unterzielen auffächern. Auf ihnen sind die meisten Einteilungen der Investitionsarten aufgebaut. Richtet sich das unmittelbare Investitionsziel auf die Erhaltung der betrieblichen Kapazität, so spricht man von Ersatzinvestitionen, ist eine Erweiterung der Kapazität angestrebt, von Erweiterungsinvestitionen. Wird das Ziel verfolgt, „bei gleicher Erzeugnismenge ein weniger arbeitsintensives Produktionsverfahren zu verwirklichen"[39], kann man von Rationalisierungsinvestitionen sprechen, die allerdings auch in Kombination mit den erstgenannten beiden Arten auftreten können. Damit nicht kongruent ist die Klassifizierung von Karl *Hax*, der in Erhaltungs-, Anpassungs- und Gestaltungs-

[38] *Brandt*, Horst: Investitionspolitik des Industriebetriebs, a.a.O., S. 14.

[39] *Albach*, Horst: Lineare Programmierung als Hilfsmittel betrieblicher Investitionsplanung, in: ZfhF NF 12. Jg. (1960), S. 526 ff., hier S. 526.

investitionen unterteilt; diese Einteilung richtet sich mehr nach den Anlässen, aufgrund deren der Investor in Aktion tritt[40].

Die Definition, mit der Horst *Albach* die Investitionsziele umschreibt, müssen wir allerdings als zu weit begrenzt ablehnen. Er sieht deren gemeinsamen Sinn in der „Überwindung bestehender Disproportionen zwischen den Anforderungen an das Unternehmen und seinen Möglichkeiten“[41]. Dieser funktional ausgerichtete Begriff ist vom rein produktionswirtschaftlichen Standpunkt aus zwar richtig, es fallen jedoch auch Transaktionen des Unternehmers auf anderen Gebieten mit unter diese Definition, die keine Investition darstellen. Wir verweisen z. B. auf sortimentspolitische Entscheidungen, Angliederung von betrieblichen Teilfunktionen, Aufnahme neuer Kredite u. a. m.

Neben den Zielen der Investitionspolitik interessieren vor allem die Mittel zur Erreichung dieser Ziele. Der Durchführungsentscheidung als wichtigstem Bestandteil der Investitionspolitik vorgelagert sind die Planung des Investitionsbedarfs und die Voruntersuchungen einzelner Investitionen. Auf die Entscheidung über die Durchführung folgt die Ausführung des Investitionsprogrammes. Als letzte Stufe ist schließlich die Investitionskontrolle im Sinne einer laufenden Überwachung des Investitionsvorganges im Hinblick auf die Zielverwirklichung zu nennen. Bei Feststellung von Abweichungen zwischen Planvorgabe und -verwirklichung schließt sich daran — sofern überhaupt praktisch durchführbar — noch die Investitionskorrektur an.

2. Die Entscheidungen der Investitionspolitik

Der Begriff der Investitionsentscheidung wird in der Literatur häufig ohne begriffliche Abgrenzung verwendet. Im Rahmen der Investitionspolitik werden jedoch eine Vielzahl von Einzelentscheidungen gefällt, deren Bedeutung nur im Zusammenhang mit einer Analyse des gesamten Entscheidungsprozesses voll erkannt werden kann. Grundsätzlich bestehen drei Entscheidungsebenen, auf denen investitionspolitische Einzelentscheidungen gefällt werden. In dieser Hinsicht kann man nach der sachlichen und zeitlichen Einstufung unterscheiden:

(1) Entscheidungen über den Einsatz oder Nichteinsatz von Kapital.

Kapitaleinsatz bedeutet hier den Einsatz von Geld im betrieblichen

---

[40] *Hax,* Karl: Die Kapitalwirtschaft des wachsenden Industrieunternehmens, in: ZfbF 16. Jg. (1964), S. 252 ff., hier S. 252 f.

[41] *Albach,* Horst: Lineare Programmierung als Hilfsmittel betrieblicher Investitionsplanung, a.a.O., S. 527.

Umsatzprozeß zur Bewirtschaftung auf „Mehrgeld"[42]. Ob es sich dabei um der Unternehmung neu zugeflossene Mittel oder um eine Neuverwendung vorhandener Mittel handelt, ist in diesem Zusammenhang belanglos[43].

(2) Entscheidungen bei der Auswahl der Beurteilungskriterien einer geplanten Investition.

(3) Entscheidungen über die Durchführung einer bestimmten geplanten Investition.

a) Durchführung oder Unterlassung,

b) sofortige oder spätere Durchführung.

(4) Entscheidungen zwischen verschiedenen Investitionsvorhaben (Alternativinvestitionen).

Die Unterscheidungen (1) bis (3) repräsentieren zugleich auch die zeitliche Folge des Entscheidungsprozesses. Beim Vergleich mehrerer sich gegenseitig ausschließender Investitionsmöglichkeiten wird die Entscheidungsstufe (3) durch (4) ersetzt.

Der Begriff der Investitionsentscheidung wird in der wirtschaftswissenschaftlichen Theorie sowohl für alle diese Einzelentscheidungen benützt als auch für den gesamten Prozeß; im allgemeinen wird jedoch die *Durchführungs*entscheidung als ‚Investitionsentscheidung' bezeichnet.

a) Festlegung der Investitionspolitik

Der Ablauf der Investitionstätigkeit spielt sich in der Regel nach gewissen Leitsätzen und Grundprinzipien ab, die entweder aus dem Streben nach Erreichung rationaler wirtschaftlicher Ziele, unbewußt oder bewußt und direkt davon abgeleitet, vom Unternehmer nach bestimmten Maßstäben gesetzt werden. In kleineren Wirtschaftseinheiten ist meist das Unternehmungsziel selbst für die einzelne Tätigkeit des Unternehmers, z. B. für die einzelne Investition, unmittelbar Ziel und Anlaß, während bei komplexeren und deshalb komplizierteren Wirtschaftsgebilden das Unternehmungsziel nur originärer Anlaß der Investitionstätigkeit ist. Hier wird ein institutioneller Träger der Investitionspolitik als Führungsinstanz zwischengeschaltet. Das Unternehmungsziel wird erst durch Kombination auf untergeordneten Ebenen erreicht. Betriebswirtschaftlich könnten wir diesen Um-

---

[42] Vgl. *Linhardt,* Hanns: Das Objekt der Wirtschaftswissenschaft, a.a.O., S. 162.

[43] Eine Zinsempfindlichkeit werden wir jedoch an späterer Stelle nur für Investitionen aus neu zugeflossenen Mitteln feststellen können. Vgl. 3. Teil, B., III, 1., b), (1).

stand als „Umweg der Zielverwirklichung" bezeichnen, der alle positiven Effekte der „Umwegproduktion" im übertragenen Sinne beinhaltet.

Die Festlegung des Unternehmungszieles als originärer Anlaß des Wirtschaftens des Unternehmers überhaupt können wir dem Bereich der Investitionspolitik begrifflich nicht zuordnen. Anders liegt der Fall, wenn als Mittel zum Zweck der Erreichung des Unternehmungszieles Leitsätze und Richtlinien für die Investitionstätigkeit speziell aufgestellt werden müssen. Das Ziel jeglicher Investitionspolitik ist letztlich jedoch durch das Unternehmungsziel vorgegeben. Im Normalfall wird dieses Unternehmungsziel direkt als einheitliches Ziel der Investitionspolitik übernommen. Teilweise wird jedoch, bedingt durch die Vielzahl der verschiedenen Investitionsarten und -motive oder durch Gesetzgebung, der Inhalt der Investitionspolitik enger gefaßt. Ihre Ziele sind Unterziele und versprechen erst in Kombination mit den Zielen der Produktions-, Absatz-, Beschaffungs- und Finanzpolitik die optimale Erreichung des Unternehmungszieles (vgl. 1. Teil, A., II., 1.).

Die Festlegung der investitionspolitischen Grundrichtung kann jedoch noch nicht als Investitionsentscheidung angesehen werden. Entscheidungen über die Ziele einzelner bestimmter Investitionen dagegen sind Sache der Investitionspolitik und werden durch den Begriff der Investitionsentscheidung erfaßt.

Zusammenfassend können wir sagen: Unmittelbares Investitionsziel und Unternehmungsziel fallen normalerweise zusammen; die Investitionsentscheidung richtet sich dann direkt am Unternehmungsziel aus. Investitionsziel der Unternehmung ist dann z. B. die Gewinnmaximierung der Investition. Das Investitionsziel kann aber auch aufgrund von Umwegen der Zielverwirklichung und aufgrund der Unternehmensgröße von Unternehmungsziel differieren und erst in Optimierung mit anderen Unterzielen zur Erreichung des Unternehmungszieles beitragen. Entsprechend richten sich dann auch die Investitionsentscheidungen nur nach dem Unterzweck der Investitionspolitik. Offensichtliche Beispiele divergierender Ziele in der Unternehmung finden sich bei Investitionen in Sicherheitsvorkehrungen sowie in Sozial- und Hygieneeinrichtungen.

Zwischen den Extremen der Entscheidungen über Festlegung der investitionspolitischen Ziele und der Durchführung einer bestimmten Investition stehen die Entscheidungen über Art und Umfang der Investitionstätigkeit. Für diese Entscheidungen sind außer den autonomen Faktoren der Politik eine ganze Reihe vorgegebener relativ fixer Daten maßgebend. Diese können sowohl endogener als auch exogener

Natur sein. Als endogene Faktoren der Entscheidungen über Investitionsart und -umfang lassen sich Probleme der Kapazitätsauslastung, des Arbeitskräftemangels, der Betriebsstruktur und -verflechtung, der Rationalität der betrieblichen Ausrüstung, der Intensität der betrieblichen Leistung (Leistungstiefe und -breite[44]) und der Aus- oder Eingliederung neuer Funktionen anführen. Exogene Daten sind Kapital- und Geldmarktverhältnisse[45], Absatz- und Beschaffungsschwierigkeiten und der technische Entwicklungsstand.

b) Die Investitionsanalyse

In Anwendung auf den Einzelfall folgt nach der Festlegung des Ziels, der Art und des (zumindest groben) Umfangs der geplanten Investition die Erstellung der Entscheidungsfaktoren für die Durchführungsentscheidung. Das Schwergewicht liegt hierbei in der Regel auf der Investitionsrechnung. Neben diesen quantifizierbaren Faktoren, die eine Systematik der Ermittlung, Aufbereitung und Bewertung ermöglichen und deshalb in der betriebswirtschaftlichen Literatur bevorzugte Behandlung erfahren, gehören hierzu eine Vielzahl unabwägbarer Entscheidungsfaktoren, die erst in der Durchführungsentscheidung bewertet werden können, aber vielfach von bedeutendem Einfluß auf das Ergebnis der Gesamtentscheidung sind.

Die hier abgegrenzte Investitionsvorbereitung bezieht sich also auf die Beschaffung der Entscheidungsfaktoren und deren Bearbeitung bis zur Entscheidungsreife. Dabei handelt es sich um Sammeln, Sichten, Aufbereiten und Bewerten von Informationen in Hinblick auf das Investitionsziel. Sowohl bei der Auswahl als auch bei der Bearbeitung des Informationsmaterials sind dabei eine Reihe von Einzelentscheidungen zu treffen (vgl. 1. Teil, B.), die damit einen Teil der späteren Durchführungsentscheidung vorwegnehmen und Teil des Gesamtentscheidungsprozesses sind.

c) Die Durchführungsentscheidungen

Bei Vorliegen der relevanten Entscheidungsdaten wird vom Unternehmer der Entschluß gefällt, welche bestimmte Investition unter den erwogenen das angestrebte Investitionsziel am ehesten verwirklicht.

[44] Vgl. *Schäfer*, Erich: Die Unternehmung, 5. Aufl., Köln-Opladen 1963, S. 5 f.

[45] Als herausgegriffene Beispiele sei bezüglich der Arbeitsmarkteinflüsse verwiesen auf *Hahn*, Oswald: Probleme beim Einsatz atlantischer Arbeitskräfte in Entwicklungsinvestitionen, in: Gegenwartsfragen der Unternehmensführung. Festschrift zum 65. Geburtstag von Wilhelm Hasenack, Herne—Berlin 1966, S. 447 ff., hier S. 447 f. und bezüglich der Geldmarktverhältnisse auf *Linhardt*, Hanns: Geldmarktforschung im Dienst von Absatz und Verbrauch, in: Jahrbuch der Absatz- und Verbrauchsforschung, hrsg. v. Georg Bergler und Wilhelm Vershofen, 10. Jg. (1964), S. 257 ff., insbes. S. 264 f.

Es handelt sich dabei um die Ebene der Entscheidungen über die Investitionsdurchführung (vgl. Abb. 4, 3. Stufe).

Diese Entscheidungen können folgende Stadien durchlaufen:

(a) einen Entschluß, ob das angestrebte Investitionsziel mit den vorgeschlagenen Projekten überhaupt ausreichend verwirklicht werden kann (absolute Vorteilhaftigkeit),

(b) einen Entschluß, welches der Projekte dann am vorteilhaftesten ist (relative Vorteilhaftigkeit),

(c) einen Entschluß über den Zeitpunkt der Durchführung,

(d) einen Entschluß über Finanzierungsquellen, -wege und -mittel.

Hinzu kommen kann noch eine Entscheidung über Änderung des vorgesehenen Investitionsumfanges. Wird dabei auch die Investitionsart revidiert, so müssen neue Entscheidungsfaktoren erarbeitet werden und der Entscheidungsprozeß setzt von neuem ein.

Die Vielzahl von Entscheidungen und Unterentscheidungen, die in Verbindung mit der Absicht, Planung bis zur Bestimmung über die Durchführung auftreten, sollen zusammenfassend graphisch in drei Stufen dargestellt werden. Dabei ist bei jedem angeführten Punkt mindestens *eine* Entscheidung zu fällen (vgl. Abb. 4).

Zusammenfassend kann aus diesen Analysen entnommen werden, daß sich die Investitionsentscheidung sachlich in zweifacher Weise charakterisieren läßt, als Ereignis und als Prozeß. "Numeral expressions about investment ... are likely to be used in ways that imply that investment decision is an *event,* whereas it is more properly to be seen as a *process* extending over considerable time[46]." Im ersten Fall ist die Investitionsentscheidung als zeitgebundenes Ereignis im engeren Sinne dargestellt und umfaßt nur den Entschluß über Durchführung oder Unterlassung einer bestimmten Investition. Im Fall der Zeit*raum*bezogenheit kann die gesamte Zahl der erwähnten Einzelentschlüsse unter den Begriff der Investitionsentscheidung subsumiert werden. Eine weitere Betrachtungsweise, die man in der Literatur findet und die ebenfalls zum zweiten Ergebnis führt, ist die Auffassung, daß eine komplette Entscheidung immer pyramidenförmig auf einer Anzahl Vorentscheidungen aufgebaut ist, es also zum Charakter einer solchen Entscheidung selbst gehöre, daß sie sich aus einer Mehrzahl von Entschlüssen konzipiere[47].

---

[46] *Hart,* Gailord Albert: Connecting Links between Monetary Policy and Fixed Investment, in: Pontecorvo, G., Shay, R. P., Hart, G. A. (Hrsg.), Issues in Banking and Monetary Analysis, New York—London 1967, S. 122 (Hervorhebungen im Original).

[47] Vgl. z. B. *Newman,* William H.: Administrative Action, New York 1955, S. 15.

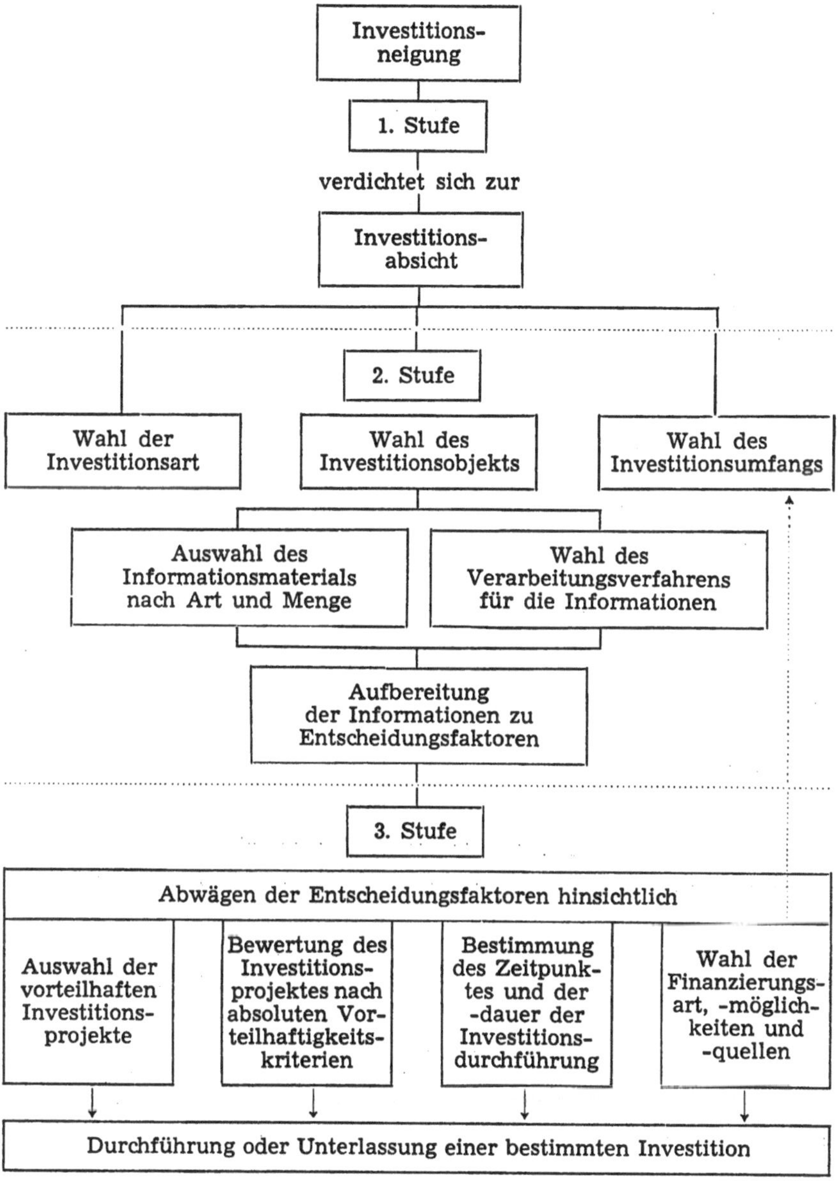

Abb. 4. Entscheidungstechnischer Ablauf der Investitionspolitik

Für unsere weitere Untersuchung wollen wir den Investitionsbegriff in der Betrachtungsweise verwenden, daß sich die ‚Investitionsentscheidung' als Prozeß aus einer Vielzahl von Einzelentscheidungen zusammensetzt. Dieser Entscheidungsprozeß wird entsprechend seinem chronologischen Aufbau unterteilt in ‚Vorentscheidungen' und ‚Durchführungsentscheidung'. Dabei zählen als Vorentscheidungen alle Entschlüsse der ersten und zweiten Stufe (Investitionsanalyse). Die Durchführungsentscheidung dagegen beinhaltet in Stufe drei die Bewertung der aufbereiteten Vorteilhaftigkeitsargumente in bezug auf eine Vorteilhaftigkeit der gesamten Investition. Diese Entscheidungen beziehen sich auf die absolute und relative Vorteilhaftigkeit und den Zeitpunkt der Durchführung.

In der modernen betriebswirtschaftlichen Theorie wird begrifflich getrennt zwischen Investition als Kapitalverwendung und Finanzierung als Kapitalbeschaffung. Diese Einteilung entstammt dem Bilanzdenken und gilt für die Unternehmung als Ganzes. Ebenso klar ist die Abgrenzung zwischen den Begriffen der Investitions- und Finanzierungsentscheidung. Theoretisch zwingend bilden jedoch die Probleme der Kapitalbeschaffung einen ausschlaggebenden Entscheidungsfaktor im Rahmen der Investitionsentscheidung. Zudem bestehen polare Wechselbeziehungen zwischen diesen beiden Entscheidungen, die wir nicht außer acht lassen können. Deshalb muß auch der Einfluß der Finanzierung auf den Prozeß der Investitionsentscheidung untersucht werden (vgl. 3. Teil, B., III.).

3. Träger der Investitionspolitik im allgemeinen und der Investitionsentscheidung im besonderen

Bei der Auswahl mehrerer Ziele, die gleichzeitig verfolgt werden sollen, ergibt sich die Notwendigkeit, Zielbeziehungen zu ergründen und darauf aufbauend eine Zielhierarchie aufzustellen. Die damit verbundenen Wahlhandlungen sind Aufgabe dessen, der die Unternehmungspolitik bestimmt. Die Festlegung der Unternehmungspolitik wiederum ist aber ureigenste Funktion desjenigen, der die Voraussetzungen schafft, um die von ihm gesetzten Ziele zu erreichen: des Unternehmers. „(Er hat) die Konflikte auszutragen, die sich mit dem Entscheiden für ein bestimmtes Tun stellen, dessen Wirkungen ungewiß sind[48]." Zur Erreichung des angestrebten Zieles gehören einmal der Einsatz sachlicher und persönlicher Kräfte (Erich Schäfer), zu deren Beschaffung Kapital notwendig ist, zum anderen die gedankliche

---

[48] *Bierfelder,* Wilhelm H.: Ansätze zu einer Typologie der unternehmerischen Entscheidungen, in: ZfB 31. Jg. (1961), S. 520 ff., hier S. 521.

Konzeption, aufgrund derer die Mittel eingesetzt werden. In bestimmten Fällen, die in der Betriebswirtschaftslehre bei Untersuchung dieses Problems im allgemeinen vorausgesetzt werden, vereinigen sich die beiden Momente der Konzeption dieser Idee und ihre Ausführung in *einer* Person, wie z. B. beim Einzelkaufmann oder einem Gesellschafter der OHG. In unserer heutigen Wirtschaft der Großunternehmen und Verflechtungen fallen jedoch diese Eigenschaften personell auseinander, der Kapitaleigner übt im Regelfall nur eine begrenzte Kontrollfunktion aus und nur, soweit es den Einsatz seines Kapitalanteils betrifft. Die dispositive Tätigkeit der Unternehmungspolitik wird von demjenigen vorgenommen, der als leitende Führungskraft im Unternehmen tätig ist und das ihm vorgegebene Unternehmungsziel nach bestem Wissen und Gewissen zu erreichen sucht. Erich *Gutenberg* betrachtet *diese* Tätigkeit in Anlehnung an Joseph *Schumpeter* („Durchsetzung neuer Kombinationen“) als ureigenste Aufgabe des Unternehmers. Das Treffen von Entscheidungen wird zum konstitutiven Element des ‚Unternehmers‘[49]. Dieser ist als Entscheidungsträger in der erwerbswirtschaftlichen Unternehmung durch folgende Merkmale gekennzeichnet:

(a) Gewinnstreben als Antriebskraft,

(b) Fähigkeit, Gewinnchancen zu erkennen,

(c) Initiative und Durchsetzungsvermögen, um diese Chancen zu nutzen,

(d) Bereitschaft, die damit verbundenen Risiken zu tragen (im Falle des ‚angestellten‘ Unternehmers das Risiko des Verlustes seiner Stellung)[50].

Die Elemente dieser Tätigkeit sind auch bei der Entscheidung über den langfristigen Einsatz von Kapital gegeben. Wir wollen deshalb nicht den Kapitaleigner, sondern mit Erich *Gutenberg* den Leiter der Unternehmung als ‚Unternehmer‘ (im Sinne von Entscheidungsberechtigter) bezeichnen.

Ob damit alle Investitionsentscheidungen vom Unternehmer getroffen werden müssen, hängt von der Investitionsart — Erweiterungs- oder Ersatzinvestition — ab, die bestimmend ist für die Tragweite der zu fällenden Entscheidung. Bei Ersatzinvestitionen, die unter dem Blickwinkel der Kapital*erhaltung* vorgenommen werden, kann es sich

---

[49] Vgl. *Gutenberg*, Erich: Grundlagen der Betriebswirtschaftslehre, 1. Bd.: Die Produktion, 11. Aufl., Berlin—Heidelberg— New York 1965, S. 5 f.

[50] Vgl. Arbeitskreis *Hax*, Karl: Wesen und Arten unternehmerischer Entscheidungen, a.a.O., S. 690.

durchaus um delegierte Anpassungsentscheidungen[51] handeln. So ergab sich aus einer Befragung des Machinery Allied Products Institute (MAPI) 1956 in den USA über die Entscheidungsbefugnisse zur Vornahme von Ersatzinvestitionen folgende Aufteilung der Entscheidungsgewalt:

Vorstand	65 %
Aufsichtsrat	30 %
Sonstige	5 %[52]

Einhellig spricht sich die Fachliteratur dafür aus, daß die Entscheidungsbefugnis bei *Erweiterungs*investitionen die ureigenste Aufgabe des dynamischen Unternehmers im Sinne Joseph *Schumpeters* sei. Wird nun, wie wir das oben getan haben, die selbständige Entscheidung zum Erkennungsmerkmal der Unternehmereigenschaft, so führt das dazu, daß durch Delegation von Verantwortung und Entscheidungsbefugnissen die Unternehmertätigkeit aufgespalten wird und jeder Mitarbeiter, der selbständig Entscheidungen fällen kann, zu einem Teil Unternehmer ist. Wilhelm *Zangen* sieht die Unternehmereigenschaft jedoch nur dann als gegeben an, wenn jemand Entscheidungen zu treffen hat, „die richtungweisend für die weitere Entwicklung einer Unternehmung sind"[53]. Entscheidungen dieser Art werden jedoch häufig aufgrund gesetzlicher und satzungsmäßiger Vorschriften, die durch die Rechtsform der Unternehmung bedingt sind, in Zusammenwirken mit den Kapitalgebern gefällt werden. Vielfach erfordert auch die Komplexität des Entscheidungsvorganges und die wirtschaftlichen Auswirkungen der Entscheidungsdurchführung, z. B. in Großbetrieben, eine Entscheidungsfindung durch Gremien, da der einzelne gar nicht die speziellen Kenntnisse hat und auch die Folgen einer weitreichenden Entscheidung nicht mehr bis in alle Details absehen kann. Wilhelm *Zangen* versucht durch seine enge Begriffsfassung den ganzen Bereich der Ausführungs-, Wiederholungs- und Routine-Entscheidungen, wie sie in den meisten Bereichen menschlichen Handelns zahlenmäßig überwiegen, auszuschalten. Jedoch könnte man auch diesen Entscheidungen ohne weiteres die Unternehmereigenschaft zusprechen, da sie ja dazu dienen, die Konstanz und Kontinuität der Unternehmung zu sichern, also auch existenznotwendig für die Unternehmung sind. Es ist Sache der Übereinkunft, wie die Unternehmereigenschaft in dieser Hinsicht abgegrenzt werden soll. Wir wollen im folgenden davon aus-

---

[51] ‚Anpassungsentscheidungen' sind von der Umwelt induziert und stehen den ‚Initiativentscheidungen' bei Erweiterungsinvestitionen gegenüber. Vgl. Arbeitskreis *Hax*, a.a.O., S. 709.

[52] *Terborgh*, George: Leitfaden betrieblicher Investitionspolitik, Wiesbaden 1962, S. 56.

[53] *Zangen*, Wilhelm: Die Praxis der industriellen Unternehmensführung, Essen 1961, S. 19.

gehen, daß reine Ausführungsentscheidungen und unveränderte Wiederholungsentscheidungen nicht vom Unternehmer gefällt werden. Sie bleiben deshalb im folgenden unberücksichtigt.

Wilhelm *Zangens* Definition der unternehmerischen Entscheidung ist jedoch u. E. einwandfrei zu eng gefaßt. So gehören z. B. Entscheidungen über die *Änderung* der Routine und variierte Wiederholungsentscheidungen zu den Unternehmerentscheidungen.

Durch Investieren wird Kapital auf lange Sicht gebunden. „In Anbetracht der begrenzten Kapitalbeschaffungsmöglichkeiten und des außergewöhnlichen Investitionsbedarfs rückt die rationelle Kapitalverwendung in die erste Reihe betriebspolitischer Entscheidungen[54]." Das ist bedingt durch das erhebliche Maß an Risiko, das die Durchführungsentscheidung mit sich bringt. Auch unter diesem Gesichtspunkt kann nur der Unternehmer als letzter Risikoträger über die Durchführung einer Investition mit ungewissem Erfolg bestimmen. „Es gibt kein einziges Gebiet im Entscheidungsbereich der obersten Leitung, das die Entscheidung über Kapitalinvestierungen überträfe[55]."

Der Unternehmer wird jedoch die *Vorbereitung* dieser Entscheidung regelmäßig delegieren. Dabei müssen wiederum Wahlhandlungen vorgenommen werden, die wir ebenfalls als Bestandteil der Investitionsentscheidung im Sinne eines Prozesses charakterisierten. Für diese Vorentscheidungen ist also der Kreis der Entscheidungsträger wesentlich erweitert, und zwar konsequenterweise bis auf die Stufe des Sachbearbeiters, der damit betraut wird, Informationsmaterial über das geplante Investitionsobjekt zu beschaffen sowie Rentabilitäts- und Liquiditätsuntersuchungen bzw. -vergleiche anzustellen, und der damit bereits Wahlhandlungen vornimmt.

B. Analyse des Entscheidungsprozesses

I. Die Auswahl der Entscheidungsfaktoren

1. Ebenso wie die gesamte Investitionspolitik hat sich auch der Entscheidungsprozeß und damit die Auswahl der Entscheidungsfaktoren dem generellen Investitionsziel unterzuordnen. Nach der Entscheidungstheorie bedeutet auch schon die Auswahl einer bestimmten Gruppe oder Reihe von Kriterien, die für eine Investition als entscheidungsbeeinflussend angesehen werden (Auswahlprinzip), eine Entscheidung im Sinne einer Wahlhandlung zwischen Alternativen. Die

---

54 *Brandt*, Horst: Investitionspolitik des Industriebetriebs, a.a.O., S. 18.
55 *Bursk*, Edward C. und *Fenn*, Dan H.: Unternehmerstrategie, Essen 1956, S. 85.

Auswahl ist gekennzeichnet durch die Überlegungen des Investors, welche Faktoren er zur Bewertung der Investition hinsichtlich einer optimalen Zielverwirklichung heranzieht und welchen Kriterien er keine entscheidungsbeeinflussende Wirkung beimißt.

Die Entscheidungsfaktoren sind damit aus dem Investitionsziel zu erarbeiten. Sie stellen die Mittel dar, die eine Beurteilung des Grades der Zielverwirklichung erlauben. Durch ihre Ableitung vom Ziel selbst sind die Entscheidungsfaktoren grundsätzlich komplexe Größen (vgl. Abb. 4, S. 27), die durch Auswahl und Verarbeitung originärer Einzelinformationen gewonnen werden müssen. Das Verarbeitungsverfahren — d. h. die Gewichtung der einzelnen Informationen und die Art und Anzahl der Informationen selbst — bestimmen das Resultat.

Andererseits muß die Anzahl der zu verarbeitenden Informationen auf eine bestimmte Zahl beschränkt werden, um den Verknüpfungsprozeß noch durchführen zu können. Außerdem müssen die Interdependenzen aller Faktoren bekannt sein, um zu einer *ein*deutigen Aussage als Ergebnis kommen zu können. Ob die Mengenbegrenzung nun in bezug auf die Kapazität des menschlichen Gehirns vorgenommen wird — und damit eine relativ geringe Zahl von Daten verarbeitungsfähig bleibt — oder auf die Maßstäbe einer elektronischen Datenverarbeitungsanlage zugeschnitten wird — und damit zwar mengenmäßig mehr Eingangsvariable möglich sind, die Begrenzung aber auf quantifizierbare Faktoren vorgenommen werden muß —, bleibt deshalb unter dem hier behandelten Aspekt gleichgültig. Vergleichbar ist die Auswahl der Entscheidungsfaktoren mit dem Auswahlprinzip der Zeitungs- und Zeitschriftenpresse. Bereits in der Wahl derjenigen Informationen, die zur Weitergabe an den Leser ausgewählt werden, liegt der Schlüssel einer objektiven Berichterstattung. Da jedoch das Entscheidungsergebnis, an dem die Auswahl ausgerichtet werden soll, objektiv noch nicht vorliegt, kann der Investor die Auswahl nur an einem „gewünschten" rein subjektiven Ergebnis ausrichten. Im Zweifelsfall ist sich der Investor dieser Situation gar nicht bewußt. Mit einer subjektiv gesteuerten Auswahl der Entscheidungsfaktoren wird aber gleichzeitig das Ergebnis manipuliert. Einen Ausweg aus diesem Dilemma scheint es nicht zu geben. Eine „Wertung" durch die Auswahl läßt sich nicht vermeiden. Diese ‚vorweggenommene' Entscheidung läßt sich jedoch wohl am ehesten dadurch überwachen, daß man das Entscheidungsergebnis, das wiederum aus Konzentration der ausgewählten Faktoren entsteht und seinerseits eine Wertung des Investors zugunsten oder zuungunsten der Durchführung einer Investition darstellt, nicht als ultima ratio ansieht, sondern durch laufende Investitionskontrolle untersucht, ob die seinerzeit gefällten Entscheidungen auch noch den heutigen Beurteilungsmaßstäben standhalten. Da es der Durchführungsentscheidung ganz besonders eigen ist, einen hohen Grad von Unkorrigierbarkeit aufzuweisen, könnte man dieses Verfahren für die Praxis weitgehend als nutzlos bezeichnen; vergessen werden darf jedoch nicht, daß dadurch verhindert wird, daß eine seither positiv beurteilte — und so behandelte — Investition, die das gar nicht ist oder noch nie war, weiterhin unter dem Aspekt eines zieladäquaten Mittels behandelt wird. Es ist deshalb die Aufgabe des Unternehmers, vorbeugend nur solche Entscheidungsfaktoren heranzuziehen, die das Entscheidungsergebnis nach allgemeingültigen Grundsätzen rational begründen.

So bleibt nichts anderes als das Verfahren der subjektiven aber rationalen Auswahl der Entscheidungsfaktoren unter dem Gesichtspunkt des angestrebten Investitionszieles. Nur dann nämlich ist der Investor bereit, das verbleibende Risiko zu übernehmen, das er bei positiver Beurteilung der geplanten Investition kleiner einschätzt als die Gewinnchancen aus dem Projekt.

Da das Investitionsziel die Art der Entscheidungsfaktoren bestimmt, können grundsätzlich für Ersatzinvestitionen andere Faktoren als zieladäquat angesehen werden als für Erweiterungsinvestitionen. Es gibt jedoch eine Reihe fundamentaler Faktoren, die für die überwiegende Mehrzahl aller Investitionen relevant sind. In der folgenden Aufstellung wird der Versuch unternommen, ein solches System der Entscheidungsfaktoren aufzustellen (vgl. die folgende Abb. 5).

2. Der Entscheidungsprozeß muß jedoch nicht nur seinem Inhalt nach rationalen Erwägungen folgen, auch die Tätigkeit der Entscheidungsvorbereitung und -findung selbst muß wie jedes wirtschaftliche Handeln unter dem Aspekt der unternehmerischen Rationalität gesehen werden. Dem Umfang der Information wird dadurch in bezug auf den mit ihrer Beschaffung verbundenen Zeit- und Mittelaufwand eine Grenze gesetzt. „Eine tiefgreifende Fundierung der Investitionsentscheidung erfordert ... einen großen Aufwand, so daß auch die Ökonomität der Entscheidungsvorbereitung selbst zu prüfen ist. Es kann davon ausgegangen werden, daß bei großen Investitionsobjekten (d. h. etwa ab 8.000 bis 10.000 DM Anschaffungskosten) größere Arbeiten — und damit Aufwendungen — für die Entscheidungsvorbereitung gerechtfertigt sind[56]."

---

[56] *Schwarz*, Horst: Rationale Vorbereitung der Entscheidungen über größere Investitionsvorschläge, in: Mellerowicz, Konrad (Hrsg.): Wirtschaft und Wirtschaftsprüfung, Stuttgart 1966, S. 83 ff., hier S. 85.

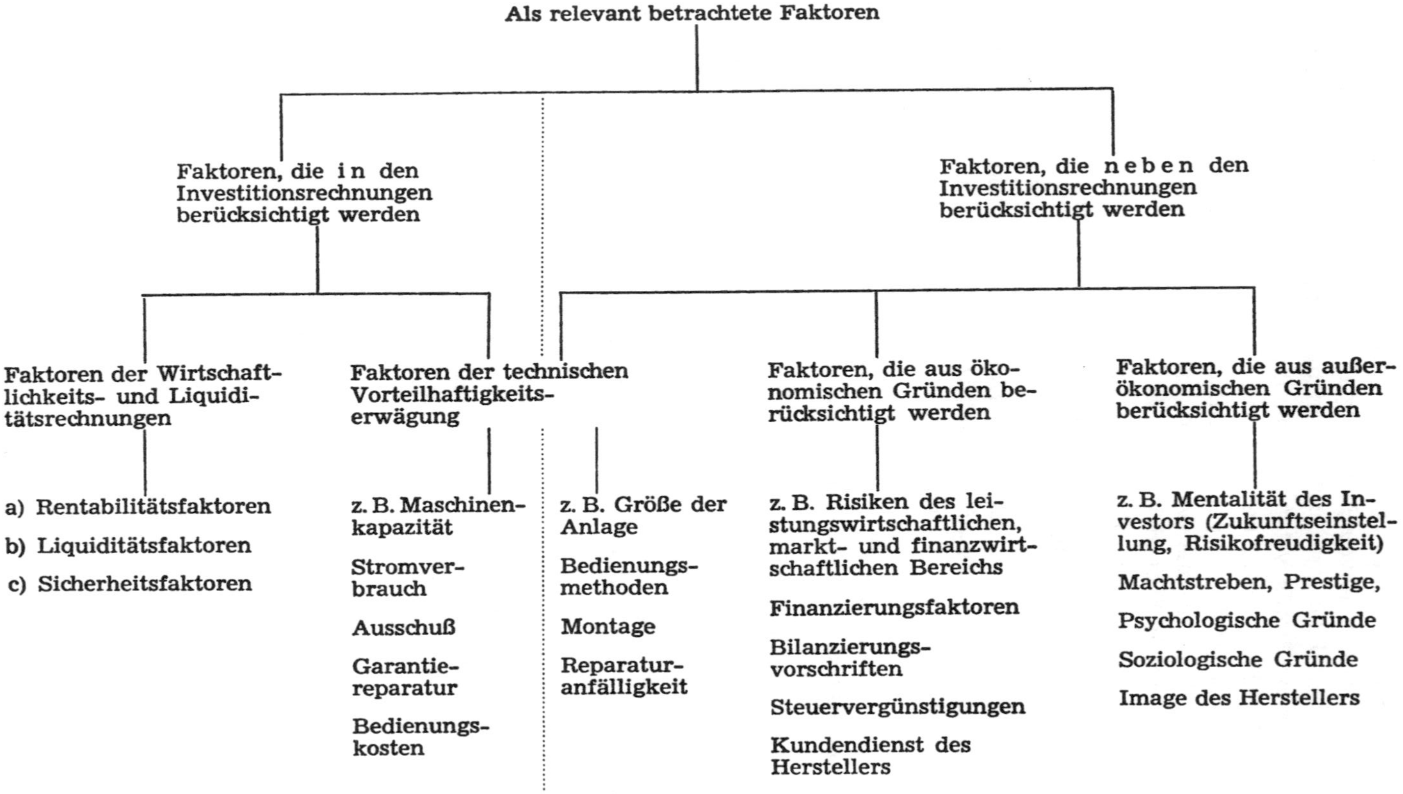

Abb. 5. Entscheidungsfaktoren für die Vorteilhaftigkeit einer Investition[57]

[57] Entwickelt aus einem Faktorsystem bei *Schwarz*, Horst: Zur Bedeutung und Berücksichtigung nicht oder schwer quantifizierbarer Faktoren im Rahmen des investitionspolitischen Entscheidungsprozesses, in: BfuP 12. Jg. (1960), S. 686 ff., hier S. 692.

1. *Die quantifizierbaren Faktoren*

Als quantifizierbare Entscheidungsfaktoren bezeichnen wir jene das Ergebnis unmittelbar beeinflussende Kriterien, die man in einem Mengenmaßstab ausdrücken kann. Diese Mengenangabe muß zudem in absoluten Werten erfolgen, da viele Daten sich zwar in Relation zu anderen ausdrücken lassen (vgl. z. B. 3. Teil, A., I., 1., b)), ohne daß man damit eine allgemein operationable Größe erhält. Die Quantifizierbarkeit ist damit noch nicht mit der *Richtigkeit* der mathematischen Angaben zu identifizieren. Die formal exakten Werte sind vielmehr unter dem Gesichtspunkt subjektiver Erwartungen *Schätzgrößen*, da der gesamte Entscheidungsprozeß — wie erwähnt — auf Planungsgrößen basiert.

Diese quantifizierbaren Entscheidungsfaktoren können nun sowohl dem leistungswirtschaftlichen als auch dem finanzwirtschaftlichen Bereich entnommen werden. Leistungswirtschaftliche Faktoren werden in technischen Maßeinheiten ausgedrückt (PS, U/min., Ausstoß/min. u. ä.), finanzwirtschaftliche in Geldeinheiten (DM). Da wir die unternehmerische Investitionsentscheidung primär als eine Entscheidung über Kapitalverwendung definieren, sollen im folgenden die technischen Entscheidungsfaktoren außer acht bleiben. Die bedeutendsten finanzwirtschaftlichen Entscheidungsfaktoren stellen die Ergebnisse der *Investitionsrechnungen* dar, zu denen wir in teilweisem Widerspruch der insgesamt uneinheitlichen Meinungen in der Literatur nicht nur die *Rentabilitäts*rechnungen[58], sondern auch *Liquiditäts*rechnungen[59] (vgl. 3. Teil, A., II.) und Finanzierungserwägungen unter rentabilitätspolitischen Gesichtspunkten zählen werden[60].

2. *Die nichtquantifizierbaren Faktoren*

Ein weit umfangreicheres Gebiet der Entscheidungsfaktoren, das jedoch zum großen Teil der wissenschaftlichen Logik verschlossen bleibt, stellen diejenigen Entscheidungskriterien dar, deren effektiver Einfluß sich einer mathematischen Formulierung entzieht. Die Unterscheidung der Quantifizierbarkeit bezieht sich jedoch nur auf den Ent-

[58] Der Begriff der Rentabilität wird hier im weitesten Sinne als Verzinsung des eingesetzten Kapitals verstanden, bezieht sich also auf die gesamte Lebensdauer einer Investition, während sie normalerweise als ein in Prozent ausgedrücktes Verhältnis des *Perioden*gewinnes zum Kapital der Unternehmung oder des Unternehmers dargestellt wird.

[59] Hier ist auf die absolute Liquidität im Sinne Wilhelm *Riegers* abgestellt.

[60] Vgl. auch *Schwarz,* Horst: Optimale Investitionsentscheidungen, München 1967, S. 19, der in Rentabilitätsorientierte Rechnungen und Amortisationsrechnungen unterteilt. Vgl. auch unsere Begründung der Unterteilung in Rentabilitäts- und Liquiditätsrechnungen (3. Teil, A. II.).

scheidungsprozeß und sein Resultat, also die *Beurteilung* einer geplanten Investition. Die effektive Vorteilhaftigkeit der Investition selbst läßt diese Unterscheidung zugunsten der nichtquantifizierbaren Faktoren verblassen, da auch die quantifizierten Entscheidungskriterien dem Risiko der Soll-Ist-Abweichung unterliegen.

Auch bei diesen Faktoren wollen wir die außerökonomischen Kriterien nicht in Betracht ziehen. Die wirtschaftswissenschaftliche Theorie hat sich im letzten Jahrzehnt — wie sich aus zahlreichen Veröffentlichungen ergibt[61] — bemüht, für die Berücksichtigung der nicht oder nur schwer quantifizierbaren Entscheidungsfaktoren Lösungswege aufzuzeigen. In der Regel wurde dabei versucht, diese Faktoren auf irgendeine Weise doch quantifizierbar zu machen, indem Erfahrungswerte oder das Gesetz der großen Zahl in Anwendung gebracht wurden. Die Verfahren, die dazu vielfach vorgeschlagen werden, sind jedoch überwiegend theoretischer Natur und auf die Praxis nicht immer übertragbar. Die geeignetste Behandlung gibt u. E. Horst *Schwarz* den nichtquantifizierbaren Faktoren. Er versucht, die Wirkung dieser Faktoren auf die quantifizierbaren, in den Investitionsrechnungen berücksichtigten, Einflußarten zurückzuführen und unterscheidet deshalb in Faktoren, die noch indirekten Einfluß auf die Rentabilität der geplanten Investitionen haben und solche, die „zwar evtl. die Rentabilität beeinflussen können (ohne daß dies mit Sicherheit vorauszusagen wäre) oder die überhaupt außerhalb der Rentabilitätsbetrachtung stehen (z. B. bestimmte körperliche Beanspruchung des Bedienungspersonals...)“[62]. Dieselbe Systematik läßt sich auch für eine Liquiditätseinwirkung der nichtquantifizierbaren Kriterien aufstellen.

Für die auch nach seinem System nicht mehr quantifizierbaren Größen empfiehlt nun Horst *Schwarz*, „eine Einfügung dieser Größen in die Investitionsrechnungen zweckmäßigerweise (zu) unterlassen. Ihre Einbeziehung könnte höchstens eine Reduzierung der Erkenntniskraft solcher Rechnungen und damit eine Verschlechterung, kaum dagegen eine Verbesserung der Entscheidungsgrundlagen bewirken“[63].

Über diesen begrüßenswerten Bemühungen zur Erfassung der schwer quantifizierbaren Kriterien darf jedoch nicht vergessen werden, daß

[61] Vgl. *Brandt*, Horst: Investitionspolitik des Industriebetriebs, a.a.O., *Albach*, Horst: Wirtschaftlichkeitsrechnung bei unsicheren Erwartungen, a.a.O., *Heister*, Matthias: Rentabilitätsanalyse von Investitionen, a.a.O.; *Lutz*, Friedrich A. und Vera: The Theory of Investment of the Firm, a.a.O.; *Pack*, Ludwig: Betriebliche Investition, a.a.O.; *Schindler*, Heinz: Investitionsrechnungen in Theorie und Praxis, 3. Aufl., Meisenheim 1966; *Schneider*, Erich: Wirtschaftlichkeitsrechnung, a.a.O.

[62] *Schwarz*, Horst: Zur Bedeutung und Berücksichtigung nicht oder schwer quantifizierbarer Faktoren im Rahmen des investitionspolitischen Entscheidungsprozesses, a.a.O., S. 688.

[63] Ebenda, S. 688.

auch Horst Schwarz nur recht grobe Wege aufzeigen kann. Die Interdependenzen der einzelnen Einflußarten der angesprochenen Faktoren muß er ebenso unbeachtet lassen, wie die fundamentale Bedeutung des Grundes der Unquantifizierbarkeit. Eine Reihe von Entscheidungsfaktoren sind nämlich nicht eindeutig Rentabilitäts- *oder* Sicherheitsgesichtspunkten zuzuordnen, berühren vielmehr beide Zielvorstellungen, wobei sich eine kumulative Interdependenz oder eine Wirkung auf das eine Ziel zu Lasten des anderen ergeben kann. Des weiteren ist es ausschlaggebend für den Versuch einer Quantifizierung, ob die Wirkungen eines Kriteriums bekannt sind und nur nicht meßbar oder ob sie nicht meßbar sind, *weil* sie nicht bekannt sind. In diesem Fall ist nur eine sehr grobe Quantifizierbarkeit in Sonderfällen möglich, wo die Erfahrung gezeigt hat, daß ein bestimmtes Kriterium als Entscheidungsfaktor bei bestimmten Investitionsarbeiten herangezogen werden sollte, in dem zur Debatte stehenden Fall seine Effizienz jedoch unbekannt ist.

II. Die Aufbereitung der Informationen

Die bislang behandelten Entscheidungsfaktoren wurden definiert als unmittelbar das Ergebnis der Durchführungsentscheidung bestimmende Kriterien. Diese Faktoren selbst stellen jedoch bereits ein Konzentrat einer Vielzahl von originären Informationen dar. Auf der Stufe dieser Ausgangsinformationen liegt die hauptsächliche Bedeutung des Marktzinses in betriebswirtschaftlicher Sicht, wenn wir von seiner Rolle im Rahmen der Finanzierungsentscheidung absehen.

Da die Grundprinzipien der Informationserfassung und -aufbereitung für jedes Kriterium, das zur Entscheidungsplanung herangezogen wird, Geltung besitzen, soll im folgenden generell von der „Information" ausgegangen werden. Die aufgezeigte Informationsbearbeitung gilt in jedem Punkt auch für den Marktzinsfuß.

Die Grundinformationen sind nach ihrer Art und zum größten Teil auch nach ihrem Umfang durch die Wahl der als relevant angesehenen Entscheidungsfaktoren bestimmt. Das Problem ihrer Beschaffung ergibt sich erst aus dem Wunsch des Investors, einen ganz bestimmten Entscheidungsfaktor im Entscheidungsprozeß heranzuziehen. Zur Formulierung dieses Faktors müssen Informationen erlangt werden.

Schwierigkeiten können sich bereits im Auffinden der Informationsquelle und der Beurteilung ihrer materiellen Zuverlässigkeit ergeben[64].

[64] Vgl. *Kepner,* Charles H. / *Tregoe,* Benjamin H.: Management-Entscheidungen vorbereiten und richtig treffen, a.a.O., S. 53; vgl. auch *Bierfelder,* Wilhelm H.: Optimales Informationsverhalten im Entscheidungsprozeß der Unternehmung, Berlin 1968, S. 57 ff., insbes. S. 62.

Von der materiellen Richtigkeit und der korrekten Bewertung der Informationen hängt die Aussagekraft des aus den Informationen gewonnenen Entscheidungsfaktors ab.

Nach der Informationstheorie orientieren sich die Entscheidungen des Unternehmers nach dem ökonomischen Prinzip an folgendem System:

(a) Kenntnis des Informationsvorrates,

(b) Kenntnis der möglichen Informationsverwendungen,

(c) Ableitung der erreichbaren Zweckkombination[65].

Dazu kommt u. E. noch das Problem der Abgrenzung des Informationsvorrates von dem — zur Gewinnung aussagefähiger Entscheidungsfaktoren — unbedingt notwendigen Informationspotential, wobei der Vorrat in vielen Fällen nicht ausreicht, um durch Auswertung zu einem eindeutigen Ergebnis als Entscheidungsfaktor zu kommen.

In diesem Zusammenhang spielt das Problem der „unvollkommenen Information", das Problem der „Unsicherheit" und das zwangsläufig damit verbundene „Entscheidungsrisiko" eine vielbeachtete Rolle in der Fachliteratur. „Die Unvollkommenheit (der Information) erwächst einmal aus den Mängeln der Informationstechnik, der es nicht gelingt, die Daten der Vergangenheit und Gegenwart vollständig und rechtzeitig zur Verfügung zu stellen, und zum anderen der Ungewißheit über die Tatbestände der Zukunft[66]." Beide Formen führen zu Fehlentscheidungen, die sich in einer „negativen Abweichung zwischen Plan und Wirklichkeit"[67] ausdrücken. „Fehlentscheidungen bezeichnen wir als das *Risiko*[68] des Entscheidungsprozesses[69]."

Sachliche Mängel im Informationssystem können bestehen

„a) in der Informationsgewinnung

1. falsche Fakten,
2. Fehlen relevanter Fakten;

---

[65] Vgl. *Gäfgen*, Gerard: Theorie der wirtschaftlichen Entscheidung, a.a.O., S. 102.

[66] *Wittmann*, Waldemar: Unternehmung und unvollkommene Information, Köln-Opladen 1959, S. 9.

[67] Arbeitskreis Karl *Hax:* Wesen und Arten unternehmerischer Entscheidungen, a.a.O., S. 688.

[68] Unter Risiko ist hier nicht nur das finanzwirtschaftliche Risiko gemeint, sondern der umfassende Begriff im Sinne Oswald *Hahns* und Walter *Euckens*. Vgl. *Hahn*, Oswald: Das Sicherheitsprinzip: Risiken. Allgemeine Betriebswirtschaftslehre, unveröffentlichter Umdruck, Nürnberg 1967, S. 19 ff.; *Eucken*, Walter: Grundlagen der Nationalökonomie, 7. Aufl., Berlin—Göttingen—Heidelberg 1959, S. 139.

[69] Arbeitskreis Karl *Hax:* Wesen und Arten unternehmerischer Entscheidungen, a.a.O., S. 688.

b) in der Informationsverarbeitung

1. falsche Ableitung von Konsequenzen,
2. lückenhafte Ableitung von Konsequenzen,
3. unvollständige Betrachtung der Alternativen“[70].

Fehlerquellen in bezug auf die Informationsgewinnung können sich bei den folgenden Tätigkeiten ergeben:

„(1) Festlegung der Art der Information,
(2) Bestimmung von Informationsquellen,
(3) Bestimmung von Informationswegen und Informationsmitteln,
(4) Bestimmung des Empfängers“[71].

Neben diesen den Informationen anhaftenden Ungewißheiten, die sich in der Regel nicht beheben lassen, existiert eine weitere bereits erwähnte Unsicherheit in der Art der Aufbereitung der Informationen. Die Entscheidungsfaktoren sind durchweg Plangrößen, der Investor muß also zur Aufbereitung der Informationen zum angestrebten Entscheidungsfaktor Prognosen stellen. Diese werden verständlicherweise umso schwieriger, je weiter sie in die Zukunft reichen sollen. Außerdem werden sie für die Unternehmung umso existentieller, je mehr Kapital eingesetzt werden soll und je länger eine durch die Entscheidung herbeigeführte Situation dann unabänderlich anhält. Diese Kriterien sind in hohem Maße bei der Investitionsentscheidung verwirklicht. Der Investor muß deshalb — unter Beachtung der Rationalität des Entscheidungsprozesses selbst — bestrebt sein, seine vergangenheitsbezogenen Informationen unter Beachtung aller relevanten Kriterien auf die Zukunftsgültigkeit umzuarbeiten. „Über empirisches Geschehen (gibt) es keine ‚Prognosis‘, d. h. kein Vorauswissen, denn Tatsachenwissen ist immer vergangenheitsbezogen[72].“ Dem Investor stehen für den Prozeß der Umdeutung der Informationen in zukunftsbezogene Bestandteile der Entscheidungsfaktoren im allgemeinen folgende Methoden zur Verfügung:

(a) Extrapolation,
(b) Deduktion,
(c) Induktion,
(d) Analogieschluß[73].

---

[70] *Gäfgen*, Gerard: Theorie der wirtschaftlichen Entscheidung, a.a.O., S. 102.

[71] *Koreimann*, Dieter: Der betriebliche Entscheidungsprozeß, in: BFuP 14. Jg. (1962), S. 129 ff., hier S. 133.

[72] *Koch*, Helmut: Zur Diskussion in der Ungewißheitstheorie, in: ZfhF NF 12. Jg. (1960), S. 49 ff., hier S. 52.

[73] Vgl. auch *Koch*, Helmut: Zur Diskussion in der Ungewißheitstheorie, a.a.O.; *Kondratieff*, N. D.: Das Problem der Prognose, in Sonderheit der

Da den Prognosen des Investors jeweils nur die Gewinnungsmethode gemeinsam ist, die Ermittlung bei den einzelnen Informationen jedoch von grundsätzlich verschiedenen Fakten abhängig ist, wird das Problem der Ungewißheit[74], soweit es im Rahmen dieser Abhandlung für den Marktzins interessant wird, bei den einzelnen Phasen des Entscheidungsprozesses behandelt (vgl. 3. Teil, A., I., 1., d)).

---

sozialwissenschaftlichen, In: Annalen der Betriebswirtschaft, Bd. I (1927), S. 41 ff.; *Morgenstern*, Oskar: Wirtschaftsprognose, Wien 1928; *Schäfer*, Erich: Grundlagen der Marktforschung, 3. Aufl., Köln-Opladen 1953; *Lutz*, Friedrich A.: Das Problem der Wirtschaftsprognosen, Tübingen 1955; Short-Term Economic Forecasting, Studies in Economics and Wealth, Bd. 17, Princeton 1955; *Wittmann*, Waldemar: Unternehmung und unvollkommene Information, a.a.O.; *Behrens*, Karl Ch.: Marktforschung, Wiesbaden 1958.

[74] Die Theorie spricht stattdessen häufig von „mehrdeutigen Erwartungen" im Gegensatz zu „eindeutigen Erwartungen" als dem Merkmal der vollkommenen Voraussicht.

Zweiter Teil:

Der Wirkungsbereich des Marktzinses nach den Investitionstheorien

A. Die Fixierung des Marktzinses der Investitionstheorien

I. Die Rolle des Zinses in der Theorie

Wenn wir mit Albert *Schnettler* der Meinung sind, daß sich „die Zinstheorien ... im wesentlichen mit der Frage nach der *Rechtfertigung* und der *Ursache* des Zinses (beschäftigen)“[1], können wir diese dadurch charakterisieren, daß der Zins in sie als abhängige Variable eingeht.

Die Wirkungen des Zinses auf die Investitionstätigkeit würden demnach nicht in den Bereich der Zinstheorien fallen, da es hier um Rechtfertigung und Ursache der *Investitionstätigkeit* geht. Der Zins stellt in diesen Theorien unabhängige Variable dar.

Darauf aufbauend, glauben wir eine überschaubare Gruppenbildung bezüglich der Rolle des Zinses in der Theorie vornehmen zu können. Wir unterscheiden nach

(a) Theorien *über* den Zins. Der Zins ist Zielvariable. Damit sind die Zinstheorien im eigentlichen Sinn umschrieben. Sie untersuchen das Phänomen Zins.

(b) Theorien über die Zins*auswirkungen*. Hier wird die Bedeutung und Auswirkung des Zinses auf andere Erscheinungen untersucht.

In der Fachliteratur wurde diese Trennung bislang noch nicht konsequent vorgenommen. Dort wird beispielsweise das Problem der Zinsempfindlichkeit von Investitionen — unserer Meinung nach eindeutig der Investitionstheorie zuzurechnen — sowohl im Rahmen der Zinstheorie als auch in Verbindung mit anderen Theorien behandelt.

Die Klassiker Eugen *v. Böhm-Bawerk*[2], Gustav *Cassel*[3] und Irving *Fisher*[4] behandelten den Zinseinfluß auf die Investitionstätigkeit bei

---

1 *Schnettler*, Albert: Der Zins im Wirtschaftsbetrieb, Stuttgart 1939, S. 9 (Hervorhebungen im Original).

2 *Böhm-Bawerk*, Eugen: Kapital und Kapitalzins, II. Abt. Positive Theorie des Kapitals, 1. Bd., 4. Aufl., Jena 1921, S. 410 ff.

3 *Cassel*, Gustav: Theoretische Sozialökonomie, 3. Aufl., Erlangen —Leipzig 1923, S. 197 ff.

4 *Fisher*, Irving: The Theory of Interest, New York 1930, S. 218 ff.

der Erklärung des Zinses. Aber auch moderne Fachvertreter wie Friedrich *A. Lutz*[5] und Otto *Veit*[6] rechnen die Zinsreagibilität der Investitionen offenbar zum Bereich der Zinstheorie. Die Mehrzahl heutiger Fachvertreter scheint jedoch unsere Auffassung zu vertreten — eine Begründung für die Einordnung des Problems wird regelmäßig nicht gegeben —, so insbesondere Kenneth E. *Boulding*[7], Joel *Dean*[8], Karl *Dürr*[9], Erich *Gutenberg*[10], Matthias *Heister*[11], Jack *Hirshleifer*[12] und auch bereits John M. *Keynes*[13].

1. Bei den Zinstheorien unterscheidet man institutionell nach

(1) Zinstheorien in der statischen oder stationären Wirtschaft,

(2) Zinstheorien in der dynamischen oder progressiven Wirtschaft,
und kann daneben funktionell unterteilen in

(a) reale Zinstheorien,

(b) monetäre Zinstheorien (vgl. auch S. 19, Anm. 33 und 34).

2. Im Zusammenhang mit der Investitionsentscheidung interessieren nicht die Zinstheorien mit dem Zins als Zielvariable, sondern die Art der Theorien, in denen der Zins als Instrumentenvariable auftritt, wie z. B. in der Investitionstheorie. Doch zuerst muß bestimmt werden, ob der Zins einen Einfluß und wenn ja, welchen Ausmaßes, auf die Aussagen der zu untersuchenden Theorie ausübt. Abgrenzungsschwierigkeiten einer funktionalen Abhängigkeit ergeben sich dabei vor allem in Richtung verminderten Einflusses. Man könnte hierbei unterscheiden zwischen direkten und indirekten Zinswirkungen. Der Zins als Instrumentenvariable setzt außerdem voraus, daß eine Kausalität zwischen Zins und Theorienaussage herstellbar ist. Nicht dazu gehören also jene Theorien generellen Anwendungsbereichs, von denen einer der Zins sein kann, so z. B. die Elastizitätstheorie und die Entscheidungstheorie.

---

5 *Lutz*, Friedrich A.: Die Zinstheorie, a.a.O., S. 176 ff.

6 *Veit*, Otto: Wirkungsfelder des Zinses. Veröffentlichungen der Arbeitsgemeinschaft Kleinheubach, Kleinheubach 1958, S. 3 und 4 ff.

7 *Boulding*, Kenneth E.: Time and Investment, a.a.O., S. 196 ff.

8 *Dean*, Joel: Capital Budgeting, New York 1951, S. 53 f.

9 *Dürr*, Karl: Investitionsrechnung, Bd. I: Allgemeine Investitionsrechnung und Grundlagen der Wirtschaftsmathematik, Bern 1958, S. 113 ff.

10 *Gutenberg*, Erich: Untersuchungen über die Investitionsentscheidungen industrieller Unternehmen, Köln-Opladen 1959, S. 181 ff.

11 *Heister*, Matthias: Rentabilitätsanalyse von Investitionen, a.a.O., S. 84 ff.

12 *Hirshleifer*, Jack: Risk, the Discount Rate and Investment Decision, in: AER Vol. 51 (1961), Papers and Proceedings, S. 112 ff.

13 *Keynes*, John Maynard: The General Theory of Employment, Interest and Money, London 1935, S. 208 f.

Bei den ökonomischen Theorien, die eine Primärbeziehung zwischen Zins und Theorienaussage statuieren, glauben wir ein umfassendes Einteilungssystem der Zinsfunktion nach folgenden Kriterien vornehmen zu können:

I. Spezies des verwendeten Zinsbegriffes:

Der Zins kann Verwendung finden als:

(a) Kostengröße } leistungswirtschaftlich
(b) Ertragsgröße } orientiert
(c) Ausgabengröße } finanzwirtschaftlich
(d) Einnahmengröße } orientiert
(e) Preis
(f) reine Rechengröße
(g) Beurteilungsmaßstab

II. Art der Auswirkungen des Zinses auf die Theorienaussage:

(a) qualitativer Einfluß
(b) quantitaviter Einfluß
(c) qualitativ-quantitativer Einfluß

III. Höhe der Auswirkung des Zinses auf die Theorienaussage:

(a) Wert der Aussage als solche im Hinblick auf die Theorienaussage
(absolute Höhe der Zinswirkung)

(b) Wert der Aussage im Verhältnis zu den übrigen unabhängigen Variablen
(relative Höhe der Zinswirkung)

Die Theorien bedürfen zu ihrer Charakterisierung sodann noch der Unterscheidung nach der Betrachtungsweise, volkswirtschaftliche, betriebswirtschaftliche und sozialtheoretische Theorien, und nach ihrer Geltungsbreite in historische und strukturell relativierte Theorien.

Eine Teilfunktion, die den Zins als Instrumentenvariable enthält, müßte einer Theorie zugeordnet werden können, der sie den Namen gegeben hat oder zumindest sachlich zugehört. Die sachliche Zugehörigkeit würden wir darin sehen, daß die zinsverarbeitende Teilfunktion wesentliche Bestandteil des komplexen Problemkreises der betreffenden Theorie ist. Im folgenden sollen die wichtigsten Theorien angeführt werden, in denen der Zins u. E. eine Rolle spielt, ohne daß die Aufzählung einen Anspruch auf Vollständigkeit erhebt.

Tabelle 1

Der Zins als Instrumentenvariable in ökonomischen Theorien

Name der Theorie	Wiss. Betrachtungsweise	Verwendung des Zinses als
Bewertungstheorien[14]	betriebswirtschaftl.	Kapitalisierungsfaktor (Zukunftserfolgswert einer Unternehmung, Substanzbarwerte)
Einkommenstheorien[15]	volkswirtsch.	Marktzins = Steuerelement der Verbrauchs- und Sparneigung
	sozialwiss.	Kapitalisierungsfaktor (‚Gerechter' Lohn als als kapitalisierter Ertrag der Arbeit)
Finanzierungslehre[16] (incl. Kredittheorie)	betriebswirtschaftl.	Marktzinsen als Fremdkapitalkosten und Kapitalertrag
Geldtheorien[16]	volkswirtsch.	Preis, Zeitüberbrückungsfaktor (liquidity preference)
Gewinntheorien[17]	volkswirtsch.	Unternehmerrente
	betriebswirtschaftl.	Rendite (Verzinsung des eingesetzten Kapitals)
Investitionstheorien[18]	volkswirtsch.	Steuerungselement für die Investitionsneigung
	betriebswirtsch.	Kapitalisierungsfaktor und Cut-off-rate
Kapitaltheorien[19]	volkswirtsch.	Preis für Kapitalnutzung, capital efficiency Maßstab der Kapitalerhaltung, Grenzleistungsfähigkeit des Kapitals
Kostentheorien[20]	volkswirtsch.	Rendite der Produktionsfaktoren
	betriebswirtsch.	kalkulatorischer Zins
Liquiditätstheorien[21]	volkswirtsch.	Preis (Steuerung der Liquidität)
	betriebswirtsch.	Skonto, Kapitalisierungsfaktor in Amortisationsrechnungen
Nutzentheorien[22]	volkswirtsch.	absoluter oder relativer (Opportunitäts-)Ertrag

(Forts. Tab. 1)

Name der Theorie	Wiss. Betrachtungsweise	Verwendung des Zinses als
Preistheorien[23]	volkswirtsch.	Marktzins = Kostenfaktor
	betriebswirtsch.	kalkulatorische Zinsen in der Preiskalkulation
Rentabilitätstheorien[24]	betriebswirtsch.	Marktzins = Rendite (Ertragsgröße) Rate of Return (Kapitalertragszahl) Kalkulationszinsfuß, Interner Zinsfuß in Rentabilitätsrechnungen
Risikotheorien[25]	betriebswirtsch.	Kosten- und Ertragsgröße, Risikoprämie, Wagnisäquivalenz Ausdruck der Chance (Ertragsaussicht)

---

[14] Vgl. u. a. *Diez*, Werner: Der Kapitalisierungsfaktor als Bestandteil der Ertragswertberechnung bei der Gesamtbewertung von Unternehmen und Unternehmungsanteilen, in: WPg, 8. Jg. (1955), S. 2 ff.; *Jonas*, Heinrich: Die Bestimmung des Kapitalisierungszinsfußes bei der Unternehmungsbewertung, in: ZfB 24. Jg. (1954), S. 488 ff.; *Mellerowicz*, Konrad: Der Wert der Unternehmung als Ganzes, Essen 1952; *Reuther*, Waldemar: Der Kapitalisierungszinsfuß in der Ertragswertberechnung der Unternehmung, Diss. Gießen 1933; *Schmalenbach*, Eugen: Die Beteiligungsfinanzierung, 9. Aufl., Köln-Opladen 1966, S. 35—90.

[15] Vgl. u. a. *Diehl*, Karl: Zur neuesten Entwicklung der Lehre vom Einkommen und Ertrag, in: Schmollers Jahrbuch, Bd. 53 (1929); *Fisher*, Irving: The Nature of Capital and Income, New York—London 1906; *Meniconi*, Fausto: Theorie des Einkommens, Diss. Basel, Zürich 1954; *Pigou*, Arthur C.: Income, London 1946.

[16] Vgl. zu den Geld- und Kredittheorien sowie zur Finanzierung u. a. *Beckmann*, Liesel: Die betriebswirtschaftliche Finanzierung, 2. Aufl., Stuttgart 1956; *v. Böhm-Bawerk*, Eugen: Positive Theorie des Kapitals, a.a.O.; *Hahn*, L. Albert: Volkswirtschaftliche Theorie des Bankkredits, 3. Aufl., Tübingen 1930; *Hahn*, Oswald: Das Instrumentarium der Währungsbank, Heft I und II, Rückersdorf 1968; *Keynes*, John M.: A Treatise on Money, London—New York 1930; *Linhardt*, Hanns: Markttheorie des Geldes, in: BFuP 8. Jg. (1956), S. 6 ff.; wiederabgedruckt in: Kritik der Währungs- und Bankpolitik, Köln-Opladen 1963, S. 62 ff.; *Machlup*, Fritz: Börsenkredit, Industriekredit und Kapitalbildung, Wien 1931; *v. Mises*, Ludwig: Theorie des Geldes und der Umlaufsmittel, 2. Aufl., München—Leipzig 1924; ders.: The Theory of Money and Credit, New Haven 1954; *Prion*, Willi: Kapital und Betrieb, Leipzig 1929; *Rittershausen*, Heinrich: Industrielle Finanzierungen, Wiesbaden 1964; ders.: Die Vereinigung von Geldtheorie und Preistheorie, in: Kruse, A. (Hrsg.), Wirtschaftstheorie und Wirtschaftspolitik, Berlin 1951; *Sandig*, Curt: Finanzierung mit Fremdkapital, Stuttgart 1930; *Schmalenbach*, Eugen: Finanzierungen Köln-Opladen, 6. Aufl., 1937; *Stucken*, Rudolf: Geld und Kredit, 2. Aufl., Tübingen 1957; *Töndury*, Hans / *Gsell*, Erik: Finanzierungen, Zürich 1948; *Wagner*, Adolph: Die Geld- und Kredittheorie der Peelschen Bankakte, Wien 1862; *Wicksell*, Knut: Geldzins und Güterpreise, Jena 1898.

[17] Vgl. u. a. *Hax*, Karl: Der Gewinnbegriff in der Betriebswirtschaftslehre, Wiesbaden 1926; *Hoffmann*, Alexander: Der Gewinn der kaufmännischen Unternehmung, Leipzig 1929; *Schmalenbach*, Eugen: Dynamische Bilanz, 13. Aufl., Köln-Opladen 1962; sowie die Literatur der übrigen Bilanztheorien; *Walb*, Ernst: Unternehmungsgewinn und Betriebsgewinn, in: ZfhF 20. Jg. (1926), S. 545 ff.

[18] Vgl. u. a. *Heister*, Matthias: Rentabilitätsanalyse von Investitionen, a.a.O.; *Jonas*, Heinrich: Investitionsrechnung, Berlin 1964; *Keynes*, John M.: General Theory of Employment, Interest and Money, a.a.O.; *Lutz*, Friedrich A.: The Theory of Investment of the Firm, a.a.O.; *Schneider*, Erich: Wirtschaftlichkeitsrechnung, a.a.O.; *Schwarz*, Horst: Optimale Investitionsentscheidungen, a.a.O.

[19] Vgl. u. a. *v. Beckerath*, Herbert: Kapitalmarkt und Geldmarkt. Eine ökonomische Studie, Jena 1916; *v. Böhm-Bawerk*, Eugen: Positive Theorie des Kapitals, a.a.O.; *Keynes*, John M.: The General Theory of Employment, Interest and Money, a.a.O.; *Linhardt*, Hanns: Kapitalwirtschaft und Kapitalrechnung, a.a.O.; *Marx*, Karl: Das Kapital, 5. Aufl., Berlin 1955; *Oppenheimer*, Franz: Das Kapital, Leiden 1938; *Plenge*, Johann: Kapital und Geld, in: Weltwirtschaftliches Archiv, 24. Bd. (1926); *Sombart*, Werner: Der moderne Kapitalismus, Bd. 1 und 2: 1902, Bd. 3: 1928; *Wicksell*, Knut: Kapital Wert und Rente, Jena 1893.

[20] Vgl. u. a. *Heinen*, Edmund: Betriebswirtschaftliche Kostenlehre, Bd. I: Theorie der Kosten, Wiesbaden 1965; *Kilger*, Wolfgang: Flexible Plankostenrechnung, Köln-Opladen 1967, 3. Aufl.; sowie zahlreiche weitere Spezialliteratur; *Mellerowicz*, Konrad: Kosten und Kostenrechnung, 4. Aufl., Berlin 1963; *Schnettler*, Albert: Der Zins im Wirtschaftsbetrieb, Stuttgart 1939.

[21] Vgl. u. a. *Forstmann*, Albrecht: Geld und Kredit, Göttingen 1952; ders.: Volkswirtschaftliche Theorie des Geldes, Bd. I: Reine Theorie des Geldes, Berlin 1943, Bd. II: Monetäre Ökonomie. Allgemeine Volkswirtschaftslehre der Geldwirtschaft, Berlin 1955; *Hahn*, L. Albert: Geld und Kredit, Frankfut/Main 1960; *Hahn*, Oswald: Der Skonto in der Wirtschaftspraxis, Frankfurt/Main 1962; *Strobel*, Arno: Die Liquidität, 2. Aufl., Stuttgart 1953; *Stucken*, Rudolf: Geld und Kredit, a.a.O.; *Witte*, Eberhard: Die Liquiditätspolitik der Unternehmung, Tübingen 1963.

[22] Vgl. u. a. *v. Böhm-Bawerk*, Eugen: Wert, Kosten und Grenznutzen, in: JbfNÖuStat, Bd. 1 (1924); *Gossen*, Hermann H.; Art. Grenznutzen, in: HdStw, 4. Bd., 4. Aufl., Jena 1927; ders.: Entwicklung der Gesetze des menschlichen Verkehrs und der daraus fließenden Regeln für menschliches Handeln, Wien 1854; *Menger*, Carl: Grundsätze der Volkswirtschaftslehre, Wien 1871; *von Wieser*, Friedrich: Theorie der gesellschaftlichen Wirtschaft, in: ders.: Grundriß der Sozialökonomik, Abt. I, Teil II, Wien 1924.

[23] Vgl. u. a. *Chamberlin*, Edward H.: The Theory of Monopolistic Competition, Cambridge (Mass.) 1933; *Hall*, Robert L und *Hitch*, Charles J.: Price Theory and Business Behavior, in: Oxford Economic Papers, 2. Jg. (1939); *Heuss*, Ernst: Das Oligopol, ein determinierter Markt, in: Weltwirtschaftliches Archiv, 84. Bd. (1960); *Koch*, Waldemar: Preistheorie bei *Böhm-Bawerk* und *Morgenstern*, in: JbfNÖuStat 171. Bd. (1959); *Krelle*, Wilhelm: Preistheorie, Tübingen—Zürich 1961; *Recktenwald*, Horst C.: Zur Lehre von den Marktformen, in: Weltwirtschaftliches Archiv, 67. Bd. (1951); *Robinson*, Joan: The Economics of Imperfect Competition, 9. Aufl., London 1954; *Shackle*, George L. S.: Expectations in Economics, Cambridge, 2. Aufl. 1952; *Schmalenbach*, Eugen: Kostenrechnung und Preispolitik, 8. Aufl., Köln-Opladen 1963; *Schnieder*, Erich: Reine Theorie monopolitischer Wirtschaftsformen, Tübingen 1932; ders.: Zielsetzung, Verhaltensweisen und Preisbildung, in: JbfNÖStat 157. Bd. (1943); *v. Stackelberg*, Heinrich: Marktform und Gleichgewicht, Wien—Berlin 1934; *v. Wieser*, Friedrich: Der natürliche Werth, Wien 1889.

[24] Vgl. u. a. *Arndt*, Paul: Rentabilität, Kritik der Lehre vom Unternehmergewinn, Berlin 1935; *Gsell*, Erik: Rentabilität und Wirtschaftlichkeit. Verlust-

II. Die Formen des Marktzinses

Die besondere Ausgestaltung des Zinses in der Form eines Marktzinses unterscheidet sich nach der Art des Zustandekommens von den übrigen Erscheinungsformen des Zinses. Auch in funktionaler Betrachtung könnte man den Marktzins als eine besondere Form des Zinses bezeichnen, da der nach bestimmten Regeln gebildete Marktzins der Preis für eine überall erhältliche Leistung darstellt, der nach der Theorie auf jedem noch so kleinen Teilmarkt und überall in derselben Höhe Anwendung findet. Wir werden jedoch feststellen, daß die funktionale Determinierung als Zins, der auf bestimmten Märkten zur Anwendung gelangt, den Marktzins nicht vollständig repräsentiert, da er neben seiner Aufgabe als am Markt gebildeter Preis auch als objektiver Maßstab für Nicht-Marktvorgänge — z. B. innerhalb der Unternehmung — Anwendung findet und Einflüsse auf andere wirtschaftliche Phänomene und Prozesse ausübt.

1. Die Märkte, auf denen Zinsen in Erscheinung treten, sind primär jene für Geld, Kredit und Kapital, sekundär jene für Waren, mit deren Handel finanzwirtschaftliche Transaktionen verbunden sind. In allen Fällen stellt der Zins, der auf diesen Märkten der Höhe nach bestimmt wird, einen auf den Zeitablauf abgestellten Preis dar für die Nutzung von Geld, Kredit oder Kapital oder Waren als Substitute. Der Marktzins ist eine rein finanzwirtschaftliche Größe. Seine originäre Funktion findet er deshalb auf den Finanzmärkten. Der Begriff des Finanzmarktes soll hier im Sinne von Erich Schäfer als Oberbegriff für Geld- und Kapitalmarkt angesehen werden[26]. Die Teilmärkte des Finanzmarktes bilden nun sowohl der Art nach als auch der Höhe nach höchst unterschiedliche Zinssätze; *jeder* Satz stellt einen Marktzins dar. Aufgrund ihrer erheblichen Unterschiede bedarf es deshalb einer Spezifizierung nach den Einzelmärkten.

Der Finanzmarkt ist rein terminologisch und genetisch zunächst ein ‚Markt', d. h. eine bestimmte Form des Zusammentreffens von Angebot

quellen in Betrieb und Unternehmung, Zürich 1945; *Hummel*, Otto: Das Rentabilitäts- und Wirtschaftlichkeitsproblem, Stuttgart 1927; *Koch*, Helmut: Das Wirtschaftlichkeitsprinzip als betriebswirtschaftliche Maxime, a.a.O.; *Kosiol*, Erich: Art. Rentabilität, in: HdB, 3. Aufl., 3. Bd., Stuttgart 1958; *Lehmann*, Max R.: Wirtschaftlichkeit, Produktivität und Rentabilität, in: ZfB 28. Jg. (1958), S. 537 ff., 614 ff., 671 ff., 746 ff.; *Nicklisch*, Heinrich: Art. Rentabilität, in: HdB 2. Aufl., 2. Bd., Stuttgart 1939; *Pack*, Ludwig: Rationalprinzip und Gewinnmaximierungsprinzip, a.a.O., S. 207 ff.; ders.: Rationalprinzip Gewinnprinzip und Rentabilitätsprinzip, a.a.O., S. 525 ff.

[25] Vgl. u. a. *Bußmann*, Karl F.: Das betriebswirtschaftliche Risiko, Meisenheim/Glan 1955; *Leitner*, Friedrich: Die Unternehmungsrisiken, Berlin 1915; *Knight*, Frank H.: Risk, Uncertainty and Profit, 2. Aufl., New York 1957; *Oberparleiter*, Karl: Funktionen und Risiken des Warenhandels, 2. Aufl., Wien 1955.

[26] Vgl. *Schäfer*, Erich: Die Unternehmung, a.a.O., S. 28 u. 63.

und Nachfrage, von Verkäufern und Käufern. Gehandelt werden Geld, Kredit und Kapital. Da Geld jedoch kein produzierbares Gut der Privatwirtschaft darstellt, kann jedes private Wirtschaftssubjekt nur als Zwischen-‚Händler' auftreten; das bedeutet, daß nur über zeitweilige Nutzung des Geldes verhandelt werden kann. *Linhardt* bezeichnet diese Eigenschaft als „Verkehrsfähigkeit"[27] des Kapitals und des Geldes. Der am Markt für die Überlassung von Geld und Kapital vereinbarte Preis ist der Marktzins, der sich in seiner Bildung ausrichtet an der Liquidität und den Erwartungen der handelnden Wirtschaftssubjekte, der vorhandenen Geldmenge und dem relativen Geldwert einer Geldeinheit sowie verschiedenen anderen Imponderabilien, bedingt durch die Unvorhersehbarkeit zukünftiger Ereignisse und den unterschiedlichen subjektiven Betrachtungsweisen der Marktteilnehmer. Deshalb können die Zinssätze der einzelnen lokalen Teilmärkte für gleiche Leistungen durchaus unterschiedlich sein. Bei einigen Teilmärkten existieren auch national ausgerichtete Zinssätze, deren Bildung sich dann entsprechend an der Liquidität, Konjunktur und der Geldpolitik der Volkswirtschaft orientiert. Besonders zu beachten ist dabei, daß die nationalen Zinssätze vielfach nur noch durch Vereinbarung der Verkäufer untereinander ohne Hinzuziehung der Käufer, allerdings in Anlehnung an die mit ihnen früher ausgehandelten Sätze, festgesetzt und angewendet werden.

Diese Methode ist jedoch nur bei straffer Organisation des Verkäufermarktes möglich. Wir unterscheiden deshalb nach den Marktpartnern fünf Stufen[28]. Die Anzahl der herauszuziehenden Kreditstufen wird außerdem durch ihre Besonderheiten der Preisbildung bestimmt. Dieses Kriterium benötigen wir zur Abgrenzung des Zinses generell vom Marktzins.

1. Stufe: Private Kreditgeber stehen privaten Kreditnehmern gegenüber. Beide Parteien betreiben das Finanzgeschäft nicht gewerbsmäßig.

2. Stufe: Private Kreditgeber stehen privaten Kreditnehmern gegenüber. Die Gruppe der Kreditgeber betreibt das Finanzierungsgeschäft gewerbsmäßig, z. B. Finanzierungsbüros, Geldverleiher etc.

---

[27] *Linhardt*, Hanns: Der Kapitalmarkt im System der Märkte und die Kapitalmarktpolitik der Banken, in: Österr. BankA 4. Jg. (1956), S. 8 ff., hier S. 12.

[28] Ein detailliertes Kreditsystem mit sechs Stufen, das nicht nur nach den für uns relevanten Kriterien geschlüsselt ist, findet sich bei Hanns *Linhardt*: Kreditpolitik, in: ZfhF, NF 7. Jg. (1955), S. 49 ff.; wiederabgedruckt in *Linhardt*, Hanns: Kritik der Währungs- und Bankpolitik, Köln-Opladen 1963, S. 29 f. und S. 45.

3. Stufe: „Banken (treten) als (ökonomische) Vermittler zwischen Kreditnehmer und Geldgeber; sie nehmen von den ‚Geldgebern' Kredit, um ihrerseits den ‚Kreditnehmern' Kredit geben zu können[29]."

4. Stufe: Um das Geld zu beschaffen, das eine Bank ihren Kunden kreditieren will oder um anderen Banken Geld, das sie nicht an Kunden ausleiht, zur Verfügung zu stellen, bilden die Kreditinstitute unter sich und mit den Zentralbanken einen Geldmarkt des Liquiditätsausgleichs (Geldmarkt i. e. S.).

5. Stufe: Auf dieser letzten Stufe „wird die Bank durch die Börse ersetzt. Kreditnehmer und Geldgeber finden wieder direkt zueinander, wobei die Marktveranstaltung durch Zugangsbeschränkungen das Bonitätsrisiko teilweise ausschaltet"[30].

Diese Stufeneinteilung ist für unsere Untersuchung von doppelter Bedeutung. Erstens muß festgestellt werden, auf welchen Stufen der vereinbarte Zins als Marktzins bezeichnet werden kann, und zweitens — und das ist die Hauptursache der Entwicklung dieser Stufen —, worin sich die einzelnen Stufen unterscheiden in bezug auf die Bildung des zugehörigen Marktzinssatzes.

Ein Zinsfuß dient auf allen fünf Stufen als Entgelt für die Überlassung von Geld oder Kapital. Wieweit diese Sätze als *Markt*zinssätze angesehen werden können, hängt also in erster Linie davon ab, ob die Stufen der Kreditwirtschaft gleichzeitig ‚Märkte' darstellen. Der Begriff des Marktes ist nun sehr vielseitig in Gebrauch[31]. Nach Guido *Fischer* hat die Bezeichnung Markt eine dreifache Bedeutung:

(a) eine Handelsfunktion = Zusammenwirken von Angebot und Nachfrage, die sich innerhalb eines bestimmten Gebietes geltendmacht,

(b) eine Handelsstätte = der bestimmte Ort, an dem sich Angebot und Nachfrage treffen,

(c) ein Handelsraum = Binnen-, Import- oder Exportmarkt[32].

2. Neben diesen abstrakten Begriffskriterien existiert u. E. jedoch noch ein weiteres, mehr konkretes Begriffsmerkmal: die Anzahl der Marktteilnehmer, das mit der Diskussion über die Marktformen nur

---

[29] *Hahn*, Oswald: Private Kreditgeber in Afghanistan, in: ZfK 1967, S. 181 ff., hier S. 181.

[30] *Hahn*, Oswald: Private Kreditgeber in Afghanistan, a.a.O., S. 182.

[31] Vgl. *Cox*, Reavis: Some things we know and some things we do not know about markets and market models, in: Oxenfeldt, Alfred R. (Ed.): Models of Markets, New York—London 1963, S. 3—19, hier S. 4.

[32] Vgl. *Fischer*, Guido: Betriebliche Marktwirtschaftslehre, Heidelberg 1953, S. 15 f.

teilweise abgedeckt wird. Die Teilnehmerzahl ist nicht nur ein Kriterium der Marktform, sondern kann zum konstitutiven Element eines Marktes werden. Eindeutig sind die Extremfälle, bei denen sowohl auf der Anbieter- als auch auf der Nachfrageseite oder zumindest auf einer Seite sehr viele Tauschpartner existieren. Das sind die aus der volkswirtschaftlichen Markttheorie bekannten Formen des vollkommenen Marktes und des Angebots- bzw. Nachfragemonopols.

Die angedeutete begriffliche Problematik taucht mit der Reduzierung der Tauschpartner auf beiden Seiten auf. Die Formen des Oligopols (wenige Anbieter stehen wenigen Nachfragern gegenüber) werden nach der volkswirtschaftlichen Theorie noch eindeutig als Marktformen bezeichnet. Die Bildung eines *einheitlichen* Marktpreises ist dann davon abhängig, daß es in dem bezuggenommenen Handelsraum (sowohl funktional als auch lokal) keine Zweitstätte gibt, an der sich weitere Partner derselben Ware gegenüberstehen und einen anderen Preis aushandeln. Die Formen der reduzierten Teilnehmerzahl auf einer Seite werden von der volkswirtschaftlichen Theorie bedenkenlos als Märkte angesehen, z. B. Angebots- und Nachfragemonopole. Alfred *Ott* spricht bei diesen Erscheinungsformen in Anlehnung an die Marktformenlehre von Heinrich von *Stackelberg*[33] von Märkten „mit struktureller Unterbesetzung"[34].

In theoretischer Weiterentwicklung stehen sich letzten Endes nur noch ein Anbieter und ein Abnehmer für ein bestimmtes Gut gegenüber. Die Vertreter der Marktformenlehre sind hier überwiegend der Ansicht, daß es sich in einem solchen Fall weder funktional (der Ware nach) noch lokal mehr um einen ‚Markt' handelt. Wo allerdings die Grenze zwischen strukturell unterbesetztem Markt und ‚Nicht-Mehr-Markt' zu ziehen ist, bleibt in der Theorie offen.

3. Wir sind der Meinung, daß sich die Abgrenzung des Marktbegriffes, sofern sie aus der Teilnehmerzahl nicht eindeutig abzuleiten ist, an den anderen Kriterien eines Marktes ausrichten sollte. Dazu zählen wir die sachliche Gleichartigkeit der Güter und die personelle Gleichartigkeit der Käufer und Verkäufer sowie eine gewisse Repräsentanz für bestimmte Leistungen, die sich aus der Vielzahl ursprünglich vorhandener Meinungen durch das Marktgeschehen herauskristallisiert. Diese Kriterien faßt Erich *Gutenberg* zur sogenannten „Homogenitätsbedingung"[35] zusammen.

---

33 *v. Stackelberg*, Heinrich: Marktform und Gleichgewicht, a.a.O.

34 Vgl. *Ott*, Alfred E.: Marktform und Verhaltensweise, Stuttgart 1959, S. 7; vgl. auch *Arndt*, Helmut: Mikroökonomische Theorie, Bd. 1: Marktgleichgewicht, Tübingen 1966; *Recktenwald*, Horst C.: Zur Lehre der Marktformen, in: Preistheorie, hrsg. v. Alfred E. Ott, Köln—Berlin 1965, S. 62 ff.

35 *Gutenberg*, Erich: Grundlagen der Betriebswirtschaftslehre, Bd. II: Der Absatz, Berlin—Göttingen—Heidelberg 1955, S. 150 f.

Unter diesem Gesichtspunkt beschränkt sich unsere Untersuchung der fünf Stufen der Finanztransaktionen hinsichtlich der Existenz eines Marktzinses auf die Kriterien der Anzahl der Marktteilnehmer und die einheitliche Handelsstätte, da bei Geld, Kredit und Kapital hinsichtlich des gehandelten Gutes eine weitgehende Homogenität als gegeben angenommen werden könnte und die Gleichartigkeit in personeller Hinsicht als gegeben vorausgesetzt werden soll.

a) Auf der Stufe fünf ist das Marktgeschehen nach obigen Vorstellungen am ehesten verwirklicht[36]. An *einem* Platz (Börse) treffen sich eine *Vielzahl* von Interessenten; die Zugangsbeschränkungen sind mehr formaler Natur. Als Anbieter von Kapital hat jedermann Zugang zur Börse über die zum Handel zugelassenen Banken und brokers als Kommissionäre. „Zum Abschluß an der Börse sind am wenigsten persönliche Beziehungen der Tauschpartner und auch keine Hilfspersonen, wie Agenten und Vermittler, wohl aber Makler nötig[37]." Die Gleichartigkeit der handelnden Personen ist dadurch gesichert, wenn auch die Großgesellschaften eine Finanzpolitik betreiben, die auf die Ausschaltung eben dieser Vorzüge atomistischer Konkurenz hinzielt. „Ihr letztes Ziel ist die Ausschaltung der Konkurrenz, die immer als störend, als Beeinträchtigung der eigenen Macht, der eigenen Möglichkeiten empfunden wird[38]." Durch das Eingreifen des Staates in wettbewerbsinkonformen Situationen sollen jedoch diese Tendenzen abgeschwächt werden, so daß wir eine ‚beinahe vollkommene Konkurrenz' annehmen können.

Das getauschte Gut ist Kapital in seiner vielfältigen Ausgestaltung: die börsenfähigen Titel wie Obligationen, Hypothekenpfandbriefe, Anleihen (Festverzinsliche Werte) und Aktien (Dividendenwerte). Hauptaufgabe der Börse ist es, den langfristigen Kapitalverkehr zu regeln[39]. Verkaufs- gleich Kaufpreise der genannten Titel werden zu einem bestimmten Zeitpunkt durch Angebot und Nachfrage ermittelt. Die Rolle des Zinses ist hier sekundär, zum Teil sogar ungeklärt.

Für unsere Problemstellung kommt jedoch gerade dem Zins bedeutendste Rolle zu. Für die investitionstheoretische Betrachtung ist

36 Vgl. *Rittershausen*, Heinrich: Die Zentralnotenbank, Frankfurt/Main 1962, S. 263 f.

37 *Linhardt*, Hanns: Der Kapitalmarkt im System der Märkte und die Kapitalmarktpolitik der Banken, a.a.O., S. 11.

38 *Linhardt*, Hanns: Wettbewerb und Finanzierung, in: BFuP 10. Jg. (1958), S. 478 ff., hier S. 488.

39 Vgl. *Hagenmüller*, Karl Friedrich: Kapitalmarkt, in: HdB, 2. Bd., Stuttgart 1958, Sp. 3008 ff., hier Sp. 3008; *Hintner*, Otto: Wertpapierbörsen, Wiesbaden 1960, S. 7; *Linhardt*, Hanns: Der Kapitalmarkt im System der Märkte und die Kapitalmarktpolitik der Banken, a.a.O., S. 11; *Nowak*, Richard: Der Finanzmarkt New York, Köln-Opladen 1967, S. 12 ff., insbes. S. 15.

er in dreifacher Hinsicht bedeutungsvoll: als Vergleichs-(Rechen-)größe für innerbetriebliche Kreditvorgänge, im Zusammenhang mit innerbetrieblich orientierten Investitionsüberlegungen, als Kostenelement oder als Opportunitätszinssatz für außerbetrieblich orientierte Entscheidungskriterien. Der Zins als Kostenelement wird besonders deutlich am Beispiel der Begebung festverzinslicher Wertpapiere — was jedoch eine bestimmte Rechtsform, Größe und einen gewissen Bekanntheitsgrad der kapitalsuchenden Unternehmung voraussetzt —. Im Falle des Marktzinses als Opportunitätsertrag gehen die Investitionsüberlegungen von den verfügbaren Mitteln aus. Der Investor kann seine überschüssigen Mittel zum Kapitalmarktzins in festverzinslichen Wertpapieren anlegen, wenn geplante Investitionen derzeit nur geringere Renditen erwarten lassen.

Bei festverzinslichen Papieren besteht zwischen Kurs und Zins eine enge Interdependenz, ohne daß jedoch an der Börse direkt der Zins festgestellt wird. Ein Überangebot an Kapital drückt den Kurs. Um die Titel für das Publikum attraktiv genug zu gestalten, wird bei anhaltendem Angebotsüberhang die Effektivrendite erhöht werden müssen, um Neuemissionen placieren zu können. Dies kann entweder durch Anhebung des Nominalzinses oder Rückzahlungskurses oder durch Ermäßigung des Ausgabekurses erreicht werden. Bei zirkulierenden Papieren wird die Angleichung an geänderte Marktlagen allein durch den Börsenkurs vorgenommen. Dem Emittenten verbleibt dann als einziges Mittel der Nachfrageregulierung die Kurspflege mit relativ beschränktem Wirkungsbereich, wenn man von Änderungen der Tilgungsmodalitäten einmal absieht.

Der Nominalzinssatz der Papiere wird vom Emittenden *vor* der Zulassung bzw. Emission gewählt, jedoch unter Berücksichtigung der gegenwärtigen und der für die Zukunft erwarteten Börsenlage. Der Zins ist insofern direkte Preisdeterminante. Der Käufer ersteht die Titel nur zum Zweck des Zinsertrages. Durch die lange Laufzeit der Papiere, in der sich zwischenzeitlich die Kapitalmarktsituation ändern kann, existieren zu einem bestimmten Zeitpunkt am Markt eine Vielzahl von Papieren mit unterschiedlichen Zinssätzen. Unter zeitraumbezogener Betrachtung repräsentieren alle diese Zinssätze Kapitalmarktzinsen. Dabei handelt es sich um einen Zeitraum der Vergangenheit. Zeitpunktbezogener Kapitalmarktzins ist derjenige Effektivzins, zu dem derzeit Neuemissionen am Kapitalmarkt untergebracht werden können. Ein funktionsfähiger Kapitalmarkt wird dabei unterstellt. Die Zinssätze der an der Börse gehandelten Papiere, so unterschiedlich sie auch sind, waren zur Zeit der Emission der Papiere zeitpunktbezogene Marktzinssätze. Der momentane Marktzinssatz läßt sich deshalb am geeignetsten danach bestimmen, bei welcher Verzinsung die neu emittierten Werte am Kapitalmarkt untergebracht werden können. Der zeitraumbezogene Marktzins für eine bestimmte Zeitspanne läßt sich einfach durch das gewogene Mittel der zur Zeit gehandelten Papiere mit ihren verschiedenen Zinssätzen bestimmen unter Berücksichtigung der unterschiedlichen Umsätze. Beide Arten des Kapitalmarktzinses sind für den Investor als Orientierungsgrößen für die Beurteilung der Vorteilhaftigkeit geplanter Investitionen von Bedeutung. In etwa entsprechen sich diese Sätze auch, wenn man die unterschiedlichen Kurse der einzelnen Papiere heranzieht, d. h. die Effektivrendite als Marktzins ansieht. Dieser Satz wäre damit zu kennzeichnen, daß er die momentane Effektivrendite darstellen müßte, damit Neuemissionen untergebracht werden können. Unterstellt man eine Placierung zu pari, so entspricht dieser Satz gleichzeitig dem Nominalzins. Bei diesen Überlegungen wurden allerdings Kriterien der Anlagesicherheit, Konjunkturerwartungen und ähnliche, auf den Kurs wirkende Momente unberücksichtigt gelassen. Das ist jedoch mit der Grund, warum auch Effektivsätze bei unterschiedlichen Wertpapiergattungen geringe Abweichungen zeigen.

Die ertragstheoretischen Gesichtspunkte der festverzinslichen Wertpapiere können jedoch nicht ohne weiteres auf Dividendenpapiere übertragen werden. Bei ihnen ist zwar ebenso wie bei den Festverzinslichen eine gegenseitige Beziehung zwischen Kurs und Dividende — die hier die Verzinsung des Beteiligungskapitals darstellt — gegeben, die Höhe der Dividende variiert aber mit jeder Gesellschaft und jedem Geschäftsjahr mehr oder minder aufgrund ihres Charakters als Gewinngröße. Die Orientierung einer Gesellschaft an ihrer Konkurrenz, an den Markterfordernissen und an betrieblichen Bedingungen haben jedoch durch die Politik stabiler Dividenden zu einer gewissen Vereinheitlichung dieses Satzes geführt. Aufgrund dieser Bestimmungsgrößen könnte der Dividendensatz u. E. höchstens als abgeleiteter Marktzinssatz bezeichnet werden.

b) Nachdem wir die Marktzinssätze der Stufe fünf charakterisierten, stellt sich nun dieselbe Frage für Stufe vier. Auf dieser Stufe, an der als Tauschpartner nur Banken (= Homogenität der Marktpartner) kurzfristiges Geldkapital (= Homogenität des Gutes[40]) handeln und alle nationalen Kreditinstitute sich am zwischenbanklichen Telefonhandel beteiligen, können wir die Bedingungen eines Marktes als gegeben bezeichnen. Hier wird neben den Kreditbeträgen als zweiter wichtiger Faktor der Zins direkt als Preis gehandelt. Im Gegensatz

---

[40] Zum Problem der Homogenität vgl. *Linhardt*, Hanns: Wettbewerb und Werbung der Kreditinstitute, in: BFuP 21. Jg. (1969), S. 129 ff., insbes. S. 130 f.

zu den Zinsen am Kapitalmarkt sind die Zinsen des bankmäßigen Geldmarktes[40a] extrem zeitabhängig, allerdings nach einem bestimmten Turnus. So liegt der zu vereinbarende Zinssatz für Tagesgeld per Ultimo wegen des großen Liquiditätsbedarfs der Banken regelmäßig höher als an den übrigen Monatstagen, dasselbe gilt entsprechend für Feiertage gegenüber den übrigen Wochentagen, da der Geldmarkt zwischen den Banken wichtiger kurzfristiger Liquiditätsbeschaffungsmarkt ist.

Die im zwischenbanklichen Geldmarkt frei vereinbarten Zinssätze richten sich in ihrer Höhe nach der Art und Dauer des kreditierten Geldes. So existiert ein Satz für Tagesgelder, Monatsgelder und Quartalsgelder.

Der Marktzins zwischen Banken hat für unsere investitionspolitische Betrachtung nur insoweit Bedeutung, als er die im Verkehr auf Stufe drei zur Anwendung kommenden Zinssätze nicht unerheblich beeinflußt.

c) In Verfolgung der Transformationsfunktion der Banken kommen wir zu Stufe drei. Hier stehen sich Banken auf der einen Seite und Bankkunden auf der anderen Seite gegenüber. Soweit es um das Kreditgeschäft der Banken geht, ist der „Sollzinssatz" Preis für die Überlassung von Geldmitteln oder Verfügungskraft. Zum Unterschied des in Stufe vier frei vereinbarten Zinssatzes wird hier lediglich der Satz von den Banken unter sich festgesetzt oder für Bankengruppen auf Empfehlung ihrer Bankenverbände (allerdings in Deutschland bislang nur bei den Habenzinsen) festgelegt, zwar unter Berücksichtigung der Bankkunden, aber nur insoweit, als die Banken darauf achten müssen, ihre angebotenen Kredite auch ‚verkaufen' zu können. Diese Kreditzinssätze sind zwar nicht in dem umfassenden Sinne einheitlich, daß *jedem* Kunden dieselben Sätze berechnet werden — diese sind vielmehr nach Bonität und Größe der Kunden gestaffelt —, aber die Unterschiede sind nur tendenziell. Man könnte also u. E. zumindest von einem einheitlichen Basissatz sprechen. Bei diesen von den Bankenverbänden empfohlenen Zinssätzen und deren Anwendung durch die Geschäftsbanken tritt nun die Frage auf, ob die durch Preisführerschaft der Banken zustandegekommenen Sätze für Kredite an Bankkunden noch Marktzinssätze darstellen. Daß man die Soll- und auch die Habenzinssätze der Kreditinstitute als Marktzinssätze bezeichnen kann, ergibt sich aus zwei Gründen:

(1) Die Preisherrschaft der Banken ist im Grunde mehr ein Hilfsmittel, den Bankenmarkt transparenter zu machen; „die Banken

[40a] Vgl. dazu *Höfermann*, Friedrich: Geldmarkt und Geldmarktgeschäfte, Frankfurt/Main 1959; *Lipfert*, Helmut: Internationale Finanzmärkte, Frankfurt/Main 1964; ders.: Der Geldmarkt, Frankfurt/Main 1962.

(sind) in konkurrierende Gruppen aufgeteilt, die einzelne Gruppe (hat) also keine Monopolstellung inne"[41, 42].

(2) Den Kapitalsuchenden stehen nicht nur die Banken als Finanzierungsquellen zur Verfügung. Sie können ihren Kreditbedarf auch aus anderen Quellen befriedigen[43]. Zudem müssen sich auch die Banken in ihrer Preispolitik an der privaten Konkurrenz der Stufe zwei und am Ausland orientieren[44]. Der im Kreditvertrag vereinbarte Sollzins wurde also durch eine freie Willensäußerung des Kreditnehmers Vertragsinhalt.

Außerdem ist auch den Kreditzinssätzen der Banken wiederum kein allgemeiner einheitlicher Marktzinssatz zu entnehmen. Die auf Stufe vier gegebene Homogenität im Kreditgeschäft ist hier nicht mehr anzutreffen[45]. Die Vergleichbarkeit der Kreditsätze und eine Zusammenfassung zu einem Marktzins ist nicht möglich, nicht einmal die Leistungen zweier Depositenkassen der gleichen Bank in derselben Stadt können als homogen angesehen werden; jedes Kreditinstitut besitzt volle Individualität[46].

Der Satz ist zudem von der Kreditart und der Kredithöhe abhängig.

Allerdings existieren auf höherer Ebene durch die Refinanzierungspolitik der Geschäftsbanken einheitliche Sätze, die an einem Basissatz — dem Rediskont — ausgerichtet sind und dazu führen, daß sich auch auf dem Kreditmarkt zwischen Banken und Kunden repräsentative Sätze herausgebildet haben, die man als Orientierungsgröße benutzen kann. Änderungen des Rediskontsatzes wirken sich auch heute noch nach der Zinsfreigabe über die Kreditpolitik der Geschäftsbanken auf die Sollzinssätze gegenüber der Bankkundschaft aus und führen zu einer Interdependenz zwischen den einzelnen Zinssätzen, die es erlaubt, in der Investitionsanalyse mit einem einheitlichen Zinssatz zu rechnen.

---

[41] *Hahn*, Oswald: Das langfristige Kreditgeschäft bei gewerblichen und ländlichen Kreditgenossenschaften, in: Archiv für Öffentliche und Freigemeinwirtschaftliche Unternehmen, Bd. 6 (1961), S. 8.

[42] Die Kreditpolitik der einzelnen Institute setzt deshalb höchst unterschiedliche Mittel ein. Vgl. auch *Hahn*, Oswald: Die Substitutionskonkurrenten der Universalbanken, in: BFuP 18. Jg. (1966), S. 503 ff.; ders.: Das absatzpolitische Instrumentarium der Depositenbank, in: Österr. BankA, 1966, S. 326 ff., hier S. 329 ff. Vgl. auch *Linhardt*, Hanns: Kreditpolitik, a.a.O., S. 45 ff.

[43] Von wirtschaftlichen Zwangslagen, in denen ein Bankkunde von seiner Bank vollkommen abhängig ist, wird hier abgesehen.

[44] Vgl. *Hahn*, Oswald: Geldverleiher und Kreditvermittler = Winkelbankiers und Kredithaie?, in: ZfK 1963, S. 1052—1054.

[45] Vgl. *Hahn*, Oswald: Das absatzpolitische Instrumentarium der Depositenbanken, a.a.O., S. 327 f.

[46] Vgl. *Linhardt*, Hanns: Bankbetriebslehre, Bd. I: Bankbetrieb und Bankpolitik, Köln-Opladen 1957, S. 181; ders.: Die Kreditpolitik der Geschäftsbanken, in: ZfB 25. Jg. (1955), S. 401.

Anders liegt der Fall, wenn die Kapitalkosten betrachtet werden und als Rentabilitätsmaßstab dienen sollen. Hier ist auf die effektiven kreditindividuellen Zinsen abzustellen. Dieser Teil des Entscheidungsprozesses vollzieht sich jedoch nicht im Rahmen der Analyse, sondern erst bei der Entscheidungsfindung im dritten Bereich (vgl. Abb. 4, S. 27). Hierfür kommen dann meist die Zinssätze für langfristige Kredite — sofern ausschließlich solche Mittel in dem geplanten Projekt gebunden werden — in Frage; aber auch die Sollzinsen kurzfristiger Kredite finden Anwendung, soweit für das Vorhaben Überbrückungskredite zur Vor- oder Zwischenfinanzierung in Anspruch genommen werden mußten.

Neben den Zinsen des Aktivgeschäfts der Banken interessieren die Zinsen ihrer Passivgeschäfte, der Einlagen in der Form von Sicht-, Termin- und Spargeldern. Der Einsatz dieser Zinssätze im Prozeß der Investitionsentscheidung vollzieht sich ebenfalls im letzten Bereich, wenn es um die Erwägung alternativer Verwendung der flüssigen Mittel geht. Für ihre Klassifizierung als Marktzinsen und die Bestimmung ihrer Höhe gilt das für die Sollzinsen Gesagte gleichermaßen.

Seit der Aufhebung der Zinsverordnung zum 1. 4. 67 geben die Bankenverbände nach gegenseitigen Absprachen mit den zugehörigen Instituten Empfehlungen über die Höhe der Eckzinssätze heraus, die in der Regel bei den verschiedenen Verbänden übereinstimmen und die in den Monatsberichten der Deutschen Bundesbank veröffentlicht werden. Die einzelnen Institute halten sich mit geringen Ausnahmen an diese Empfehlungen. Eine Aussage über eine relativ fixe Zins*struktur* der Habenzinsen — und damit über die Möglichkeit nur *einer* Orientierungsgröße — läßt sich hier jedoch nicht machen.

In unserem Zusammenhang interessieren die Zinssätze der Stufe drei nur bei Erwägung kosten- bzw. rentabilitätsorientierter Gesichtspunkte, insbesondere bei der Frage der zu erwartenden Mindestrendite. Die Sollzinsen bestimmen diese von der Kostenseite her, die Habenzinsen stellen den Alternativertrag frei verfügbarer finanzieller Mittel dar.

d) Auf der nächstunteren Stufe (Stufe zwei) werden die Banken durch eine Vielzahl verschiedenartiger Finanzierungsinstitute ersetzt, die keinen Bankenstatus besitzen und auch nicht organisiert vorgehen. Da sie sich auf dem Kreditmarkt nur behaupten können, wenn sie der geschlossenen Bankenfront als Preis- oder Anforderungsbrecher gegenübertreten, stellen sie geringere Bedingungen an die Kreditnehmer — sei es in der Form niedrigerer Sollzinsen oder geringerer Sicherheitsforderungen —. Aus diesen Gründen gelten diese Institute — vielfach völlig zu Unrecht — oft als unseriöse Firmen; sie machen ihren Profit durch entsprechende Kombinationen von Preis und Risiko.

Ein Kreditsuchender, der bei seiner Bank mangels genügender Sicherheitsleistung keinen Kredit mehr bekommt, kann vom Finanzierungsinstitut gegen höhere Zinsen nach dem Motto: Mehr Risiko — höhere Kosten, noch Kredit bekommen. Aus dem Gesagten ergibt sich, daß auf dieser Stufe kein einheitlicher Marktzins unterstellt werden kann. Selbst lokal können die Zinssätze der einzelnen Firmen voneinander abweichen. Es kommt also jeweils auf den Einzelfall an, mit welchen Sollzinsen der Investor in seinen kostenbezogenen Rentabilitätsüberlegungen rechnen muß. Die theoretischen Marktprämissen sind auf dieser Stufe jedoch eher gegeben als im Kreditverkehr zwischen Banken und Bankenkunden, da durch das Nicht-Organisiertsein der Kreditverleiher der Zins wieder ein echtes Produkt aus Angebot und Nachfrage unter gegebenen Konkurrenzbedingungen wird.

Zu dieser Stufe könnte man auch diejenigen Kredite zählen, die zwischen Kreditsuchenden und ‚Kreditvermittlern' zustandekommen, meist aus dem Grund, weil der Kreditsuchende aus falscher Scheu selbst nicht mit den Banken in Kontakt treten will, obwohl er die erforderlichen Sicherheiten beibringen könnte. In unserer Hinsicht sind jedoch diese Kreditvermittler nur verlängerter Arm einer Bank — eine moralische Wertung dieser Branche steht hier nicht zur Debatte — und bieten deshalb in Beziehung Marktzins keine besonderen Probleme.

e) Auf der untersten Stufe schließlich wird aus Motiven nachbarlicher, verwandtschaftlicher oder freundschaftlicher Beziehung Kredit gewährt, der sehr wohl auch in Naturalleihe bestehen kann. Hanns *Linhardt* bezeichnet diese Stufe deshalb auch als „Vorstufe verkehrswirtschaftlicher Kreditbeziehungen"[47]. Da hierbei nicht das Erwerbsprinzip die tragende Rolle spielt, oftmals nicht einmal ein Preis (= Kreditzins) verlangt wird, kann hier auch nicht von Markt und Marktzins gesprochen werden. Wir haben während unserer Bankpraxis den Eindruck gewonnen, daß diese Art von Krediten auch im Geschäftsverkehr Anwendung findet. Unternehmer kleinerer Privatfirmen finanzieren ihre Investitionsobjekte nicht selten aus ihrem Bekanntenkreis. Der für Kredit dieser Art entrichtete Zins ist jedoch häufig am Markt ausgerichtet. Der Bekanntenkreis ist lediglich Finanzierungsquelle. Insofern kann der normale Kreditzins in der Investitionsanalyse Verwendung finden. Sofern der Preis sich jedoch nach dem individuellen Grad der freundschaftlichen Beziehungen richtet, gibt es keine generelle Kriterien, in welcher Höhe der in der Investitionsentscheidung verwendete Zinssatz anzusetzen ist; er ist keiner rationalen quantitativen Analyse zugänglich.

[47] *Linhardt*, Hanns: Kreditpolitik, a.a.O., S. 29.

B. Der Einfluß des Marktzinses auf die Investitionstätigkeit des Unternehmers

Der Marktzins spielt im Rahmen des investitionspolitischen Entscheidungsprozesses eine zweifache Rolle. Einmal dient er als Zinsfuß und ist damit eine quantifizierte Information, die nun wiederum in dreifacher Weise verarbeitet wird. Als Diskontierungsfaktor dient der Marktzinsfuß zur Abzinsung der zukünftigen Kapitalerträge einer geplanten Investition; als Fremdkapitalzins oder als Opportunitätszinssatz dient er der Ermittlung der vom Investor zu fordernden Mindestverzinsung des Projektes.

Im zweiten Anwendungsbereich ist zwar der Marktzins selbst quantifiziert, aber seine Wirkungen lassen sich nicht mengenmäßig erfassen. Hierbei handelt es sich um die von der volkswirtschaftlichen Theorie postulierten ‚Barometer'-Wirkung auf die Investitionsneigung der Unternehmer. Der Einflußgrad des Marktzinses auf die Investitionsbereitschaft läßt sich dabei weder in stimulierender noch in hemmender Wirkung quantitativ formulieren.

Während dem Zinsfluß im ersten Bereich sowohl statische als auch dynamische Einflüsse nachzuweisen sind, behandelt die volkswirtschaftliche Theorie im zweiten Bereich grundsätzlich nur die dynamischen Wirkungen von Zinssatzänderungen. Wie wir sehen werden, läßt sich aber auch hier der Einfluß eines bestimmten statischen Zinsfußes auf die Investitionsneigung ermitteln. Insofern kommt den Wirkungen von Zinssatz*änderungen* in beiden Bereichen primäre Bedeutung zu.

I. Die Herstellung direkter Beziehungen zwischen Marktzins und Investitionstätigkeit mit Hilfe der Investitionsneigung

Die Untersuchung der Zinsreagibilität rentabilitätsorientierter Investitionen war lange Zeit Mittelpunkt der volkswirtschaftlichen investitionstheoretischen Untersuchungen. Dem Marktzins wurde dabei als einem Faktor, der die Investitionstätigkeit reguliert, sowohl stimulierende als auch stabilisierende und hemmende Wirkung beigemessen[48]. Der Einfluß des Marktzinses wurde als fundamental angesehen, seine Wirkung auf die Grundeinstellung des Unternehmers zur Investitionstätigkeit überhaupt bezogen (vgl. 1. Teil, A., II., 2 (1)). Die volkswirtschaftliche Theorie umschreibt dieses konstitutive Merkmal der Investitionspolitik mit dem Begriff der Investitionsneigung.

---

[48] Vgl. *Müller-Haeseler*, Wolfgang: Der Zins als Konjunkturinstrument, in: WP 17. Jg. (1964), S. 323—325, hier S. 323; vgl. auch *Lutz*, Friedrich: Geldpolitik als Konjunkturpolitik, in: ZfK 1955, Sonderheft Juli, S. 9 ff.

1. *Der Begriff der Investitionsneigung*

Der Begriff der Investitionsneigung entstammt der Theorie der Einkommensverwendung und ist das Pendant zur Sparneigung. Er wird teilweise recht unterschiedlich gedeutet. Neben dem Grad der Bereitschaft des Unternehmers, zu investieren, umfaßt die Investitionsneigung oft auch Phasen des Entscheidungsprozesses. Die Feststellung und Entscheidung kann aber u. E. nicht mehr unter den Begriff der Investitionsneigung gerechnet werden (vgl. Abb. 4, S. 27). Auch die Abhandlung der Bestimmungsfaktoren der gesamten Investitionsfunktion unter dem Titel der Investitionsneigung ist durch den ursprünglichen Begriffsinhalt nicht gedeckt.

Wir glauben Erich *Preiser* in einer fundamentalen Abhandlung der jüngeren Zeit über die Zusammenhänge zwischen Investitionsneigung und Zins richtig zu interpretieren, wenn wir annehmen, daß er die Investitionsneigung wie wir nur als Ausdruck des Wunsches eines Unternehmers, eine Investition vorzunehmen, verstanden wissen will[49].

Diese Definition umschreibt die Investitionsneigung sowohl als Moment der aufgrund der derzeitigen Situation und Struktur der Einflußfaktoren bestehenden unternehmerischen Bereitschaft des Investierens als auch als Moment der Änderung der Investitionsbereitschaft aufgrund von Veränderungen der Einflußfaktoren. Man könnte mithin eine Investitionsneigung in statischem und in dynamischem Sinne unterscheiden.

2. *Die Bestimmungsfaktoren der Investitionsneigung*

Da die betriebliche Investitionstätigkeit nur Mittel zum Zweck der Verfolgung des Unternehmungszieles ist, kann auch der Wunsch nach Vornahme von Investitionen nur eine abgeleitete Größe sein. Allerdings muß hier unterschieden werden zwischen den vorgegebenen Unternehmungszielen, die die Investitionsneigung *begründen*, und den Faktoren, die den Zeitpunkt der Vornahme und den Umfang einer Investition beeinflussen und als auslösende Momente einer bestimmten Investitionstätigkeit angesehen werden können.

Neigungs*begründende* Einflußfaktoren sind alle gewinnorientierten Motive unternehmerischen Handelns. Nur die Verfolgung eines Zieles,

[49] Vgl. *Preiser*, Erich: Investition und Zins, in: JbfNÖuStat Bd. 170 (1958), S. 100 ff., hier S. 104. Anderer Ansicht ist Claus *Knetschke*, der sich auf Friedrich A *Lutz* stützt und unter Investitionsneigung das Ausmaß versteht, in dem *Zins*änderungen die Investitionstätigkeit anregen oder bremsen. Vgl. *Knetschke*, Claus: Die Zinsreagibilität der industriellen Investition, a.a.O., S. 48.

das sich der Unternehmer selbst vorgibt, kann in ihm eine Neigung zur Vornahme bestimmter Investitionen begründen, die als Mittel der Zielverwirklichung angesehen werden können. Von neigungs*vernichtenden* Einflußkriterien könnten wir deshalb im Gegensatz dazu immer dann sprechen, wenn die Investitionsvornahme dem Investor von außen aufgezwungen wird. Ungewollte Investitionstätigkeit kann vom Gesetz, von vertraglichen Bindungen mit Geschäftspartnern, Arbeitnehmern oder von Anpassungserfordernissen an Konkurrenzunternehmen ausgehen.

Davon zu unterscheiden sind jene Faktoren, die neigungs*fördernden* bzw. *-hemmenden* Charakter haben und aufgefaßt werden können als Kriterien, die den Unternehmer mehr oder minder geneigt machen, eine Investition

(a) zu einem bestimmten Zeitpunkt,

(b) in einem bestimmten Umfang

durchzuführen.

3. Die Abhängigkeit der Investitionsneigung vom Marktzins

Der Gedanke, daß die Investitionsneigung vom Marktzins abhänge, „wurde schon in der Klassik von David *Ricardo* und Karl *Marx* angesprochen und beherschte seit Eugen *v. Böhm-Bawerk*[50] die reine Theorie. Aber nicht nur die Autorität der Klassiker und der Grenznutzenschule steht hinter dieser Ansicht, sondern auch John Maynard *Keynes*[51] hat zur Festigung dieses Gedankens beigetragen. In letzter Zeit waren es vor allem die Werke von Erich *Schneider*[52] und Friedrich A. und Vera *Lutz*[53], in denen verschiedene Kapitalisierungsverfahren dargestellt worden sind, auf denen die theoretischen Überlegungen über die Zinselastizität der Investitionen hauptsächlich beruhen“[54].

Änderungen des Marktzinsfußes bewirken nach diesen Theorien eine direkte Änderung der unternehmerischen Investitionsbereitschaft. Der langfristige Marktzinsfuß dient als Barometer der gesamtwirtschaftlichen Situation. Sein Steigen wird mit einem bevorstehenden

---

[50] Vgl. *Böhm-Bawerk*, Eugen von: Positive Theorie des Kapitals, 4. Aufl., Jena 1921.

[51] Vgl. *Keynes*, John Maynard: The General Theory of Employment, Interest and Money, a.a.O., S. 208 f.

[52] *Schneider*, Erich: Wirtschaftlichkeitsrechnung. Theorie der Investition, a.a.O.

[53] *Lutz*, Friedrich A. und Vera: The Theory of Investment of the Firm, a.a.O.

[54] *Lange*, Günther: Die Investitionsfunktion, in: Die Konsum- und Investitionsfunktion. Untersuchung für die BRD. Forschungsberichte des Landes Nordrhein-Westfalen, Köln-Opladen 1962, S. 84.

Konjunkturaufschwung und vice versa identifiziert. Des weiteren wird ein Zusammenhang zwischen der gesamtwirtschaftlichen Entwicklung und der unternehmungsindividuellen Entwicklung angenommen, wobei sich die gesamtwirtschaftliche Entwicklung in entsprechendem Ausmaße bei der Unternehmung niederschlagen soll. Dadurch wird es möglich, den Marktzinsfuß letztlich als Maßstab dafür zu nehmen, inwieweit sich eine geplante Investition im voraus gesehen positiv auf die Gewinnentwicklung der Unternehmung auswirken wird.

Die Investitionsneigung ist damit determiniert durch den langfristigen Marktzinsfuß als die vom Investor zu fordernde Mindestverzinsung und die von einer bestimmten Investition zu erwartenden Kapitalverzinsung (interner Zinsfuß)[55]. „(Diese Funktion) gilt für alle rentabilitätsorientierten Investitionen, ob privat oder staatlich[56]."

Darauf aufbauend, wird die Investitionsneigung teilweise sehr eng *lediglich* als Ausdruck der *Zins*reagibilität der Investition verstanden[57]. Wir können uns dieser Meinung nur insoweit anschließen, als damit zum Ausdruck kommt, daß *auch* der Marktzins die Höhe der Investitionsneigung direkt beeinflussen kann.

Die Notwendigkeit einer Einbeziehung anderer unabhängiger Variablen, vor allem der Einkommens-(Gewinn-)Erwartungen des Investors, wird erst seit *Keynes* von den Wirtschaftstheoretikern hervorgehoben.

John Maynard *Keynes* stellte 1936 die Investitionsfunktion auf, nach der die Investitionsneigung bestimmt wird durch den Zins und das Einkommen[58], dessen Höhe durch die Grenzeffizienz des Kapitals, die Grenzneigung des Verbrauchs und des Sparens determiniert wird[59]. Die funktionale Beziehung zwischen Investitionsneigung und Zins besagt nun, daß sich bei Variierung des Zinsfußes ceteris paribus auch die Investitionsneigung ändert[60]. Durch die Einkommenshöhe kann dieser Zinseinfluß allerdings ausgeschaltet werden, da mit ihr der Investitionstätigkeit eine absolute Grenze gesetzt wird, hinter der auch die größte Zinsänderung ohne Wirkung auf die Investitionsneigung des Investors bleibt. Auffallend ist jedoch, daß den Untersuchungen

---

[55] Vgl. *Preiser*, Erich: Investition und Zins, a.a.O., S. 104.
[56] Ebenda, S. 104.
[57] So z. B. *Knetschke*, Claus: Die Zinsreagibilität der industriellen Investition, a.a.O., S. 48 ff.
[58] Vgl. auch *Lutz*, Friedrich A.: Zinstheorie, a.a.O., S. 128 u. 124; ders.: Geldpolitik als Konjunkturpolitik, in: ZfK 1955, Sonderheft Juli, S. 9.
[59] Vgl. *Keynes*, John M.: Allgemeine Theorie der Beschäftigung, des Zinses und des Geldes, a.a.O., S. 208 f.
[60] Vgl. auch *Merk*, Gerhard: Zur Frage der Zinselastizität der Investitionen, in: ZfgStw 114. Bd. (1958), S. 454 ff., hier S. 460; *Paulsen*, Andreas, Neue Wirtschaftslehre, Frankfurt/Main 1954, S. 127.

der Investitionstheorie von der Wirtschaftstheorie lediglich die Investitionsneigung im dynamischen Sinn zugrundegelegt wird.

Der Mangel an Theorien der strukturellen Abhängigkeit zwischen konstantem Marktzins und einem dazugehörigen Grad an Investitionsbereitschaft des Unternehmers muß u. E. auf zwei Ursachen zurückgeführt werden. Einmal kann bei einer sich im Gleichgewicht befindlichen Volkswirtschaft, von der alle investitionstheoretischen Modelle ausgehen, eine strukturelle Abhängigkeit der Investitionsentscheidungen von der konstanten Höhe des Marktzinses nicht determiniert werden. Zum anderen läßt auch die Gegenüberstellung der absoluten Werte der Investitionstätigkeit und der Marktzinshöhe der empirischen Wirtschaft keinen Schluß über die Größe der gegenseitigen Beziehungen zu, da beide Kriterien durch eine Vielzahl von Einflußfaktoren in ihrer Struktur und ihrem absoluten Wert bestimmt werden, deren Interdependzen wiederum keine Abstraktion auf ein einzelnes Kriterium ermöglichen.

Durch einige einfache Überlegungen läßt sich jedoch theoretisch ein Zusammenhang zwischen konstantem Marktzinsfuß und Investitionsneigung aufzeigen. Dieser kann dann angenommen werden, wenn sich beweisen läßt, daß ein konstanter Zinssatz die Wirkung hat, die Investitionsneigung ceteris paribus konstant zu *halten*. Nimmt man als Marktzinsfuß einen nicht konstanten Wert an, so kann aufgrund der Keynesschen Investitionsfunktion gesagt werden, daß Änderungen nach oben, und seien sie noch so geringfügig, eine Reduzierung der Investitionstätigkeit bewirken. Nach der Theorie gilt diese Abhängigkeit jedoch genauso bei fallendem Zinsfuß. Daraus läßt sich ersehen, daß auch ein Spannungsverhältnis zwischen einem bestimmten konstanten Zinsfuß r_1 und einer bestimmten Investitionsneigung I_1 bestehen muß (vgl. Abb. 6).

Dabei muß natürlich eingeschränkt werden, daß das hiermit erwiesene zeitpunktbezogene funktionale Verhältnis zwischen einer bestimmten Investitionsneigung und einem bestimmten Zinsfuß nur im Geltungsbereich der Keynesschen Investitionsfunktion Gültigkeit besitzen kann. Besteht z. B. überhaupt kein Zusammenhang zwischen Zins und Investitionsneigung, so wird auch eine statische Beziehung zwischen konstantem Zins und konstanter Investitionsneigung hinfällig. Die zeitpunktbezogene Investitionsfunktion ist somit ein Unterfall der zeitraumbezogenen dynamischen Funktion. Jeder bestimmte Zinssatz, dem eine bestimmte Investitionsneigung entspricht, muß gleichzeitig auch die Bedingungen der dynamischen Investitionsfunktion erfüllen[61].

[61] Geometrisch ist das ohne weiteres einzusehen, da jeder betrachtete Marktzinsfuß einen Punkt auf der Kurve der Investitionsfunktion darstellt und deshalb auch deren Gleichung erfüllen muß.

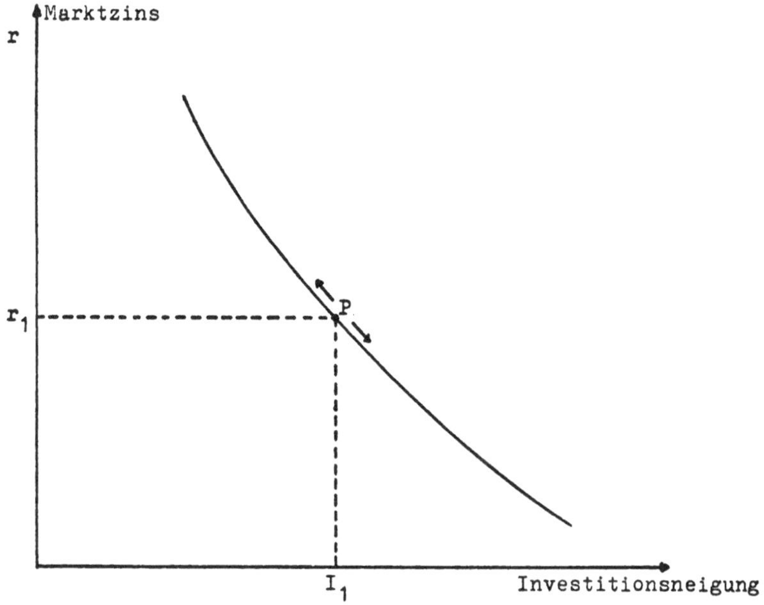

Abb. 6. Die direkte Abhängigkeit der Investitionsneigung vom Marktzins im Keynesschen System

Wir können diese Art der Zinsabhängigkeit der Investitionsneigung deshalb im folgenden außer acht lassen und die Investitionsneigung allein im Hinblick auf die Vornahme neuer Investitionen berücksichtigen.

a) Die Zinsreagibilität der Investitionen als *ein* Bestimmungsfaktor der Investitionsneigung

Nunmehr soll untersucht werden, wann man von einer Zinsreagibilität sprechen kann. Danach können wir uns der Frage zuwenden, „ob und in welchem Maße die Investitionspläne der Unternehmer, ihre Investitionsneigung, ... von Zinsänderungen beeinflußt werden“[62].

Claus *Knetschke* bezeichnet Investitionen dann als zinsabhängig, wenn

a) der Entschluß zur Vornahme einer Investition entscheidend durch den Marktzinsfuß beeinflußt wird,

---

[62] *Merk*, Gerhard: Zur Frage der Zinselastizität der Investitionen, a.a.O., S. 454.

b) die Durchführung einer Investition bei erwarteter Zinserhöhung früher als geplant vorgenommen oder bei Senkung aufgeschoben wird[63].

Zu (a): „Die Höhe des ... Zinses ist also für die Durchführung der Unterlassung einer geplanten Investition ausschlaggebend[64]." Dazu muß u. E. nicht nur die Vornahme oder Unterlassung eines gesamten Investitionskomplexes gerechnet werden, sondern auch die durch Zinsbewegungen veranlaßten Änderungen des ursprünglich geplanten Investitionszeitpunktes und -umfanges.

Eine Zinsänderung kann außerdem auch dann immer noch auf die Neigung des Investors einwirken, wenn der Entschluß vor Vornahme einer Investition aufgrund anderer Entscheidungsfaktoren endgültig gefällt ist und die Zinsänderung beispielsweise in derselben Richtung wirkt wie ein (in diesem Fall anderer) ausschlaggebender Entscheidungsfaktor. Die Zinsänderung bewirkt dann eine Verminderung des Investitionsrisikos, das der Unternehmer bereit war, in Kauf zu nehmen. Das bedeutet andererseits eine Erhöhung der Investitionsneigung, die sich jedoch nicht mehr im Durchführungsentschluß niederschlagen kann. Trotzdem kann eine Reagibilität der *Neigung* nicht geleugnet werden. Ebenso ist es bei entgegengesetzter Wirkung der Zinsänderung, die jedoch nicht ausreicht, den Entschluß der Durchführung umzustoßen. Es besteht in diesen Fällen zwar kein Einfluß des Marktzinses auf die festgelegten Investitionspläne, eine Wirkung auf die Investitionsneigung besteht jedoch auch hier. Nicht jede Änderung der Investitionsneigung bewirkt also eine meßbare Änderung der Investitionstätigkeit, letzten Endes also der Investitionsentscheidung.

Zu (b): Eine Investition ist dann zinsempfindlich, wenn ihre Durchführung bei erwarteter Zinserhöhung zeitlich früher als geplant vorgenommen oder bei Senkung aufgeschoben wird. Auch hier muß analog zwischen der Entscheidung der Verschiebung des Durchführungszeitpunktes und der Neigung, einen bestimmten Zeitpunkt zu wählen, unterschieden werden. Auch hier können wir bereits von einer Zinsreagibilität sprechen, wenn die Investitionszeitpläne durch eine Zinsänderung zwar unverändert bleiben, aber ‚besser' oder ‚schlechter' werden.

Wir sind uns darüber im klaren, daß die erwähnte Ausdehnung des Reagibilitätsradius objektiv nicht mehr feststellbar ist, sondern ein

---

[63] *Knetschke*, Claus: Die Zinsreagibilität der industriellen Investition, a.a.O., S. 46 f.

[64] Ebenda, S. 46.

rein subjektives Merkmal des Investors darstellt. Das bewirkt, daß die Abhängigkeit in diesem Bereich keine operationable Größe mehr ist. Deshalb müssen wir uns im folgenden ebenso wie die einschlägige Literatur auf die Untersuchung des meßbaren Zinseinflusses beschränken, der seinen Ausdruck in der *Änderung* seitheriger Investitionspläne findet. Das bedeutet, daß wir die Interdependenz zwischen Zins und Investitionsneigung zwar erst von einem bestimmten Ausmaß ab nachweisen können, daß aber nicht, wie man der Literatur entnehmen muß, *diese* Wirkungen das gesamte Aktionszentrum umfassen.

b) Die Wirkungen des Marktzinses auf den Grad der Investitionsneigung

Vereinfachend könnten wir, unseren terminologischen Abgrenzungen folgend, die Investitionsneigung als Vorstufe der Entscheidungsfindung bezeichnen. Wenn der Wunsch bzw. die grundsätzliche Bereitschaft, zu investieren, vorhanden ist, kann der Investor mit der nächsten Phase des Entscheidungsprozesses beginnen. Dabei sind für die Investitionsneigung dieselben rationalen Ziele wie für die übrigen Bereiche des Prozesses richtunggebend. Zur Konkretisierung der Investitionsneigung sind jedoch sowohl rationale als auch unquantifizierbare, rein subjektive Faktoren des Investors maßgebend, die zum Teil auf außerökonomischen Überlegungen basieren. Die Bereitschaft eines Unternehmers, bei einer bestimmten Kapitalmarktlage mit einem bestimmten Marktzinsfuß zu investieren, hängt in erster Linie davon ab, welche Vorstellungen er über die wirtschaftliche Unabhängigkeit, die Vergrößerung seiner Unternehmung, über seine persönliche Machtstellung, die Erhaltung seines Arbeitsplatzes usw. hat und inwieweit er deshalb geneigt ist, Risiko zu übernehmen, mit anderen Worten, wie ausgeprägt er das Rentabilitäts- und Sicherheitsstreben verwirklichen will. Diese „psychologischen Faktoren“[65] beeinflussen zwar auch die Durchführungsentscheidung direkt, sollten jedoch für die Entscheidung nur in Ermangelung anderer rationaler Kriterien herangezogen werden.

Der Einfluß von Marktzinsänderungen auf die Investitionsbereitschaft des Investors entsteht dadurch, daß dieser sich an der Zinsentwicklung der vergangenen Zeitabschnitte orientiert. Dann versucht er — oft auch nur unbewußt — einen Kausalzusammenhang zwischen diesen Änderungen und Änderungen gesamtwirtschaftlicher, für die zukünftige Entwicklung seines Gewinnes als relevant angesehener

---

[65] *Hahn*, Oswald: Auswirkungen einer Diskonterhöhung auf die Unternehmer-Entscheidungen, in: DB 13. Jg. (1960), S. 1253 ff., hier S. 1256.

Daten wie Konjunktur, Auftragsentwicklung der Branche, Beschäftigung, Preisniveau(-index), Kreditmarkt- und Lohnentwicklungen, aber auch betriebsinterner Daten wie Absatz-, Lohn-, Verschuldungsgrad- und Kostenentwicklung, herzustellen. Der Investor verwendet dann die in die Zukunft projizierte Entwicklung des Marktzinsfußes, wie sie von ihm gesehen wird, als Voraussageinstrument, Orientierungs- und Meßgröße. Dabei geht es grundsätzlich nicht nur um die Entscheidung des Investierens sui generis (vgl. 1. Teil, A., II., 2., (1)), sondern um die mit der Durchführung einer oder mehrerer bestimmter Investitionsvorhaben verbundenen Überlegungen.

Die Aussagen des Marktzinses, vor allem eines bestimmten Satzes in seinem Verhältnis zu anderen Sätzen, sind für die Grundsatzentscheidung von großer Bedeutung. Für den Investor kann eine Strukturverschiebung zwischen den Zinsen von Neuemissionen am Kapitalmarkt und den Kreditzinsen für langfristige Kredite der Banken im Hinblick auf seine Investitionstätigkeit eine interessante Entwicklung anzeigen. Ebenso verhält es sich mit der Relation der lang- und kurzfristigen Zinssätze. Außerdem kann der Unternehmer einem bestimmten Verhältnis von Marktzinsen zu betriebsinternen Zinsgrößen Bedeutung beimessen, wie z. B. der Einsatz des Marktzinses als Kostenfaktor oder Opportunitätsertrag beim Vergleich von Zinsaufwendungen und -erträgen am Finanzmarkt mit der Rendite oder den Kosten des betrieblich eingesetzten Kapitals zeigt.

Der Marktzins kann als Vergleichsgröße sowohl in seiner absoluten Höhe oder in seiner relativen Veränderung im Zeitablauf herangezogen werden. Er findet in diesen Fällen als dynamische Größe und als statische Größe Verwendung.

Diese Feststellung einer Zinsreagibilität der Investitionen darf jedoch nicht darüber hinwegtäuschen, daß es auch den Vertretern einer direkten Proportionalität zwischen Zinshöhe und Investitionsentscheidung nie gelungen ist, diese Wirkungen zu quantifizieren. Wie sehr sich eine bestimmte Marktzinsänderung auf die Investitionstätigkeit auswirkt, war immer erst nachträglich feststellbar. Der Einsatz der Zinspolitik als Konjunkturinstrument war deshalb in dieser Hinsicht immer sehr problematisch[66]. Das Ausmaß der Zinswirkungen konnte höchstens einigermaßen bezüglich der Änderungen des Kreditbedarfs in der Wirtschaft erfaßt werden. Dies aber gleichzusetzen mit den Wirkungen auf die Investitionstätigkeit generell, halten wir nicht für gerechtfertigt. Man braucht hier nur an die in den letzten Jahrzehnten

---

[66] Vgl. *Lutz*, Friedrich A.: Geldpolitik als Konjunkturpolitik, a.a.O., S. 9 ff., hier S. 10; *Müller-Haeseler*, Wolfgang: Der Zins als Konjunkturinstrument, a.a.O., S. 323 ff.

bevorzugte Selbstfinanzierung der Investitionen zu denken. Ein mengenmäßig erfaßbarer Zusammenhang zwischen Marktzinsänderungen und selbstfinanzierten Investitionen läßt sich u. E. jedoch nur indirekt herstellen — über die Investitionsneigung.

Von der neueren Theorie wurde jedoch nicht nur dieser Mangel hervorgehoben, sondern auch die Allgemeingültigkeit einer Zinswirkung auf die Investitionsneigung generell stark angezweifelt. Durch Erfahrungen aufgrund von Befragungen, die nach neuen statistischen Methoden besser und umfassender ausgewertet werden konnten und aufgrund besserer Beurteilungsfähigkeit der empirischen Entwicklung durch das weiterentwickelte Instrumentarium der Theorie, gelangte man zu der Ansicht, daß dem Marktzins für die Investitionstätigkeit nur noch unter ganz speziellen Voraussetzungen Bedeutung zukommt[67].

In einer großangelegten Untersuchung kommt Erich *Gutenberg* 1959 zu dem Schluß, „daß der Einfluß des Zinsfußes für kurzfristige Kredite auf die Investitionsentscheidungen, sofern es sich um Anlageinvestitionen handelt, nur gering ist. Ebenso beeinflußt die Höhe des Zinsfußes für langfristige Kredite die Investitionsentscheidungen nur geringfügig, wenn die erwartete Rendite auf das Investitionsvorhaben hoch ist“[68] (vgl. auch 3. Teil, B., III., 1., b)). Auch Erich *Schneider* stellt fest, „daß Senkungen des langfristigen Zinsfußes keineswegs ein generell wirksames Mittel zur Förderung der Investitionstätigkeit der Unternehmer darstellen“[69]. Zu einer noch stärkeren Ablehnung kommt Werner *Bosch:* „Der Zins ist im ganzen denkbar ungeeignet als Barometer für die Investition[70].“ Und Wilhelm *Krelle* konstatiert: „Der Zins und die Investition verlaufen völlig unabhängig voneinander[71].“

Als letzter Vertreter dieser Meinung soll Heinz *Schindler* angeführt werden, der sowohl für die Theorie als auch für die Praxis zusammenfassend ermittelte, „daß der Faktor Zins keinen wesentlichen Bestimmungsgrund für die Vornahme einer Investition darstellt und in den Überlegungen des Unternehmers ... keine zentrale Stellung einnimmt“[72]. Gleichzeitig engt er seine Aussage jedoch wieder stark ein

[67] Vgl. *Veit*, Otto: Wirkungsfelder des Zinses, a.a.O., S. 5 f.; *Preiser*, Erich: Investition und Zins, a.a.O., S. 100 ff.; *Hahn*, Oswald: Auswirkungen einer Diskonterhöhung auf die Unternehmer-Entscheidungen, a.a.O., S. 1253 ff.

[68] *Gutenberg*, Erich: Untersuchungen über die Investitionsentscheidungen industrieller Unternehmen, a.a.O., S. 182.

[69] *Schneider*, Erich: Einführung in die Wirtschaftstheorie, II. Teil, 2. Aufl., Tübingen 1953, S. 178.

[70] *Bosch*, Werner: Anlage- und Betriebskapital in der Volkswirtschaft, Frankfurt/Main 1951, S. 176.

[71] *Krelle*, Wilhelm: Kapitalbildung und Kapitalverwendung. Schriften des Vereins für Socialpolitik, Bd. 5, Berlin 1953, S. 106.

[72] *Schindler*, Heinz: Investitionsrechnungen in Theorie und Praxis, a.a.O., S. 140.

auf „Zeiten des Aufschwungs und bei einigermaßen gesunder Währung“[73].

Aus den vorsichtigen Formulierungen dieser Forschungsergebnisse ist ersichtlich, daß es der Theorie trotz großer Fortschritte bis heute noch nicht gelungen ist, definitive Klarheit über die Zusammenhänge zwischen Zins und Investitionsneigung zu schaffen und das letzte Wort in dieser Sache noch nicht gesprochen ist.

II. Der indirekte Einfluß des Marktzinses auf die Investitionstätigkeit über die unternehmerischen Orientierungsmaßstäbe

Durch die Einführung des theoretischen Begriffs der Investitionsneigung lassen sich also nur recht widersprüchliche Feststellungen über die Zusammenhänge zwischen Marktzins und Investitionstätigkeit machen. Die Unmöglichkeit, den Zinseinfluß quantitativ festzustellen, führte zu der Gegenargumentation, die einen Zinseinfluß überhaupt negiert.

Wir sind der Meinung, daß diesem Dilemma nur dadurch begegnet werden kann, daß man die unabhängigen Variablen der Investitionsfunktion soweit zurückverfolgt, bis man auf quantifizierbare Beziehungen mit dem Marktzins stößt. Man begibt sich damit allerdings in den Bereich indirekter Beziehungen, die aber dafür nachweisbare Zusammenhänge darlegen. In diesem Bereich liegt das bevorzugte Forschungsgebiet betriebswirtschaftlich ausgerichteter Investitionstheorien.

1. Zunächst soll die Anwendungsform des Marktzinses in diesen Theorien aufgezeigt werden. Dazu muß die — in der Theorie selbst häufig unterbliebene — Unterscheidung nach der Einbeziehung des Marktzinsfußes in bezug auf

(1) seine relative Höhe, d. h. seine Entwicklung im Zeitablauf (zeitraumbezogen) und

(2) seine absolute Höhe als rechnerischer Faktor (zeitpunktbezogen)

vorgenommen werden. Die Bedingung (1) ist oftmals Voraussetzung zur Quantifizierung der nach (2) geforderten Rechengröße.

Im allgemeinen ist der Marktzins für den Investor eine unbeeinflußbare Umweltgröße, die er als Rahmenbedingung in Kauf nehmen muß. Beachtet werden muß jedoch auch der Fall, daß ein Unternehmen aufgrund des Umfanges seines Kapitalangebots oder seiner Kapitalnachfrage auf den Marktzins selbst wiederum Einfluß nehmen kann.

---

[73] *Schindler*, Heinz: Investitionsrechnungen in Theorie und Praxis, a.a.O., S. 140.

Gerade bei besonders großen Investitionsprojekten spielen naturgemäß auch die Zinsüberlegungen eine bedeutende Rolle. Wenn nun beispielsweise eine Obligation in verhältnismäßig umfangreichen Tranchen konzentriert an einigen Börsenplätzen in den Handel gebracht wird, so kann das nicht nur Kurs-, sondern auch Zinswirkungen haben für alle Obligationen dieser Branche und dieser Ausstattung. Eine solche Wirkung wird insbesondere dann festzustellen sein, wenn diese beachtliche Anleihe gleichzeitig „Zinsbrecher" ist, d. h. wenn sie erstmals einen anderen als den bislang üblichen Verzinsungssatz trägt. Dadurch können spätere Emittenten gezwungen sein, nachzuziehen, um ihre Anleihe noch einigermaßen placieren zu können. Auf diese Weise spielt sich in der Folgezeit ein neuer Kapitalmarktzinssatz für das entsprechende Finanzierungsinstrument ein.

Wir wollen diesen Präzedenzfall im folgenden aus unseren Betrachtungen ausklammern und von einem Marktzins ausgehen, der für den Investor ein vorgegebenes Datum darstellt. Funktionale Beziehungen zwischen dem Kriterium Marktzins, seinen Schwankungen und investitionspolitischen Entscheidungsgrößen können grundsätzlich unabhängig von der momentanen Höhe des Marktzinses untersucht werden. An den Grundzusammenhängen zwischen Marktzins und Investition ändert die Höhe des Zinsfußes nichts; sie ist lediglich die Größe, die in Anwendung der Funktion verarbeitet wird.

2. Zuerst muß der des öfteren in der Fachliteratur geäußerten Ansicht entgegengetreten werden, daß der Marktzins in dynamischen Investitionskalkülen in *dynamischer* Natur berücksichtigt werde. Die Verfechter dieser Meinung unterliegen dem Trugschluß, daß die Berücksichtigung des Zeitfaktors in den dynamischen Investitionsrechnungen alle Variablen betreffe. Der in Investitionsrechnungen durch Diskontierung eingehende Zeitfaktor bezieht sich allein auf die Kapitalgröße, die abgezinst wird, der Zinsfuß als solcher bleibt statisch. Beim Zinsfuß müßte sich eine zeitliche Entwicklung in der Form von Variationsbreiten in den Rechnungen niederschlagen, was aber nur einer begrenzt dynamischen Größe entsprechen würde. In der Praxis wird jedoch den Änderungen des Marktzinses im Zeitablauf höchstens dadurch Rechnung getragen, daß durch Zerlegen der Investitionsrechnung in zeitabschnittsbezogene Einzelrechnungen unterschiedliche Marktzinssätze zum Ansatz gelangen. Häufig findet die voraussichtliche Entwicklung des Marktzinssatzes jedoch vorab bei der Bestimmung eines einheitlichen Durchschnitts-Diskontierungssatzes globale Berücksichtigung.

Der Marktzins gewinnt als Rechengröße Einfluß auf die Ergebnisse der verschiedenen Investitionsrechnungen, die der Investor zur Entscheidung über die Durchführung eines bestimmten Investitionsprojektes erstellt. Der Marktzins wird dabei in der einschlägigen Literatur teilweise unmittelbar als Instrumentenvariable eingesetzt und erhält dadurch einen direkten Einfluß auf das Rechnungsergebnis, teilweise findet man ihn nur als Bestandteil einer anderen Instrumentenvariable; die Wirkung wird dadurch abgeschwächt und indirekt.

Einen großen Wirkungsbereich findet der Marktzins als Kostenfaktor oder Opportunitätsertrag in den Investitionsüberlegungen, die von der Finanzierungsseite ausgehen. Hier beeinflußt er als Zinssatz für kurz- oder/und langfristige Mittelaufnahme oder -anlage bei Banken und/oder Kapitalmarkt die investitionspolitischen Entschlüsse des Unternehmers.

3. Einen Einfluß von seiten des Marktzinses auf die Investitionstätigkeit des Unternehmers kann unter betriebswirtschaftlichen Aspekten grundsätzlich nur über diejenigen Handlungsmaximen bestehen, unter denen der Unternehmer Investitionsentscheidungen vorbereitet und fällt. Kann eine Beziehung zwischen diesen unternehmerischen Orientierungsmaßstäben und der Investitionsentscheidung hergestellt werden, so sind damit zugleich alle möglichen betriebswirtschaftlichen Einflußwege des Marktzinses auf die Investitionsentscheidung konkretisiert. Durch die Untersuchung der Bedeutung des Marktzinses für die unternehmerischen Orientierungsmaßstäbe werden die indirekten Beziehungen zwischen Marktzins und Investitionsentscheidung aufgezeigt.

Als originäre unternehmerische Orientierungsmaßstäbe sollen in Anlehnung an Oswald *Hahn* die Kriterien der Rationalität und der Sicherheit (inklusive der Liquidität) angesehen werden[74]. In Anwendung dieser Handlungsprinzipien kommt dem Marktzinsfuß insbesondere in den Wirtschaftlichkeitsrechnungen, aber auch in Liquiditätsrechnungen Bedeutung zu. Neben diesem Einsatz in entscheidungsanalytischen Maßnahmen spielt der Marktzins in der Beurteilung dieser Ermittlungen, also bei der Entscheidungsfindung unter Rentabilitäts- und Liquiditätsgesichtspunkten, insbesondere aber unter Finanzierungsaspekten eine maßgebliche Rolle.

1. Die Verfolgung des Rationalprinzips als Bestimmungsgröße der Investitionsentscheidung

Das Rationalprinzip gilt für jede Art zielstrebigen, verstandesmäßigen menschlichen Handelns, ganz besonders aber für die wirtschaftliche Tätigkeit. Für den Unternehmer bedeutet das Rationalprinzip — im

---

[74] Vgl. *Hahn*, Oswald: Das Instrumentarium der Währungsbank, Heft I, a.a.O., S. 41 ff.

Zusammenhang mit seiner Tätigkeit auch „ökonomisches Prinzip" genannt — das Postulat, so zu disponieren, daß ein bestimmtes Ziel mit Hilfe eines minimalen Mitteleinsatzes, oder daß mit einem gegebenen Mitteleinsatz ein angestrebtes Ziel maximal erreicht wird. Allerdings beinhaltet dieses Rationalprinzip nur die Bedingung „eine(r) formale(n) Rationalität, d. h. die Art des Zustandekommens der Entscheidung kann als rational bezeichnet werden, weil die Entscheidung so zustande kommt, als ob sie bewußt oder mit Überlegung gefällt würde. Das *Ergebnis* der Entscheidung muß keineswegs in einem alltäglichen Sinne ‚vernünftig' erscheinen, da der Aktor ein Wertsystem haben kann, das zwar in sich kohärent ist, aber im Vergleich zu anderen Aktoren absurd erscheint. Eine solche Absurdität läßt sich nur definieren durch Vergleich mit einem Standard der Normalität von Werten und Zielen ..."[75]. Wir setzen mit der Festlegung der Investitionsziele (vgl. 1. Teil, A., II., 1.) diesen Standard und können damit die reine Formalrationalität durch eine *Zweck*rationalität (Max *Weber)* ersetzen. Die hier untersuchten Entscheidungsprozesse können sich damit nicht abspielen in den Formen

(1) impulsiv-instinktiven Handels,

(2) strikt-traditionalen Handelns,

(3) zufälligen, unorientierten Handelns,

(4) inkonsistenten Handelns[76].

Diese Zweckrationalität leitet den Wunsch des Unternehmers, in einem bestimmten Zeitpunkt zu investieren und einen bestimmten Investitionsumfang zu wählen.

Aber trotzdem ist die Konkretisierung des ökonomischen Prinzips, entscheidungstechnisch gesehen, erst nach einer Vergleichsrechnung (Soll-Ist-Vergleich) möglich. Wenn der Unternehmer, ausgehend von einem Einzahlungs-Auszahlungsreihen-Verhältnis bestehender Anlagen (= früherer Investitionsvorhaben) feststellt, daß dieses Verhältnis durch Ersatz bestimmter Anlagen für die von ihnen ausgeführten betrieblichen Funktionen speziell und für die Unternehmung insgesamt verbessert werden kann, so leitet sich daraus seine Investitionsabsicht ab. Das Bedürfnis des Unternehmers, solche Diskrepanzen feststellen zu wollen, kann sowohl von außerhalb der Unternehmung als auch innerbetrieblich induziert worden sein (z. B. außerbetrieblich durch den Preiswettbewerb mit der Konkurrenz, der Werbung der Investitionsgüterindustrie oder innerbetrieblich von seiten der Finanzierung

[75] *Gäfgen*, Gerard: Theorie der wirtschaftlichen Entscheidung, a.a.O., S. 26.

[76] Vgl. *Weber*, Max: Grundriß der Sozialökonomik, III. Abt.: Wirtschaft und Gesellschaft, 4. Aufl., Tübingen 1956, S. 12 f.

auf der Suche nach optimaler Verwendung überschüssiger Mittel). Als Sollgrößen für die Vergleichsrechnung bieten sich dabei betriebsinterne Daten, Meßgrößen der Branche oder gesamtwirtschaftliche Zahlen an. Der Unternehmer muß aber berücksichtigen, daß er zwar von den Vergangenheitswerten ausgehen kann, aber ihre Anwendbarkeit auf den Planungszeitraum in der Zukunft überprüfen muß. Mit anderen Worten: Er muß mit Plan- oder Sollwerten arbeiten, wobei die subjektive Komponente der Erwartungen und deren Unsicherheit einen wesentlichen Faktor der Investitionsentscheidung ausmachen.

Diese Einschränkungen der Mittelrationalität bleiben jedoch ohne Bedeutung für die grundsätzlichen Beziehungen zwischen den Zweckrationalitäten und der Investitionsentscheidung. Unter diesen Aspekten sollen im folgenden die funktionalen Abhängigkeiten zwischen Rationalprinzip und Investitionsentscheidung untersucht werden. Wir halten uns dabei an das von Oswald *Hahn* entwickelte System ökonomischer Rationalitäten (vgl. Abb. 7).

a) Technische Rationalitäten

1. Diese bezeichnen ein Mengen/Mengen-Verhältnis und werden in der Betriebswirtschaftslehre durch die Phänomene Produktivität (Leistungsergebnis : Faktorverbrauch) und Beschäftigungsgrad (Tatsächliche Leistung : Mögliche Leistung) ausgedrückt. Diese Verhältnisse lassen sich jederzeit auch für eine geplante Investition ermitteln und können den Unternehmer veranlassen, eine ‚unproduktive' Anlage (im Verhältnis zu moderneren Anlagen) oder eine unterbeschäftigte Anlage zu ersetzen.

2. Eine Mitwirkung des Marktzinses kommt bei diesen Überlegungen des Produktionsbereichs nicht in Betracht, da er als finanzwirtschaftliche Größe kein geeigneter Maßstab für technische Rationalitäten ist.

b) Leistungswirtschaftliche Rationalitäten

1. Die technische Rationalität allein wird den Unternehmer jedoch in den seltensten Fällen dazu veranlassen, sofort zu investieren. Vielmehr wird er zunächst prüfen, ob seine Investitionsabsicht auch unter Kosten- und Ertragsgesichtspunkten aufrechtzuerhalten oder gar zu vergrößern ist. Die leistungswirtschaftlichen Rationalitäten bezeichnen neben einem Wert/Mengen-Verhältnis, den kosten- und ertragsbetonten Wirtschaftlichkeiten im Sinne Erich Schäfers[77] auch bereits ein Wert/

[77] Erich *Schäfer* leitet daraus seine Minimal- und Maximalprinzipien ab. Vgl. *Schäfer*, Erich: Die Unternehmung, a.a.O., S. 292.

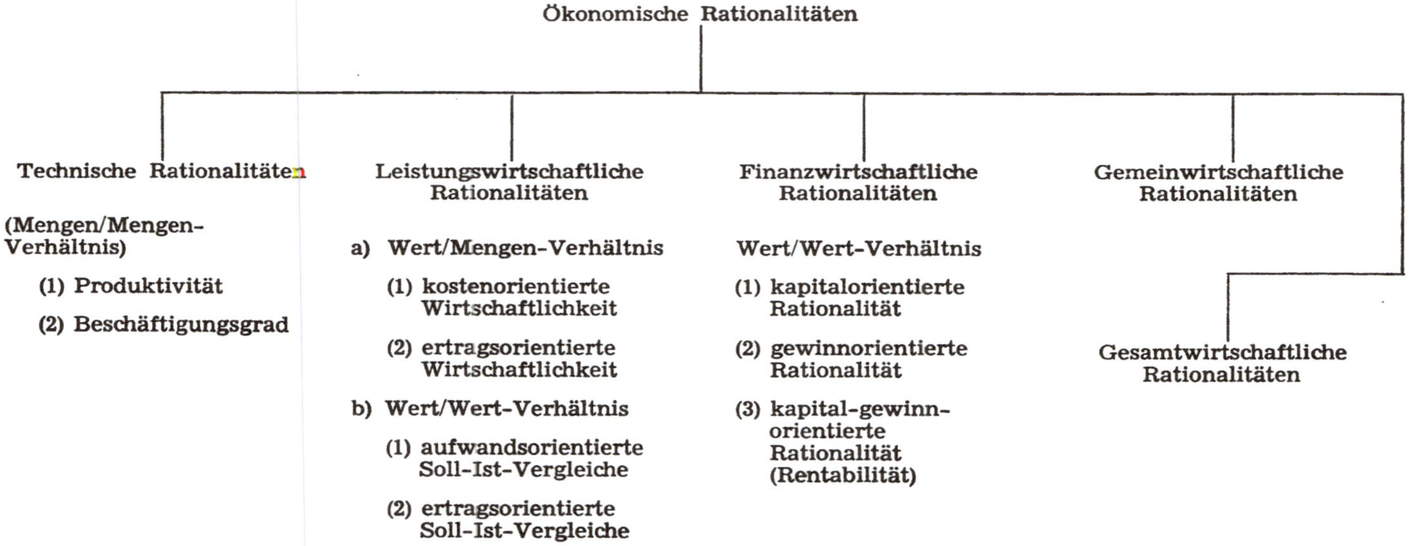

Abb. 7. System der ökonomischen Rationalitäten

Quelle: *Hahn*, Oswald, Versuch eines „Systems der ökonomischen Rationalitäten", In: Allgemeine Betriebswirtschaftslehre, Unveröffentlichter Umdruck, a.a.O., S. 11.

Wert-Verhältnis, nämlich Soll-Ist-Vergleiche von Umsätzen gleicher Art (Istaufwand für eine Investition : Sollaufwand dieser Investition; Sollertrag : Istertrag[78]). Der Investor bestimmt zur Überprüfung seiner Investitionsabsicht zunächst die kostenbetonte Wirtschaftlichkeit — vielfach zieht er auch nur sie heran. Die Kosten eines Investitionsprojektes lassen sich relativ genau feststellen, und die Leistung steht ebenfalls fest. So bietet das Minimalprinzip dem Investor häufig eine gute Entscheidungshilfe — in Fällen hoher Unsicherheit der zukünftigen Erwartungen sogar die einzige —.

Die kostenbetonte Wirtschaftlichkeit dient jedoch nicht nur zur Beurteilung eines einzelnen Projektes. Auch bei alternativen Investitionsobjekten kann die Wirtschaftlichkeit vom Investor als das primäre Vorteilhaftigkeitskriterium gewählt werden, wenn die zu vergleichenden finanzwirtschaftlichen Größen der beiden Vorhaben auf der Ertragsseite nur geringfügig voneinander abweichen. Da der größte Unsicherheitsspielraum in der Schätzung der Einzahlungen liegt, kann eine geringe Rentabilitätsdifferenz der beiden Investitionen durchaus eine unzuverlässige Aussage darstellen. Der Investor zieht dann als Entscheidungshilfe die kostenorientierte Wirtschaftlichkeit heran. Sie hat den Vorteil, daß sie auf einigermaßen exakt feststellbaren Daten aufbaut. Durch die Gegenüberstellung des Aufwandes der Investition I und des Aufwandes der Investition II trifft der Investor unter Berücksichtigung der Produktivitäten der beiden Projekte eine Kostenminimierungsentscheidung.

Schwieriger wird die Determinierung des zukünftigen Investitionsertrages, vor allem bei sehr unsicheren Gewinnerwartungen. Man muß hier vielfach Bandbreiten und Wahrscheinlichkeitswerte einsetzen, die dann den Aussagewert dieser und der Wert/Wert-Rechnungen erheblich mindern. Aus diesem und anderen Gründen sind diese Rechnungen in der Praxis nicht allzu verbreitet, zumindest soweit es Investitionen kleineren Kapitalaufwandes betrifft.

Die erwähnte kostenbetonte Wirtschaftlichkeit wird in der Praxis regelmäßig zumindest als Grundlage einer überschlägigen Motivierung der durch den technischen Fortschritt (vgl. technische Rationalitäten) induzierten Investitionsvornahme gebraucht. Oft sieht sich der Investor aufgrund der Konkurrenzverhältnisse gezwungen, bestimmte Rationalisierungsinvestitionen vorzunehmen, um eine bessere Wirtschaftlichkeit seiner Betriebsmittel zu erreichen. Dadurch wird es ihm bei gleichbleibender Gewinnspanne ermöglicht, im Preiswettbewerb

---

[78] Vgl. *Gutenberg*, Erich: Grundlagen der Betriebswirtschaftslehre, Bd. I: Die Produktion, a.a.O.; *Walther*, Alfred: Einführung in die Wirtschaftslehre der Unternehmung, 1. Band, Zürich 1947.

mitzuhalten. Neben der Wirtschaftlichkeit der gesamten Betriebsmittel spielt dann in bezug auf die einzelne Investition das Verhältnis Aufwand/Ertrag *mit* Investition zu Aufwand/Ertrag *ohne* Investition eine besondere Rolle. Dieser Soll-Ist-Vergleich — wobei der niedrigere Aufwand und der höhere Ertrag als Sollgrößen anzusehen sind — zeigt dem Investor die Möglichkeit und Grenze seiner gesamtbetrieblichen Wirtschaftlichkeit. Dadurch kann der ‚Zwang' zur Vornahme von Rationalisierungsinvestitionen verstärkt oder abgeschwächt werden.

2. Dem Marktzins kann bei den leistungswirtschaftlichen Rationalitäten unter besonderen Voraussetzungen eine Schlüsselrolle zufallen. Seine Quantifizierung findet der Marktzinsfuß in den Fremdkapitalkosten — von einmaligen Finanzierungskosten sei hier abgesehen —, die als Aufwand in die kostenbetonte Wirtschaftlichkeitsrechnung eingehen. Die Fremdkapitalkosten können im Extremfall erreichen, daß der Ist-Aufwand einer geplanten Investition ihren Soll-Aufwand übersteigt. Die Investition unterbleibt. Das ist vor allem darauf zurückzuführen, daß effektive Marktzinsänderungen in der Regel nur den Ist-Aufwand direkt verändern, der Soll-Aufwand als eine vom Unternehmer subjektiv gesetzte Plangröße kann dagegen unverändert bleiben. Einschränkend muß jedoch gesagt werden, daß für viele Unternehmer der Fremdkapitalzins ein konstant einzubeziehender Faktor ist, der in seiner vorgegebenen Höhe auch in den Soll-Aufwand einbezogen wird, sofern damit nicht eine vom Investor gesetzte absolute Maximalhöhe überschritten wird. Aber selbst bei Berücksichtigung einer Marktzinsänderung sowohl im Soll- als auch im Ist-Aufwand verändert sich nach mathematischen Gesetzen deren Relationswert und damit die Wirtschaftlichkeit der geplanten Investition.

c) Finanzwirtschaftliche Rationalitäten

1. Während die technischen und leistungswirtschaftlichen Rationalitäten Größen des betrieblichen Bereichs sind, bezieht sich die finanzwirtschaftliche Rationalität auf den Unternehmungsbereich[79]. Sie wird dargestellt in einem Wert/Wert-Verhältnis als

(a) kapitalorientierte,

(b) gewinnorientierte,

(c) kapitalgewinnorientierte

---

[79] Unternehmung und Betrieb werden hier im Sinne Wilhelm *Riegers*, Erich *Schäfers* und Hanns *Linhardts* verstanden. Vgl. *Rieger*, Wilhelm: Einführung in die Privatwirtschaftslehre, 4. Aufl., Erlangen 1964 (1. Aufl., Nürnberg 1928); *Schäfer*, Erich: Die Unternehmung, a.a.O.; *Linhardt*, Hanns: Die Unternehmung im Wandel von Geld und Währung, in: Angriff und Abwehr im Kampf um die Betriebswirtschaftslehre, Berlin 1963, S. 66—87, hier S. 67.

Rationalität. Letzterer kommt die größte Bedeutung zu. Man bezeichnet sie als Rentabilität. Sie drückt die Verzinsung (Gewinn) eines Teils oder des gesamten eingesetzten Kapitals aus. In der Literatur werden vor allem die Rentabilität des Eigen- bzw. Unternehmerkapitals und die des Gesamtkapitals unterschieden. Die Unternehmerrentabilität ist ein Maßstab für den Erfolg der wirtschaftlichen Tätigkeit des Unternehmers als Kapitalgeber. Wir hatten den Unternehmer jedoch durch seine Leistungsfunktion, verbunden mit Entscheidungskompetenzen, charakterisiert. Die unterschiedlichen Unternehmerbegriffe führen zu einer unterschiedlichen Kapitalgröße als Bezugsbasis der Rentabilität. Der Kapitalgeber sieht den Erfolg in der Verzinsung seines eingesetzten Kapitals, er will die Eigenkapitalrendite maximieren. Der angestellte Unternehmer, der nicht mit Eigenkapital an der Unternehmung beteiligt ist, wird den Erfolg seiner wirtschaftlichen Tätigkeit an dem Gewinn messen, den das Kapital erwirtschaftet, und zwar ist hier jenes Kapital gemeint, über das er disponieren kann, also das Gesamtkapital einer Unternehmung. Wir wollen uns im folgenden beschränken auf das in bezug auf die betreffende Investition einzusetzende Kapital und damit beiden Anschauungen auf eine gemeinsame Basis zurückführen. Diese Rentabilität ist der Ausdruck des Gewinnstrebens des Unternehmers als Investor speziell. Als bedeutendster unter den unternehmerischen Orientierungsmaßstäben erfährt die Rentabilität durch ihre Komplexität eine vielfältige Ausgestaltung als Verhaltensmaxime. Rentabilitätsmaximierung der gesamten Unternehmung ist primäres Ziel und Antriebsmotor jeglicher Investitionstätigkeit des erwerbswirtschaftlich orientierten Unternehmers.

Die Quantifizierung des Rentabilitätsstrebens erfolgt hinsichtlich der einzelnen Investitionsvorhaben durch die Wirtschaftlichkeitsrechnungen. Ihre Ergebnisse geben den Grad der erreichten Rentabilität an und dienen als Bewertungskriterien für die Vorteilhaftigkeit einer Investition.

2. Sowohl in der Wirtschaftlichkeitsrechnung als auch bei der Vorteilhaftigkeitsbewertung durch Renditevergleiche spielt der Marktzins eine wichtige Rolle. Diese Beziehungen sollen im Dritten Teil in den Abschnitten A und B untersucht werden.

2. Das Sicherheitsstreben als Bestimmungsgröße der Investitionsentscheidung

In einer auf Privatinitiative und Privatverantwortung aufgebauten Wirtschaft gibt es nicht nur die bei der Erörterung des Rentabilitätsstrebens erwähnten unterschiedlichen Einschätzungen der Zukunft, die zu unterschiedlichen Gewinnerwartungen der einzelnen Investoren führen, es existiert daneben ein weiterer, allerdings eng damit verbundener Orientierungsmaßstab für jedes einzelne Investitionsvorhaben.

1. Das Sicherheitsstreben des Investors resultiert aus der fundamentalen Beziehung zwischen Risiko und Chance. Der Bereitschaft des Investors, hohe Risiken zu übernehmen, stehen in der Regel auch vermehrte Gewinnchancen gegenüber. Während das Streben nach Rentabilität Triebfeder der Investitionstätigkeit ist, ist das Bestreben, die damit verbundenen Risiken zu minimieren und Verlustinvestitionen zu vermeiden, eine notwendige Bedingung jeglicher rentabilitätsorientierter Investitionspolitik. Vom Investor als ‚übermäßig' empfundene Risiken aller Art — Oswald Hahn unterteilt in innerbetriebliche, markt- und finanzwirtschaftliche Risiken[80] — wirken normalerweise hemmend auf die Investitionstätigkeit. Ein treffendes Beispiel dafür können wir im Liquiditätsstreben des Unternehmers sehen.

Die Risiken, die mit der Aufrechterhaltung der jederzeitigen Zahlungsbereitschaft[81] verbunden sind, können die Investitionstätigkeit sehr stark negativ beeinflussen. Kann z. B. eine Investition nur durch Unterschreitung der vom Investor angesetzten Untergrenze der Liquiditätshaltung (d. h. mit ‚übermäßigem' finanzwirtschaftlichem Risiko) durchgeführt werden, so wird sie unter rationalen Gesichtspunkten unterbleiben müssen. Normalerweise wird also dann ein direkter Einfluß der Liquidität auf die Investitionsentscheidung zu verzeichnen sein, wenn die geforderte Liquidität bei Durchführung der geplanten Investition nicht mehr im üblichen Maße garantiert werden kann. Nicht in jedem Fall braucht die Absicht des Unternehmers zu investieren, so sehr beeinträchtigt zu werden, daß die Durchführung der Investition unterbleibt. Durch die Wahl geeigneter Finanzierungsformen kann den Liquiditätserfordernissen der Unternehmung von der Finanzierungsseite her Genüge getan werden. Belastet z. B. die Auszahlung der gesamten Anschaffungskosten zu Beginn der Investition die Unternehmung zu sehr, wird der Investor nach einer geeigneten Finanzierungsform suchen müssen. In diesen Bereich gehören die Überlegungen des Investors, ob er eine Anlage mieten oder kaufen soll. Durch das Anlagen-Leasing beispielsweise erreicht er eine zeitliche Verteilung der Anschaffungsauszahlungen über die gesamte Nutzungsdauer der Anlage, allerdings regelmäßig zu Lasten der

---

80 Vgl. *Hahn*, Oswald: Das Sicherheitsprinzip, in: Allgemeine Betriebswirtschaftslehre, a.a.O., S. 19 f.

81 In der Theorie auch ‚relative Liquidität in dynamischem Sinn' genannt. Vgl. *Schäfer*, Erich: Die Unternehmung, a.a.O., S. 160; *Rieger*, Wilhelm: Einführung in die Privatwirtschaftslehre, a.a.O., S. 272.

Rendite. Die Höhe der Abnahme der Investitionsabsicht hängt vom Ausmaß der effektiven Liquiditätseinbuße ab. Ist eine Unternehmung allerdings bereits in Liquiditätsschwierigkeiten, wird die Investitionstätigkeit für weitere liquiditätsgefährdende Vorhaben unterbunden werden.

2. Anders liegt der Fall bei langfristiger Betrachtungsweise. Hier ist zwischen dem Sicherheitsstreben und der Investitionsabsicht eine proportionale Abhängigkeit denkbar. Wenn aus innerbetrieblichen Sicherheitsgründen Investitionen zur Verminderung von Brandgefahr, Produktionsunterbrechungsgefahr oder zur Verringerung der Unfallgefahr oder Gesundheitsschädigung vorgenommen werden, sollen dadurch die Risiken, denen die sachlichen und menschlichen Kräfte im Betrieb unterworfen sind, verringert werden[82]. Aber auch Kapitalanlagen in Werbung zur Vermeidung des Rückgangs des Marktanteiles (marktwirtschaftliches Risiko[83]) oder der Wunsch, Rationalisierungsinvestitionen vorzunehmen zur Sanierung eines unrentabel arbeitenden Werkes (finanzwirtschaftliches Verlustrisiko[84]), sind Beispiele dafür.

Der Grund für die konträren Abhängigkeiten der Investitionsentscheidung vom Sicherheitsstreben auf kurze und auf lange Sicht ist in der Fundamentalbeziehung zwischen Rentabilität und Sicherheit zu suchen. Die Investitionsentscheidung hat unter den von uns gemachten Prämissen (vgl. 1. Teil, II., 2a) das Ziel, gewinnmaximale Investitionen zu verwirklichen.

3. Auch in Ausgestaltung des Sicherheitsstrebens kommt dem Marktzins eine Wirkung auf die Investitionsentscheidung zu. Wenn man davon ausgeht, daß bei funktionsfähigem Kapitalmarkt ein sehr niedrigerer Marktzinsfuß einem großen Angebot an Kapital Ausdruck verleiht, so geht der Investor, sofern die Kapitalschwemme auch künftig anhalten wird, ein geringes Finanzierungsrisiko ein, da eine Nachfinanzierung über den Kapitalmarkt jederzeit möglich ist und rentabel erscheint. Der Investor braucht also keine extreme Sicherheitspolitik zu betreiben. Steigt andererseits der Kapitalmarktzinsfuß ständig an,

---

82 Diese Einteilung der Risiken stammt von Oswald *Hahn*: Er unterteilt die produktionswirtschaftlichen Risiken in:

a) Risiken, denen die Einsatzfaktoren unterworfen sind
   1. menschliche Kräfte
   2. sachliche Kräfte
b) Risiken, denen der Betriebsablauf unterworfen ist, z. B. Betriebsunterbrechung.

Vgl. *Hahn*, Oswald, Das Sicherheitsprinzip, in: Allgemeine Betriebswirtschaftslehre, a.a.O., S. 19.

83 Vgl. *Hahn*, Oswald, Das Sicherheitsprinzip, in: Allgemeine Betriebswirtschaftslehre, a.a.O., S. 19.

84 Vgl. ebenda, S. 19.

so ist das nach der Theorie ein Zeichen von Kapitalknappheit, der Investor wird alle Eventualitäten einkalkulieren, d. h. ausgeprägte Risikopolitik betreiben.

Des weiteren verleiht der Marktzinsfuß als die vom Investor geforderte Mindestrendite nicht nur einem Minimum an Rentabilitätsstreben Ausdruck, sondern ebenso dem Bedürfnis nach Kapitalerhaltung. Das Risiko der Unrentierlichkeit einer Investition und damit des Kapitalverzehrs soll durch die Orientierung der geforderten Mindestrendite am objektiven, außerbetrieblichen Marktzinsfuß als Untergrenze einer subjektiven Vorteilhaftigkeit eingeschränkt werden.

C. Die Anwendung investitionstheoretischer Erkenntnisse in der Empirie[85]

Von großem Interesse ist nun die Ausfüllung der durch die Theorie gesetzten Postulate durch die Praxis, vor allem deshalb, weil die Investitionstheorie in den letzten Jahrzehnten einen gewaltigen Fortschritt gemacht hat, dem die Praxis nur sporadisch folgen konnte. Der Einsatz der Mittel zur Entscheidungsfindung in der Praxis ist in den letzten Jahren immer mehr hinter den Methoden der Theorie zurückgeblieben.

Diese Lücke ist umso erstaunlicher, als sich der Sachverhalt bei den Investitionszielen dazu konträr verhält. Der Theorie gelang es erst im Laufe der jüngsten Zeit, die in der Praxis verfolgten komplexen Zielbündel zu erfassen und einer rationalen Betrachtungsweise zugänglich zu machen und daraus eine Anzahl operationaler Verfahren zur Erreichung dieser Ziele zu entwickeln. Die ältere Investitionstheoric konzentrierte sich in erster Linie auf das Rentabilitätsziel, und lange Zeit waren die dafür relevanten Mittel — die Investitionsrechnungen — nahezu einziges Operationsgebiet der betriebswirtschaftlichen Investitionstheorien.

Die Praxis dagegen fällt nach Horst *Brandt* Investitionsentscheidungen nur zu einem Teil aufgrund von Investitionsrechnungen, die der Theorie entstammen. „Die Investitionsentscheidungen werden in der Wirtschaftspraxis nicht einheitlich abgeleitet. Sie erfolgen

(1) ohne rechnerisches Fundament,

(2) auf Grund technischer Berechnungen,

(3) auf Grund wirtschaftlicher Berechnungen[86]."

---

[85] Der folg. Abschnitt stützt sich bezüglich der Zahlenangaben auf *Renck*, Olle: Empirical Studies of Investment Behavior in MI 1964, No. 5/6, S. 70—80.

[86] *Brandt*, Horst: Investitionspolitik des Industriebetriebs, a.a.O., S. 27.

Eine Anzahl von Autoren versuchte in den letzten fünfzehn Jahren anhand empirischer Untersuchungen festzustellen, welche Einflüsse die neuen investitionstheoretischen Erkenntnisse auf die betriebliche Investitionstätigkeit hatten:

1. Heinz *Schindler*[87] stellte 1953/54 anhand brieflicher Befragung von Unternehmern eine beträchtliche Lücke zwischen Investitionstheorie und Investitionspraxis fest. Von 2000 angeschriebenen Unternehmern antworteten nur 12,9 %. Davon erklärten wiederum nur 16 %, daß sie die modernen Investitionstheorien kennen würden, und lediglich vier Betriebe (= 18,2 % der Betriebe, die die Investitionstheorien kannten) wendeten die modernen Methoden an. Die meisten Unternehmer wiesen darauf hin, daß ihre Investitionsziele häufig nach subjektiven Motiven gesetzt würden und sehr stark von nichtwirtschaftlichen, vor allem psychologischen Faktoren abhängen. Diese Unternehmer erklärten deshalb auch, allgemeine Verfahrensregeln der Entscheidungsfindung könnten nicht aufgestellt werden.

2. Bei der Befragung von 14 amerikanischen Großunternehmungen fand Robert *Eisner*[88], daß die meisten Unternehmer zwar häufig bestimmte Rentabilitätsforderungen stellten, die sich aber häufig in der Festsetzung eines „cut off points" erschöpften. Die angewandten Verfahren waren jedoch oft nicht mehr als grobe und häufig in sich unlogische Daumenregeln.

3. Ein Wirtschaftsverband der schwedischen Maschinenbauindustrie[89] empfahl seinen Verbandsmitgliedern nach eingehender Prüfung der „praktikablen Verfahren" als Investitionsverfahren die Methoden der kürzesten Amortisationszeit (Pay-Off-Methoden [vgl. 3. Teil, A., II.]) in verfeinerter Form unter Berücksichtigung von Vermögensrentabilität oder unter Anwendung der MAPI-Methode (vgl. 3. Teil, A., I., 3.).

4. C. F. *Carter* und B. R. *Williams*[90] untersuchten vor allem die Entscheidungen für Innovationsinvestitionen in etwa 250 englischen Unternehmungen. 50 % der Investitionsmotive lagen dabei in der Konkurrenzsituation begründet, das Investitionsziel war Anpassung, das Interesse an der Gewinnmaximierung war zweitrangig. Je weniger allerdings der Druck zu investieren von der Marktseite her kam, umso größere Bedeutung gewannen Rentabilitätsüberlegungen. Insgesamt

---

[87] *Schindler*, Heinz: Investitionsrechnungen in Theorie und Praxis, a.a.O., S. 191 ff.

[88] *Eisner*, Robert: Determinants of Capital Expenditures, Studies in Business Expectations and Planning, No. 2, Urbana/Ill. 1956.

[89] Sveriges Mekanförbund (Ed.), Investeringskalkyler, Stockholm 1958 und 1960.

[90] *Carter*, C. F., *Williams*, B. R.: Investment in Innovation, London 1958.

trafen jedoch 55 % der befragten Unternehmer ihre Entscheidungen ohne Anwendung direkter oder indirekter Rentabilitätsrechnungen.

5. Erich *Kosiol*[91] wandte sein Interesse der organisatorischen Seite der Investitionsentscheidung zu. Seine Ausführungen sind deshalb für uns nur hinsichtlich der Verfahren relevant. Seine Befragung von Unternehmern fand in Berlin statt. Nach seinen Ermittlungen werden technische Planung und Kapazitätsplanung dezentral als Beurteilungskriterien über die Notwendigkeit einer Investition vorgenommen. Zentral entschieden wird jedoch erst nach Abstimmung mit dem Finanzplan unter Rentabilitätsgesichtspunkten.

6. Auch Erich *Gutenberg*[92] gelangte bei seiner Befragung von ca. 80 Unternehmern zu keinem einheitlichen Ergebnis. Als Investitionsziele wurden sowohl Rentabilität als auch soziale und hygieneorientierte Faktoren genannt. Die Verfahren der Investitionskalküle wurden in der Praxis in unterschiedlichem Umfang und außerdem branchenmäßig verschieden angewandt. Der Umfang der Rechnungen hing jeweils von Art und Umfang der geplanten Investition ab. So kalkulierten bei Ersatzinvestitionen nur wenige Betriebe schematisch. Üblich waren allgemein nur Schätzungen über Amortisationsdauer. Vereinzelt wurden Kostenvergleiche vorgenommen. Bei Erweiterungsinvestitionen waren dagegen Rentabilitätsanalysen recht häufig. Für eine ganze Reihe von Investitionen sozialer oder hygienischer Natur unterblieben Berechnungen irgendwelcher Art. Ihre Vornahme erfolgte aus persönlichen Gründen oder gesetzlichem Zwang.

7. Sehr aufschlußreich ist die Analyse von James H. A. *Miller*[93], der in 200 amerikanischen Betrieben die Methoden der Investitionsrechnung untersuchte. Über 90 % der Befragten gaben an, daß sie die Vorteilhaftigkeit ihrer Investitionen an bestimmten Nützlichkeitskriterien messen würden — die allerdings sehr unterschiedlich waren —. Die Mehrzahl der Unternehmer richtete sich dabei nach mehreren Kriterien. Eine kombinierte Amortisations- und Rentabilitätsberechnung in der Form der diskontierten Cash-Flow-Methode — die der dynamischen Amortisationsrechnung entspricht — benützten 30 % der Angesprochenen. Dabei kam bei den meisten der Rentabilitätsanalyse die größere Bedeutung zu; der Pay-Off-Methode wurde vielfach nur die Rolle einer überschlägigen Kontrollrechnung zugestanden.

[91] *Kosiol*, Erich: Die Organisation von Investitionsentscheidungen, in: Kosiol, E.: (Hrsg.): Organisation des Entscheidungsprozesses, Berlin 1959.
[92] *Gutenberg*, Erich: Untersuchungen über die Investitionsentscheidungen industrieller Unternehmen, a.a.O.
[93] *Miller*, James H. A.: Glimpse at Calculating and Using Return of Investment, in: NAA Bulletin, June 1960.

8. In der Untersuchung Erik *Lundbergs*[94] kam zum Ausdruck, daß von 82 schwedischen Firmen 36 % bei Bauinvestitionen umfangreiche Rentabilitätsuntersuchungen anstellten. Für weniger aufwendige Investitionen wurden Schätzungen der Amortisationsdauer und abgewandelte Methoden zur Bestimmung von Rentabilitätsindices vorgenommen. Die Rentabilitätserwartungen betrugen dabei zwischen 20 % und 40 %! Für eine Reihe von ‚sozialen' Investitionen wurden Berechnungen als nicht notwendig erachtet.

9. Donald F. *Istvan*[95] stellte seine Befragung in 48 amerikanischen Großunternehmen an und fand, daß der überwiegende Maßstab der Vorteilhaftigkeit einer Investition in einem einfachen undiskontierten Rentabilitätssatz gesehen wird. Auch die Amortisationsdauer spielte eine Rolle. 14 Betriebe benützten die diskontierende Cash-Flow-Methode, und in vier Betrieben wurde subjektive Kriterien als Entscheidungsgrundlage genannt.

10. L. H. *Klaasen* u. a.[96] kommen im Gegensatz zu Gutenberg aufgrund ihrer Nachforschungen zu der Aussage, daß die unterschiedliche Behandlung von Erweiterungs- und Ersatzinvestitionen der Theorie durch die Praxis widerlegt werde. Die befragten 50 holländischen Betriebe gaben als Entscheidungsfaktoren für die Durchführung einer Investition technischen Fortschritt, Umsatzerwartungen und Liquiditätslage an.

11. Bei der Befragung von 29 norwegischen Industriebetrieben gelangte Knut *Holt*[97] zu der Erkenntnis, daß 21 der 29 Firmen für die Investitionsentscheidung Nützlichkeitsberechnungen anstellten. Dabei war das häufigste Kriterium, das 13 Unternehmen angaben, der Jahresertrag oder die jährlichen Kosteneinsparungen durch die geplante Investition.

12. Tibor *Barna*[98] schließlich schloß aus den Antworten von englischen Firmen der elektrotechnischen und lebensmittelverarbeitenden Branche ebenfalls, daß Nützlichkeitserwägungen die Vorteilhaftigkeit einer Investition bestimmen. Den allgemeinen Gewinnerwartungen wurde dabei eine größere Bedeutung zugemessen als den Rentabilitätsberechnungen einzelner Investitionen.

---

[94] *Lundberg*, Erik: Produktivitet och räntabilitet, Stockholm 1961.

[95] *Istvan*, Donald F.: Capital-Expenditure Decisions, Indiana Business Report No. 33, Bloomington/Ind. 1961.

[96] *Klaasen*, L. H., *Koyck*, L. M., *Meij*, J. L., *Bouma*, J. L.: Theory of Depreciation and Entrepreneurial Behavior, in: Meij, J. L. (Ed.): Depreciation and Replacement Policy, Amsterdam 1961.

[97] *Holt*, Knut: Noen sider ved den administrative behandling av tekniske investeringer, Trondheim 1962.

[98] *Barna*, Tibor: Investment and Growth Policies in British Industrial Firms, Cambridge 1962.

Diese Untersuchungen beweisen, daß die Praxis kaum von den durch die theoretischen Erkenntnisse gewonnenen komplizierten Berechnungsmethoden zur Beurteilung eines Investitionsvorhabens Gebrauch macht. Die Autoren waren durchweg von den primitiven Rechenmethoden der Praxis enttäuscht.

Das starke Auseinanderklaffen von Theorie und Praxis erklärt sich u. E. aus drei Gründen:

(a) Die Investoren beurteilen das Verhältnis zwischen Aufwand und Nutzen ‚exakter' Berechnungsmethoden immer noch negativ.

(b) Im übrigen haben die Verifizierungen neuer Theorien in der Praxis einen beachtlichen time lag.

(c) Die wirtschaftliche Lage nach dem Zweiten Weltkrieg — ganz besonders in Deutschland — verlangte kein allzu großes Interesse an wissenschaftlich exakten Investitionsrechnungen, da „durch den allgemeinen wirtschaftlichen Aufstieg beinahe alle Investitionen rentabel waren"[99].

Als gemeinsames Ziel sowohl der praktisch als auch der theoretischen Investitionsüberlegungen kann jedoch der Nutzen des Investors angesehen werden, der, soweit möglich, in objektiver Form als Rentabilitätskriterium Ausdruck gewinnt, oder in individuell verschiedenen subjektiven, unquantifizierbaren Nutzenvorstellungen ausgestaltet wird.

---

[99] Vgl. *Istvan*, Donald F.: Capital-Expenditure Decisions, a.a.O., S. 37.

Dritter Teil:

Die Funktion des Marktzinses im Entscheidungsprozeß

A. Der Marktzinsfuß in der Investitionsanalyse

Als quantifizierte Entscheidungsfaktoren bezeichneten wir die für das Treffen der Entscheidung als relevant angesehenen zahlenmäßig ausgedrückten Kriterien. Diese Entscheidungsfaktoren sind ohne Ausnahme Zusammenfassung von Informationen, d. h. sie lassen sich nicht direkt aus den in der Empirie gewonnenen Fakten prognostizieren, sondern stellen das Ergebnis einer quantitativen Operation — der Investitionsrechnung — dar. Das besagt, daß der Marktzinsfuß[1], den wir bereits als Einzel- oder Ursprungsinformation kennzeichneten, selbst keinen primär die Durchführungsentscheidung beeinflussenden Faktor bildet[2]. Seine Effizienz liegt hier im Sekundärbereich — dem direkten Einfluß auf das Ergebnis der Investitionsrechnung; und damit lediglich indirektem Einfluß auf die Durchführungsentscheidungen.

Die Investitionsrechnungen können nun nach ihrer Zwecksetzung unterschieden werden in

(1) Wirtschaftlichkeitsrechnungen,

(2) Liquiditätsrechnungen.

I. Der Marktzinsfuß in den Wirtschaftlichkeitsrechnungen

Der Zweck der Wirtschaftlichkeitsrechnungen liegt in der Ermittlung der voraussichtlichen Vorteilhaftigkeit einer geplanten Investition unter Rentabilitätgesichtspunkten. In der Theorie wurden dazu mehrere Rechenverfahren entwickelt, die die Praxis jedoch bis heute aufgrund ihrer Kompliziertheit und Aufwendigkeit nur zum Teil einsetzt. Da der Sinn der Investitionsrechnungen in der Ermittlung nur eines — wenn auch des bedeutendsten — Entscheidungsfaktors liegt, werden

---

[1] Vom Marktzins*fuß* wird im folgenden immer dann gesprochen werden, wenn der quantitative Ausdruck des Phänomens Marktzins gemeint ist.

[2] Zwar lassen sich teilweise auch die „psychologischen Auswirkungen“ des Marktzinses auf die Investitionsentscheidung auf einem quantifizierten Marktzins aufbauen; sie sollen hier jedoch unbeachtet bleiben.

auch von ihr selbst Operationalität und Praktikabilität verlangt. Andererseits führt eine zu große Vereinfachung der Rechnung zu unzuverlässigen Aussagen und Entschlüssen. Hier einen optimalen Mittelweg zu finden, ist die Aufgabe eines verantwortungsbewußten, aber risikofreudigen Unternehmers.

Für kleine Investitionen bieten sich zur Rentabilitätsprognose die *statischen* Verfahren der Investitionsrechnung an. Sie lassen unter Betonung kostentechnischer und liquiditätsmäßiger Gesichtspunkte den Zeiteinfluß unberücksichtigt und beschränken sich lediglich auf einen Vergleich zeitpunktbezogener Größen. „Es werden im allgemeinen vier Verfahren genannt: Kostenvergleichsrechnung, Gewinnvergleichsrechnung, Rentabilitätsrechnung und Amortisationsrechnung[3].“

Die *Kostenvergleichsrechnung* dient häufig zur Beurteilung von Rationalisierungsinvestitionen. Dabei wird als Kriterium der Kapitalverzinsung die Kostenersparnis herangezogen. „Man vergleicht die Kosten (einschließlich kalkulatorischer Abschreibungen und kalkulatorischer Zinsen), die innerhalb einer Nutzungsperiode (meist ein Jahr) für die arbeitende (alte) Anlage anfallen, mit dem für einen gleich langen Zeitraum erwarteten Kostenanfall (einschließlich kalkulatorischer Kosten) für eine oder mehrere neue (in Aussicht genommene) Anlagen[4].“

Die Bedeutung des Marktzinsfußes beschränkt sich hierbei auf die Ermittlung der kalkulatorischen Zinsen. Der Marktzinsfuß dient als Basisgröße. Der Einfachheit halber wird dabei meist unter der Voraussetzung eines atomistischen Kapitalmarktes angenommen, daß zu einem — eine weitere unrealistische Prämisse — einheitlichen Marktzinsfuß beliebig hohe Beträge dem Kapitalmarkt entnommen und am Kapitalmarkt angelegt werden könnten. Auf diese Problematik werden wir bei der Ermittlung der Höhe des Kalkulationszinsfußes bei dynamischen Investitionsrechnungen eingehen.

Bei Erweiterungsinvestitionen findet man in der Praxis recht häufig die Anwendung der *Gewinnvergleichs*rechnung, bei der als vereinfachter Rentabilitätsmaßstab der für die Anschaffungsperiode durch die Erweiterungsinvestition erzielte Gewinnzuwachs dient. Hierbei müssen bereits die Unsicherheiten der Zukunftserwartungen beachtet werden, was als zweiter Faktor die Realitätsnähe der Rechnungen gefährden kann.

Eine weitere Form der einfachsten Rentabilitätsrechnung, die vor allem in den USA gebräuchlich ist[5], ist die Berechnung einer *statischen*

[3] *Schwarz,* Horst: Optimale Investitionsentscheidungen, a.a.O., S. 21.
[4] *Schwarz,* Horst: Optimale Investitionsentscheidungen, a.a.O., S. 22.
[5] Ebenda, S. 22.

Rentabilitätsziffer, d. h. die Ermittlung des prozentualen Verhältnisses zwischen Periodengewinn aus der geplanten Investition und dem dafür benötigten — auf eine Periode abgegrenzten — Kapitaleinsatz (vgl. auch MAPI-Methode, 3. Teil, A., I., 3.). Bei Rationalisierungsinvestionen wird die Größe des erwarteten Gewinnes durch die erwartete Kostenersparnis ersetzt. Allerdings ist die durch die Unvorhersehbarkeit der künftigen Einzahlungen erzwungene Begrenzung auf *eine* Periode sehr skeptisch zu beurteilen. An einem Beispiel kann das verdeutlicht werden: Eine Erweiterungsinvestition mit einer geplanten Amortisationszeit von fünf Jahren wird mit DM 180.000,— Gesamtkosten (Anschaffungskosten plus Nebenkosten plus laufende Kosten, z. B. Fremdkapitalzinsen) für die gesamte Lebensdauer veranschlagt. Der aus dieser Investition erwartete Gewinnzuwachs wird auf DM 27.000,— geschätzt. Aus der Rentabilitätsformel

$$R = \frac{\text{Gewinn} \times 100}{\text{Kapitaleinsatz}}$$

ergibt sich eine durchschnittliche Rentabilität der Investition über die gesamte Lebensdauer von fünf Jahren von

$$R = \frac{27\,000 \times 100}{180\,000} = 15\,\%.$$

Nun verzeichnen allerdings die verwendeten Eingabegrößen, bezogen auf die einzelnen Jahre, regelmäßig einen disproportionalen Verlauf, so daß die Rentabilität *einer* Periode teilweise erheblich von der oben ermittelten Durchschnittsgröße von 15 % abweichen wird. So wird der Hauptposten des Kapitaleinsatzes, die Anschaffungskosten, in der ersten Periode verausgabt, während die Gewinne aus der Investition in der ersten Periode minimal sind oder gar erst in der zweiten Periode anlaufen. Es entwickeln sich zwei gegenläufige Zahlungsreihen, deren Einfluß auf Perioden-Rentabilität und -Liquidität durch die (statische) Rentabilitätsziffer nicht erfaßt werden kann. Eine Zurechnung der Gewinne und des Kapitaleinsatzes auf bestimmte Perioden bringt aber bereits dynamische Elemente in die Rentabilitätsrechnung. Auch dadurch ist wiederum gezeigt, daß die statischen Investitionsrechnungen wirklich nur ersatzweise und nur bedingt als Entscheidungsfaktor tauglich sind.

Beispielsweise könnte sich im oben genannten Rechenbeispiel die in Tab. 2 gezeigte Periodenverteilung ergeben.

Aus dieser Aufstellung ist ohne weiteres zu ersehen, daß die für das erste Jahr ermittelte Rendite aufgrund der zeitlichen Bezugsdifferenzen keinerlei Rückschlüsse auf die effektive Gesamtverzinsung zuläßt und vice versa. Die Forderung, die Vorteilhaftigkeit einer In-

Tabelle 2

Aussagefähigkeit der statistischen Durchschnittsrentabilität

Zeit / Betrag	1. Periode	2. Periode	3. Periode	4. Periode	5. Periode	Summe
Kapitaleinsatz	159 000	7 000	5 000	5 000	4 000	180 000
Gewinn	500	1 500	5 000	8 000	12 000	27 000
Rentabilität in %	0,3	21	100	160	300	15

vestition durch eine Rentabilitätsziffer je Periode[6] zu beurteilen, läßt sich deshalb u. E. nicht aufrechterhalten. Wenn eine statische Rentabilitätsziffer ermittelt wird, so kann es nur eine Durchschnittsrendite über die gesamte Lebensdauer sein, soll ihr ein gewisser Aussagegehalt zuerkannt werden. Allerdings muß man sich bei der Beurteilung dieser Ziffer vergegenwärtigen, daß der Zeit- und damit der *Zinseinfluß* unberücksichtigt geblieben ist. Wie wir an anderer Stelle zeigen werden (vgl. 3. Teil, B., I.), kann dem Marktzins jedoch auch in Verbindung mit den statischen Verfahren eine nicht geringe Bedeutung zukommen, nämlich bei der *Beurteilung* ihrer Ergebnisse.

Die in der Literatur allgemein übliche Zurechnung der *Amortisationsrechnung* zu den Rentabilitätsrechnungen[7] lehnen wir ab. Die Amortisationsmethode — oft auch Pay-Off-Verfahren genannt — dient lediglich der Ermittlung der Wiedergewinnungszeit und damit liquiditätspolitischen Gesichtspunkten (vgl. auch 3. Teil, A., II.).

Die dynamischen Investitionsrechnungen haben gegenüber den statischen den Vorteil, daß sie den — wir wir bereits sahen — überaus wichtigen Zeitfaktor einbeziehen[8]. Die Berücksichtigung des Zeitablaufes führt gleichzeitig zu einer teils gewollten, teils unvermeidlichen *Betonung* von *Zins*überlegungen.

Horst Schwarz zeigt die Vorteile der dynamischen Verfahren gegenüber den statischen sehr deutlich[9]:

„(1) Es werden Kosten und Erträge der *gesamten* Nutzungsdauer berücksichtigt ...

(2) In Bezug auf Kosten und Erträge späterer Perioden wird mit Zinseszinsen gerechnet ...

[6] Wie Horst *Schwarz* vorschlägt; vgl. *Schwarz*, Horst: Optimale Investitionsentscheidungen, a.a.O., S. 22.

[7] Vgl. anstelle vieler anderer z. B. *Schindler*, Heinz: Investitionsrechnungen in Theorie und Praxis, a.a.O., S. 154 ff.

[8] Vgl. *Brandt*, Horst: Investitionspolitik des Industriebetriebs, a.a.O., S. 45.

[9] *Schwarz*, Horst: Optimale Investitionsentscheidungen, a.a.O., S. 23 ff.

Bei Rechnungen, die beabsichtigte Rationalisierungsinvestitionen betreffen, ist außerdem

(3) der unrealisierbare Teil des kalkulatorischen Restwertes der alten Anlage (Überschuß des Restwertes über den erzielbaren Verkaufserlös) zu berücksichtigen, weil es nicht um die Wirtschaftlichkeit der neuen Anlage, sondern um die Wirtschaftlichkeit des Verfahrens*wechsels* geht[10]."

Der Technik nach stellen die dynamischen Investitionsrechnungen finanzmathematische Zinseszinsrechnungen dar, rein mathematisch, Summengleichungen endlicher oder unendlicher geometrischer Reihen. Die Investition wird gesehen als zwei gegeneinander gerichtete Zahlungsströme; die Auszahlungen (bzw. Ausgaben oder Aufwendungen) für die Investition und die Einzahlungen (bzw. Einnahmen oder Erträge[11]) aus der Investition. Beide Zahlungsströme werden unter der Prämisse gleichgroßer Zeitabstände zwischen den Einzelposten gesehen, d. h. man betrachtet die Gesamtausgaben als eine Folge von periodischen Auszahlungen.

Die Kritik an den dynamischen Wirtschaftlichkeitsrechnungen setzt an diesem unrealistischen finanzmathematischen Ansatz für Realinvestitionen an. Bei der Bildung von periodenbezogenen Einzelwerten ist diese Kritik durchaus berechtigt. Die Ermittlung der durchschnittlichen Verzinsung steht dann, wie das Zahlenbeispiel der Tab. 2 (S. 87) zeigt, in keinem auf den ersten Blick erfaßbaren Zusammenhang mehr mit den periodenbezogenen Ergebnissen.

Der finanzmathematische Ansatz läßt es jedoch jedem Investor unbenommen, die Nivellierung der in die Rechnung eingehenden Größen auf zeitlich kürzere Dauer als die Gesamtlebenszeit des Projektes abzustellen; die Einzelrechnungen werden erst anschließend zusammengefaßt in eine Globalrechnung. Die gesamte Investition wird so aufgeteilt in einzelne Zinseszinsrechnungen einer Anzahl ‚Teilinvestitionen'; sie erlauben dem Investor ein detaillierteres Planen. Durch den unabänderlichen Zwang, die jeweilige Folge-‚Teilinvestition' jedoch in jedem Fall durchführen zu müssen, wird der Investor sich letzten Endes eben doch an der durchschnittlichen Gesamtrentabilität orientieren müssen. Dazu werden die nivellierten Zahlungsströme mittels der genannten mathematischen Verfahren auf vergleichbare Zeitpunkte ab- und aufgezinst. Auf dem Vergleich der abgezinsten

---

10 *Schwarz,* Horst: Optimale Investitionsentscheidungen, a.a.O., S. 23 (Hervorhebungen im Original).

11 Die Begründung für die Verwendung der Begriffe Auszahlung/Einzahlung und nicht Ausgaben/Einnahmen bzw. Aufwendungen/Erträge wird an späterer Stelle gegebenwerden (vgl. 3. Teil, A, I, 1., b).

Auszahlungen mit den abgezinsten Einzahlungen wird der Schluß auf Vorteilhaftigkeit bzw. Unrentierlichkeit der geplanten Investition aufgebaut.

Die im folgenden angeführten Verfahren sind entgegen der üblichen Aufzählungsfolge unter dem Gesichtspunkt der Bedeutung des Marktzinses für die Rechnungen zusammengefaßt.

1. Die Kapitalwert-Methode und die Annuitäten-Methode

1. Beim Kapitalwertverfahren werden die beiden Zahlungsströme mit einem gewählten Kalkulationszinsfuß auf ihren Barwert abgezinst. Zunächst wird der Kapitaleinsatz für die geplante Investition veranschlagt. Dann versucht man, die aus der Investition zu erwartenden Einzahlungen durch Wahrscheinlichkeitsrechnungen zu prognostizieren. Durch Ermittlung der Differenz zwischen Einzahlungen und Auszahlungen erhält man den Gewinn. Zur Abzinsung bestehen zwei gangbare Wege — beide werden in der Literatur gleichbedeutend vertreten.

(a) Man bildet die Differenz je Periodenabschnitt und zinst diese Periodengewinne der Investition als geometrische Reihe auf den Zeitpunkt des Kapitaleinsatzes ab, oder

(b) man zinst die Einzahlungs- und Auszahlungsbeträge ab und ermittelt den Gesamtgewinn durch die Differenz der Barwerte.

Realitätsnäher ist der zweite Vorschlag, da die Anschaffungskosten in aller Regel insgesamt bei Investitionsbeginn verausgabt werden müssen. Bei periodenmäßiger Differenzermittlung zwischen Einzahlungen und Auszahlungen muß daher entweder das Investitionsende als Bezugspunkt angesetzt werden — und sodann noch eine Abzinsung dieses Endwertes auf den Barwert vorgenommen werden — oder die negativen Differenzen der ersten Perioden müssen *auf*gezinst werden, da sie Verluste darstellen.

Die Bedeutung des Kapitalwertes für die Durchführungsentscheidung faßt Erich *Schneider* so zusammen: „Eine geplante Investition ist bei einem gegebenen Kalkulationszinsfuß für einen Investor vorteilhaft, wenn ihr auf den Zeitpunkt unmittelbar vor Beginn der Investition bezogener Kapitalwert nicht negativ ist[12].“ Unter Kapitalwert versteht er dabei die abgezinsten Gewinne einer Investition insgesamt. Dieses Schneidersche Fundamentalprinzip I gilt unter der Prämisse, daß im Kalkulationszinsfuß die für die geplante Investition geforderte Mindestverzinsung des einzusetzenden Kapitals vollständig berücksichtigt

[12] *Schneider*, Erich: Wirtschaftlichkeitsrechnung, a.a.O., S. 24.

wurde— wie es E. Schneider auch voraussetzt —. Für die Vorteilhaftigkeit der Investition genügt es in diesem Falle, daß die Summe der diskontierten Einzahlungen der der diskontierten Auszahlungen entspricht. Wird jedoch lediglich ein rein technischer Abzinsungsfaktor als Kalkulationszinsfuß verwendet, so muß das Prinzip dahingehend geändert werden, daß ein positiver Kapitalwert in der Höhe vorhanden sein muß, daß er, in Beziehung gesetzt zum Kapitaleinsatz, eine vom Investor als angemessen erachtete Verzinsung dieses Kapitals ergibt.

2. Die *Annuitäten*methode versucht eine vereinfachte Handhabung der Kapitalwertmethode zu erreichen, indem die in den verschiedenen Nutzungsjahren unterschiedlichen Einzahlungen und Auszahlungen einschließlich Kapitaltilgung und Fremdkapitalzinsen mit Hilfe der Zinseszinsrechnung auf fiktive gleichgroße Jahresbeträge (Annuitäten) umgerechnet werden, deren Gegenüberstellung sodann ein Urteil über die Vorteilhaftigkeit der geplanten Investition geben soll. Neben anderen Nachteilen (z. B. die Schwierigkeiten der Berücksichtigung eines Restwertes der Altanlage) ist das Ergebnis dieser Methode aufgrund der erzwungenen Gleichschaltung beider jährlicher Zahlungsströme rein rechnerischer und theoretischer Natur. Eine Aussage über den zu erwartenden Gewinn pro Jahr und seine Veränderung während der Lebenszeit kann hier nicht mehr bestimmt werden.

Auch der in der Literatur häufig zitierte Vorteil der Annuitätenmethode, durch Benützung von mathematischen Tafeln und Tabellen eine Vereinfachung der Rechnung gegenüber der Kapitalwertmethode erreichen zu können, ist bei näherer Untersuchung nicht haltbar. Die Arbeit der Umrechnung der effektiv erwarteten Aus- und Einzahlunzahlungen in fiktive Renten „kann man sich durch Verwendung von Tabellen zwar erleichtern. Man schafft damit aber nicht die Tatsache der Mehrarbeit aus der Welt, sondern reduziert lediglich die Zeit, die hierfür sonst nötig ist“[13].

Beim Ansatz gleichhoher Ein- und Auszahlungen und der Verwendung desselben Kalkulationszinsfußes muß das Annuitätenverfahren rein rechnerisch zum selben Ergebnis führen wie die Kapitalwertmethode, was die Errechnung des gesamten Rohgewinnes (= Barwert) betrifft. Die Annuitätenmethode ist u. E. lediglich weniger praktikabel und in den Details weniger aussagekräftig.

3. Zur Anwendung beider Verfahren müssen vorab bestimmt werden

(a) der Kapitaleinsatz (Anschaffungskosten oder Herstellkosten plus laufende Unterhalts- und Pflegekosten),

---

[13] *Schwarz*, Horst: Optimale Investitionsentscheidungen, a.a.O., S. 34 f.

(b) die Rohgewinne aus der Investition (als Gesamt- oder Periodengewinne),

(c) der Kapitalisierungszinsfuß.

a) Die Funktion des Kalkulationszinsfußes in den Wirtschaftlichkeitsrechnungen

Von besonderer Bedeutung ist in unserem Zusammenhang lediglich die Festlegung des Kapitalisierungszinsfußes. Welche Bedeutung die Wahl des Kalkulationszinsfußes für das Ergebnis der Investitionsrechnung und damit für die Beurteilung der Vorteilhaftigkeit einer Investition hat, kann am besten anhand eines Beispiels gezeigt werden.

Zur Vereinfachung nehmen wir an, daß der Investor die Wahl zwischi *zwei* völlig *gleichwertigen* Investitionsalternativen hat, die beide seinen technischen Anforderungen genügen. Die Frage der Vorteilhaftigkeit beschränkt sich also allein auf die Höhe der Rendite. Diese wird gekennzeichnet durch die Differenz zwischen den (diskontierten) Ein- und Auszahlungen.

Die Investition I verursache eine einmalige Auszahlung, nämlich für die Anschaffung in Höhe von K_1 = DM 100.000,—,; die Alternativmöglichkeit II nur in Höhe von K_2 = DM 50.000,—. Entsprechend verlaufen allerdings die jährlichen Einzahlungsüberschüsse (d. h. die Differenz aus den jährlichen Einzahlungen und den jährlichen Unterhaltsauslagen) für Investition I auf G_1 = DM 20.000,—, für Investition II auf G_2 = DM 16.000,—. Zur Ermittlung der vorteilhafteren Investition bestimmen wir die zu vergleichenden Barwerte der Gewinne, unter Anwendung unterschiedlicher Zinssätze allerdings, die zwischen den Extremen $k = 2\,\%$ und $k = 24\,\%$ variieren sollen. Es wird davon ausgegangen, der Investor habe für jeden dieser Sätze eine rationale Rechtfertigung[14]. Zur vollkommenen Vergleichbarkeit nehmen wir ferner gleiche Nutzungsdauer der beiden Anlagen an. Da unter diesen Umständen das Zeitmoment nur eine Randbedeutung hat, wird der Einfachheit halber für beide Investitionen ewige Nutzungsdauer unterstellt. Der Kapitalwert der Einnahmeüberschüsse jeder Investition bestimmt sich dann nach der Barwertformel einer ewigen Rente. Von dem auf diese Weise erhaltenen diskontierten Bruttogewinn sind die Anschaffungskosten K abzusetzen, um den gesamten Nettogewinn R der Investition zu erhalten.

[14] Daß der Spielraum der in der Praxis verwendeten und unter bestimmten Prämissen zu rechtfertigenden Zinssätze tatsächlich recht groß ist, wird an späterer Stelle gezeigt. Vgl. 3. Teil, A., I., 1., b); vgl. auch *Kahl*, Hans Peter: Die Methoden der Wirtschaftlichkeitsrechnung und ihre Bedeutung für die praktische Investitionspolitik, Wiesbaden 1968, S. 14.

$$R = \frac{G}{p} - K \; ; \qquad p = \frac{K}{100}$$

Tabelle 3

Wirkungen des Kalkulationszinsfußes auf den Kapitalwert einer Investition

Kapitalisierungszinsfuß k %	Kapitalwert Investition I DM	Kapitalwert Investition II DM
2	900 000	750 000
4	400 000	350 000
6	233 333	216 667
8	150 000	150 000
10	100 000	110 000
12	66 667	83 333
14	42 857	64 275
16	25 000	50 000
18	11 111	38 889
20	0	30 000
22	− 9 091	22 727
24	− 16 667	16 667

Aus dem Verlauf der die Kapitalwerte darstellenden Kurven (Abb. 8) läßt sich ohne weiteres entnehmen, daß die Höhe des Kalkulationszinsfußes die verschiedenen Projekte unterschiedlich beeinflußt. Die Investition I ist dem Vorhaben II vorzuziehen, solange der Kalkulationszinsfuß niedriger als 8 % gewählt wird, weil der Kapitalwert R_1 größer ist als R_2. Bei einem Kalkulationszinsfuß von 8 % schließlich ist es gleichgültig, ob I oder II durchgeführt wird, beide erwirtschaften dieselbe Rendite[15]. Bei Zinsfüßen über 8 % kehrt sich das Verhältnis um, jetzt ist die Investition II vorteilhafter als I.

Daraus kann geschlossen werden, daß zumindest beim Vergleich alternativer Projekte die Wahl des Zinsfußes über das Vergleichs-

[15] Zur Abhängigkeit des Schnittpunktes der Kapitalwertkurven zweier Investitionen von der Höhe der Kalkulationszinssätze (kritischer Kalkulationszinsfuß) vgl. *Schneider*, Erich: Wirtschaftlichkeitsrechnung, a.a.O., S. 41 ff.

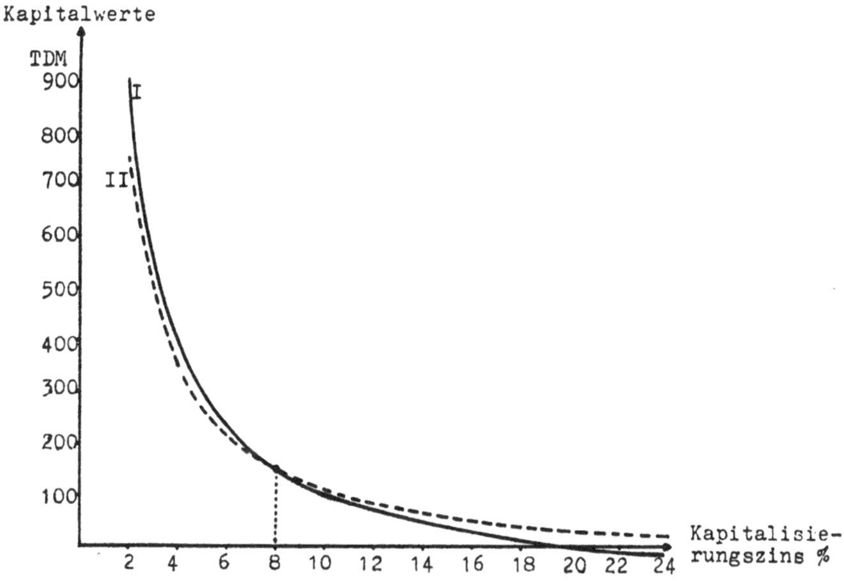

Abb. 8. Entwicklung der Kapitalwerte bei variablem Kalkulationszinsfuß

ergebnis entscheidet[16]. In der betriebswirtschaftlichen Literatur wird jedoch nicht nur diese Relativwirkung des Kalkulationszinsfußes hervorgehoben, sondern eine noch viel weitergehende Abhängigkeit des Kapitalwertes vom Kapitalisierungszinsfuß festgestellt. „Für die Kapitalwertmethode wird ... der Kalkulationszinsfuß und seine Bestimmung zum Angelpunkt der Entscheidung darüber, ob das Kapitalwertkriterium zu richtigen oder falschen Ergebnissen führt[17].“ Diese absolute (Prioritäts-)Wirkung des Kalkulationszinsfußes auf das Rechnungsergebnis wird durch unser Beispiel noch nicht bewiesen, da keine Vergleichsmöglichkeit zur Wirkung der übrigen Faktoren möglich ist. Erst wenn wir feststellen, daß die Veränderung des Kalkulationszinsfußes den Kapitalwert in höherem Maße beeinflußt als das die übrigen Eingangsvariablen tun, kann man Horst *Albachs* Aussage, daß das Problem der Kapitalwertermittlung praktisch reduzierbar sei auf die Wahl des Kalkulationszinsfußes, zustimmen.

Im folgenden müssen wir uns deshalb dem Einfluß der übrigen ex ante nicht feststehenden Größen auf den Kapitalwert zuwenden. Eine rational vertretbare Variationsbreite ähnlichen Ausmaßes wie

[16] Vgl. *Schneider,* Erich: Wirtschaftlichkeitsrechnung, a.a.O., S. 41.
[17] *Albach,* Horst: Wirtschaftlichkeitsrechnungen bei unsicheren Erwartungen, a.a.O., S. 35.

die des Kalkulationszinsfußes finden wir nur noch bei den unter Unsicherheit zu prognostizierenden zukünftigen Periodengewinnen des geplanten Vorhabens. Die Lebensdauer des Investitionsobjektes als Verkörperung des Zeitfaktors läßt regelmäßig keinen Spielraum einer Vervielfachung (wie wir ihn beim Kalkulationszinsfuß finden) zu. Eine Verschätzung um Bruchteile der Laufzeit hat aber im Gegensatz zum Einfluß aller möglichen Werte des Kalkulationszinses nur geringe Bedeutung und dann deshalb vernachlässigt werden. Ebenso lassen sich auch die Anschaffungskosten ziemlich genau im voraus ermitteln. Es bleibt also das Problem der Zukunftsgewinne als Differenzen aus Periodeneinzahlungen aus der Investition und Periodenauszahlungen für die Investion. Wir neigen zu der Ansicht, daß der Zukunftsgewinn eines Projektes, der von einer Vielzahl — teils beeinflußbarer, teils unbeeinflußbarer —, in jedem Fall aber unbekannter Faktoren abhängt, ebenfalls eine relativ große Variationsbreite der Beurteilung zuläßt. Eine Veränderung des Periodengewinnes muß aber notwendigerweise den Kapitalwert in beachtlichem Ausmaße beeinflussen.

Ein Vergleich der Wirkungen der Streuungsbreiten von Kalkulationszinsfuß und Periodengewinn ist jedoch objektiv nicht möglich, da kein allgemeingültiger Maßstab zur vergleichenden Bewertung der vertretbaren Variationsskala existiert. Ein objektives Beurteilungskriterium wäre der Einfluß der beiden Faktoren auf den Kapitalwert, dessen Reaktion hier aber gerade ermittelt werden soll und dem also diese Rolle nicht zukommen kann. Einer Streuung des Kalkulationszinsfußes von 2 % bis 16 % entspricht in bezug auf die Kapitalwerte eine Streuung des Periodengewinnes von DM 12.500,— bis DM 100.000,—. Wir können damit feststellen, daß sich die Wirkung der Periodengewinne auf den Kapitalmarkt umgekehrt proportional zur Wirkung des Kalkulationszinsfußes verhält[18], wie im folgenden näher erläutert werden soll:

Wir legen die Investition I zugrunde und ermitteln bei konstantem Kalkulationszinsfuß von 8 % — dem bei Investition I ein Periodengewinn von DM 20.000,— und ein Kapitalwert von DM 150.000,— entspricht — diejenigen Periodengewinne, die sich bei diesem, nunmehr konstant gehaltenen, Kapitalwert bei Variation des Kalkulationszinsfußes ergeben müßten.

Das dargelegte Beispiel unterliegt allerdings zwei einschränkenden Prämissen.

(1) Es werden nur positive Kapitalwerte herangezogen; das ist deshalb gerechtfertigt, weil negative Kapitalwerte außerhalb des relevanten

[18] Dieser mathematische Zusammenhang der umgekehrten Proportionalität zwischen Kalkulationszinsfuß und Periodengewinn gilt allerdings nur unter der von uns gesetzten Prämisse ewiger Lebensdauer des Investitionsobjektes.

Vergleichgebietes liegen, da die Gewinnerzielungsabsicht Fundamentalbedingung einer Rentabilitätsrechnung ist.

(2) Die Nutzungsdauer blieb wie in dem bezuggenommenen Beispiel unberücksichtigt. Anhand von Stichproben konnte der Verfasser jedoch feststellen, daß die Einführung der Zeitkomponente das betragsmäßige Verhältnis zwischen Periodengewinnen und Kalkulationszinsfuß nur unerheblich beeinflußt.

Tabelle 4

Einfluß der Höhe der Zukunftsgewinne auf den Kapitalwert

1	2	3
Kalkulations-zinsfuß *k* %	Kapitalwerte bei konstanten Periodengewinnen und variablem Kalkulationszinsfuß (vgl. Tab. 3, S. 92) DM	Periodengewinne bei Kapitalwerten der Spalte 2 und einem konstanten Kalkulationszins von 8 % DM
2	900 000,—	80 000,—
.	.	.
.	.	.
.	.	.
8	150 000,—	20 000,—
.	.	.
.	.	.
.	.	.
16	25 000,—	10 000,—

Rein mathematisch kann also dem Kalkulationszinsfuß und dem Periodengewinn genau dieselbe Effizienz auf den Kapitalwert zugesprochen werden[19]. Unter ökonomischen Gesichtspunkten veranlaßt diese mathematische Äquivalenzwirkung aber gerade zu entgegengesetzten Aussagen. Hier kommt dem Einfluß des Kalkulationszinsfußes auf den Kapitalwert aufgrund praktischer Überlegungen mehr

[19] Es ging uns hier nicht in erster Linie um die mathematische Proportionalität zwischen Kalkulationszins und Periodengewinn; sie konnte mühelos direkt aus der Rentenbarwertformel entnommen werden. Die ‚umständliche' Beweisführung war notwendig, um den nicht so ohne weiteres ersichtlichen ‚ökonomischen' ‚Gegen'-Beweis führen zu können.

Bedeutung zu. Zurückzuführen ist das auf die größere Plangenauigkeit der Periodengewinne, und zwar nicht in absoluten Beträgen, sondern in relativem Ausmaß. Eine Verminderung des Kalkulationszinsfußes von 8 % auf 2 % ergibt eine Differenz von 6 %; eine Differenz, die rein absolut aufgrund unterschiedlicher Finanzierungsarten oder durch die Entwicklung im Zeitablauf möglich sein kann. Eine entsprechende Variierung der sich wiederholenden Periodengewinne von DM 20.000,— auf DM 80.000,— würde dagegen eine Fehlplanung von DM 60.000,— bei einem ursprünglich geschätzten Periodengewinn von DM 20.000,— dokumentieren, was sich angesichts einer doch beachtlichen Anzahl objektiver Einflußfaktoren nicht mehr in vertretbarem Rahmen bewegen würde. Zudem vervielfacht sich diese Abweichung mit der Periodenanzahl. Unter Abwägung der ökonomischen Tatbestände und der in der unternehmerischen Praxis heute verwirklichten Planungsverfahren neigen wir zu der Ansicht *Albachs*, dem Kalkulationszinsfuß tatsächlich die Hauptwirkung auf den Kapitalwert zuzubilligen, zumindest in ökonomischer Sicht. Damit wird die Wahl des Kalkulationszinses zum ausschlaggebenden Kriterium für die Beurteilung der Vorteilhaftigkeit einer Investition nach der Kapitalwert- und der Annuitätenmethode.

b) Die Bestimmung des Kalkulationszinsfußes nach seinen Aufgaben

Obwohl dem Kalkulationszins im Kapitalmarkt- und Annuitätenverfahren die Schlüsselstellung zukommt, haben nicht alle Investitionstheoretiker seine Bedeutung erkannt[20] oder weichen dem Problem seiner Quantifizierung aus. So findet sich bei der Bestimmung der Rechenfaktoren, zu denen der Abzinsungssatz gehört, bei Horst *Brandt* die lapidare Feststellung: „Der kalkulatorische Zinsfuß wird administrativ festgelegt[21].“ Andere Autoren haben den Einfluß des Zinses zwar erkannt, aber nur zum Teil dargestellt[22]. Die Konsequenz aus diesen Erkenntnissen, daß der Kapitalisierungszins in seiner Zusam-

---

[20] Vgl. z. B. *Borchard*, Knut H.: Wirtschaftlichkeitsplanung, Wiesbaden 1962; *Gerbel*, B. M.: Rentabilität — Fehlinvestitionen, ihre Ursachen und ihre Verhütung, 2. Aufl., Wien 1955; *Hummel*, Otto: Das Rentabilitäts- und Wirtschaftlichkeitsproblem, a.a.O.

[21] *Brandt*, Horst: Investitionspolitik des Industriebetriebs, a.a.O., S. 167.

[22] So beschäftigen sich mit diesem Problem z. B. *Schneider*, Erich: Wirtschaftlichkeitsrechnung, a.a.O., S. 66 ff.; *Schindler*, Heinz: Investitionsrechnungen in Theorie und Praxis, a.a.O., S. 130 ff.; *Harrmann*, A.: Die Anwendung des Kapitalwertverfahrens bei Investitionsrechnungen, in: DB 19. Jg. (1966), S. 1061 ff., hier S. 1064.

mensetzung untersucht und bestimmt werden müsse, wurde u. W. bislang nur von Adolf *Moxter*[23] und Horst *Schwarz*[24] betont.

1. Die Beantwortung der gestellten Fragen erleichtern wir uns dadurch, daß wir zuerst Ziel und Aufgabe des Abzinsungsfaktors ermitteln. Dabei können wir feststellen, daß der Zins letzten Endes nur für die Überbrückung zeitlicher Divergenzen unerläßlich ist, d. h. durch den Abzinsungsvorgang sollen Beträge, die zu unterschiedlichen Zeitpunkten anfallen, vergleichbar gemacht werden (vgl. auch Tab. 1, S. 44). Das liquiditätsmäßige Präferenzmoment der Höherbewertung eines Kapitalbetrages im jetzigen Zeitpunkt gegenüber der Verfügung zu einem späteren Zeitpunkt[25] drückt sich im Wirtschaftsleben durch den Zins aus. Der Zins ist nach dieser Liquiditätstheorie der Preis, zu dem der Geldgeber bereit ist, auf ‚Kasse' zu verzichten. Bei finanzmathematischen Rechnungen der Abzinsung, die sich auf den *außerbetrieblichen* Kreditverkehr beziehen, spricht also alles dafür, bei den für die Überbrückung der Zeit (für die Kapitalmittel überlassen werden) die zu zahlenden Zinsen, die durch die Vertragspartner (mehr oder weniger) frei vereinbart werden können, also den *Marktzins*, anzusetzen.

Auch bei Diskontierungsrechnungen im *innerbetrieblichen* kreditären Verrechnungsverkehr ist nach Ansicht zahlreicher Fachvertreter der Marktzins der geeignete *kalkulatorische* Zins. Aufgrund seines objektiven Zustandekommens durch die Gesetze des Marktmechanismus erlaubt er eine allgemeingültige Betrachtung innerbetrieblicher Kapitalwirtschaft. Der zweite Grund, der für den Marktzins als kalkulatorischer Zinssatz spricht, resultiert aus Opportunitätserwägungen des Investors. Dadurch daß er vor der echten Alternative steht, die verfügbaren Mittel *im* Betrieb oder *außerhalb* zum Marktzins anzulegen, erfüllt der Marktzins die besten Voraussetzungen für eine realistische Investitionsanalyse als Vorstufe der Entscheidung über Kapitalverwendung.

Nach der Meinung von Leo *Illy*[26], der selbst ein Befürworter des Marktzinsfußes als kalkulatorischer Zins ist[27], hat in der älteren

[23] *Moxter*, Adolf: Die Bestimmung des Kalkulationszinsfußes bei Investitionsentscheidungen, in: ZfhF, NF 13. Jg. (1961), S. 186 ff.

[24] *Schwarz*, Horst: Optimale Investitionsentscheidungen, a.a.O., S. 41 ff. und 51 ff.

[25] Vgl. *Keynes*, John M.: The General Theory of Employment, Interest and Money, a.a.O., S. 139 ff. u. 163 ff.; *Stackelberg*, Heinrich von: Grundlagen der theoretischen Volkswirtschaftslehre, 2. Aufl., Bern—Tübingen 1951, S. 91; *von Böhm-Bawerk*, Eugen: Positive Theorie des Kapitals, a.a.O., S. 416.

[26] *Illy*, Leo: Der Kapitalzins in der Wirtschaftsrechnung, in: ZfNÖ, Bd. XIII (1950), Heft 1, S. 68 ff., hier S. 103.

[27] Ebenda, S. 89. Er empfiehlt „... (die Verzinsung) zu einem landläufigen, durchschnittlichen Zinsfuß, einem normalen Zinssatz ...".

Nationalökonomie 1889 Friedrich *von Wieser* am meisten zur Erklärung des für die Kapitalisierungsrechnung zu verwendenden Zinses beigetragen. Der Unternehmer hat in der „Kapitalrechnung“[28] „die Zinsen des ganzen verwendeten Kapitals, die nach dem geltenden Zinsfuß entfallen (anzusetzen), denn der Produzent würde den üblichen Zins auch bei jeder anderen richtigen Verwendung ins Verdienen gebracht haben, und er wäre geschädigt, falls er ihn bei der gegebenen Produktion nicht oder nicht voll empfinge“[29]. Der ‚übliche Zins bei anderweitiger Verwendung des Kapitals‘ kann nun allerdins subjektiv bezogen sein auf eine Verwendung in der Unternehmung oder objektiv auf eine Verwendung am Markt. Nur im zweiten Fall wären nach Friedrich von Wieser Marktzinsen anzusetzen.

Präziser äußert sich Heinrich *von Stackelberg* bei der Erörterung der Planung zukünftiger Kosten und Erträge, indem er die Notwendigkeit des Diskontierens überhaupt davon ableitet, „daß für jede Anleihe Zinsen gezahlt und für jedes Darlehen Zinsen empfangen werden“[30]. Er setzt also den Abzinsungsfaktor dem Marktzins gleich, wobei er offenläßt, welcher spezielle Marktzinsfuß in Ansatz gebracht werden soll. Von den volkswirtschaftlichen Autoren seien hier noch Irving *Fisher* und Joel *Dean* sowie Friedrich A. *Lutz* genannt. Aus Irving Fishers Beispielen der Diskontierungsrechnungen kann man entnehmen, daß er ebenfalls den Marktzinsfuß ansetzt, wenn es darum geht, zukünftige Erträge bzw. Einnahmen und Kosten bzw. Ausgaben abzuzinsen[31]. Aber auch hier finden sich keine Regeln zur generellen Quantifizierung des Abzinsungsfaktors. Joel Dean setzt ebenfalls als Diskont die Kosten für die Beschaffung des zur Finanzierung notwendigen Kapitals an. Er gibt als Bestimmungsgröße der „rate of discount“ an „the firm's cost of capital“[32]. Friedrich A. Lutz stellt seinen Wirtschaftlichkeitsrechnungen die Prämisse voraus, „that the entrepreneur discounts his own profits at the average borrowing rate“[33]. Lutz hat dabei immerhin schon das Problem der Vielfältigkeit des Marktzinsfußes beachtet und seine Aussage dadurch präzisiert, daß er vom

---

[28] Der Begriff der ‚Kapitalrechnung‘ wird hier von Friedrich *von Wieser* im Gegensatz zur modernen Lehre im Sinne der ‚Kapitalisierungsrechnung‘ verwendet. Zum neueren Begriff der Kapitalrechnung vgl. *Linhardt,* Hanns: Kapitalwirtschaft und Kapitalrechnung, a.a.O., S. 40 ff., insbes. S. 47 ff.

[29] *von Wieser,* Friedrich: Theorie der gesellschaftlichen Wirtschaft, a.a.O., S. 267. Dieselbe Auffassung vertrat *Wieser* jedoch schon in seinem älteren Werk: „Der natürliche Werth“, Wien 1889.

[30] *von Stackelberg,* Heinrich: Grundlagen der theoretischen Volkswirtschaftslehre, a.a.O., S. 91.

[31] *Fisher,* Irving: The Nature of Capital and Income, a.a.O., S. 278.

[32] *Dean,* Joel: Capital Budgeting, a.a.O., S. 22.

[33] *Lutz,* Friedrich A. und Vera: The Theory of Investment of the Firm, a.a.O., S. 23.

‚durchschnittlichen Sollzinssatz' spricht. Allerdings bleibt dabei offen, ob er den Durchschnitt des Zinses unter unternehmungsindividuellen oder unter allgemeingültigen Gesichtspunkten ermitteln will. Bei wörtlicher Auslegung könnte man dazu neigen, das Possessivpronomen ‚his' auch auf die ‚borrowing rate' zu beziehen, was für unternehmungsindividuelle Sollzinsen spräche. Auch aus seinen weiteren Ausführungen glauben wir entnehmen zu können, daß er vom Aspekt der Opportunitätskosten ausgeht, was ebenfalls dafür spricht, daß der Investor den Zinssatz anzusetzen hätte, den *er* bei Beschaffung des Kapitals am Markt zu bezahlen hat. Auf diese Weise könnte lediglich die Finanzierungsform (Anleihe, Aktie, Darlehen) und die Machtstellung der Unternehmung am Finanzmarkt und bei den Banken speziell, weiteren Einfluß auf die Quantifizierung des Marktzinsfußes nehmen[34].

Unter den älteren betriebswirtschaftlichen Autoren finden sich bereits 1936 bei Kurt *Rummel* Aussagen, die darauf schließen lassen, daß er es für richtig hält, in Wirtschaftlichkeitsrechnungen den Marktzinsfuß in Ansatz zu bringen[35]. Auch B. M. *Gerbel* geht 1946 bei der Berechnung der Verzinsung des investierten Kapitals von Zinssätzen in Höhe zwischen 5 % und 10 % aus[36], was darauf schließen läßt, daß er den Kalkulationszins zumindest eng an den Marktzins anlehnte.

In späteren Veröffentlichungen zum Problem der Wirtschaftlichkeitsrechnungen ist dann die Bedeutung des Kalkulationszinses für das Ergebnis der Kapitalwert- und Annuitätenmethode besser erkannt. Den Anstoß dazu hat Erich *Schneider* mit seinem 1951 erschienenen Buch „Wirtschaftlichkeitsrechnung" gegeben, das bereits 1944 in dänischer Sprache erschienen war[37]. Sodann findet sich im Bericht über die Arbeitstagung der Schmalenbach-Gesellschaft in Dortmund am 29. 10. 1954 über die Planung und Kontrolle betrieblicher Investitionen[38] ein an einen Vortrag von Erich Gutenberg anknüpfender Diskussionsbeitrag von Karl *Hax*, der die Problematik des Kalkulationszinsfußes — leider ohne jede eigene definitive Stellungnahme — herausgestellt hat: „Wodurch wird seine Höhe bestimmt? Ist es irgendein allgemeiner Landeszinsfuß oder ein betriebsindividueller Zinsfuß? Für das Ergebnis der Rechnung ist es nicht gleichgültig, ob man mit

---

[34] Die Auswirkungen der Finanzierungsform auf den Kalkulationszins werden an anderer Stelle untersucht werden. Vgl. 3. Teil, A., I., 1., e).

[35] Vgl. *Rummel*, Kurt: Wirtschaftlichkeitsrechnung, in: Archiv für das Eisenhüttenwesen, 10. Jg. (1936), S. 73 ff., hier S. 73 f.

[36] *Gerbel*, B. M.: Rentabilität — Fehlinvestitionen, ihre Ursache und ihre Verhütung, 2. Aufl., Wien 1955, S. 50 (1. Aufl. 1946).

[37] *Schneider*, Erich: Investering og Rente, Kopenhagen 1943/44.

[38] Vgl. den Bericht über diese Tagung in der ZfhF, NF 6. Jg. (1954), S. 577 bis 609, insbes. *Gutenberg*, Erich: Der Stand der wissenschaftlichen Forschung auf dem Gebiet der betrieblichen Investitionsplanung, ebenda, S. 557 ff.

einem Zinsfuß von 6 % oder von 15 % rechnet, und zwar zeigt sich der Unterschied um so stärker, je langfristiger die Investitionen sind[39]."

Diesen Fragen geht Karl *Dürr* in seiner 1958 erschienenen Abhandlung über die Investitionsrechnung nach und kommt zu dem Ergebnis, daß der Kalkulationszinsfuß im Grunde kein innerbetrieblicher, subjektiver, sondern ein außerbetrieblicher und objektiver Zinsfuß sein müsse, da auch die Mittel zur Finanzierung der Investition der „Außenwelt" entnommen seien. Das könne aber nur der Marktzins sein[40]. Dürr unterstellt dabei als Prämisse entweder, daß die geplante Investition nur mit Fremdkapital finanziert wird oder daß das Eigenkapital mit demselben Zinssatz wie das Fremdkapital — nämlich dem am Markt für das Fremdkapital zu zahlenden Zinssatz — verzinst werden soll[41]. Derselben Meinung wie Dürr ist Hans *Scheffler:* „Bei der Finanzierung mit Fremdkapital ist der Kalkulationzinsfuß mindestens in der Höhe des Zinses anzusetzen, den der Investor für die Überlassung des Fremdkapitals zu zahlen hat. Die Knappheit des Kapitals erfordert, daß bei der Wirtschaftlichkeitsrechnung mit einem Zinsfuß gerechnet wird, der den tatsächlichen Knappheitsverhältnissen entspricht. Es ist also vom objektiven Marktzinsfuß auszugehen[42]." Scheffler spricht zwar von einem Kalkulationszinsfuß, der *mindestens* die Höhe des Marktzinses hat, läßt aber andererseits offen, für was und wie hoch dann eventuell ein Zuschlag auf den Marktzins gemacht werden soll. Wenn man hierbei noch zweifeln könnte, Scheffler unter die Befürworter des Marktzinses als Kalkulationszinsfuß zu rechnen, überzeugt er an anderer Stelle durch weitere Aussagen zu diesem Thema. Zur Höhe der Eigenkapitalverzinsung bemerkt er: „Auch bei der Eigenfinanzierung erscheint es zweckmäßig, den Soll-Marktzinsfuß zu wählen. Durch den Marktzins soll möglichst objektiv festgestellt werden, welche (der) Investitionsmöglichkeiten unter den gegebenen Umständen die vorteilhafteste ist[43]."

2. Neben der Aufgabe als Überbrückungsfaktor zeitlicher Divergenzen (Abzinsungsfaktor) wird vom Kalkulationszins häufig darüberhinaus in der Literatur die Aussage über eine vom Investor geforderte Mindestverzinsung der geplanten Investition verlangt. Das führt dazu, daß die Vorteilhaftigkeitsentscheidung unmittelbar aufgrund des

---

[39] Diskussionsbeitrag von Karl *Hax:* ebenda, S. 592 ff., hier S. 593.

[40] Vgl. *Dürr,* Karl: Investitionsrechnung, Bd. I: Allgemeine Investitionsrechnung und Grundlagen der Wirtschaftsmathematik, a.a.O., S. 113.

[41] Ob diese Prämisse der einheitlichen Verzinsung von Eigen- und Fremdkapital gerechtfertigt ist, wird an späterer Stelle untersucht werden. Vgl. 3. Teil, B., III., 2., b), (4).

[42] *Scheffler,* Hans Eberhard: Investitionen und ihre Wirtschaftlichkeit, Bremen 1961, S. 52.

[43] Ebenda, S. 53; vgl. auch ebenda, S. 55.

Rechenergebnisses der Kapitalwertmethode nach dem Schneiderschen Fundamentalprinzip I[44] gefällt werden kann. Bei positivem Kapitalwert (der Einnahmenüberschüsse) ist die geforderte Verzinsung des eingesetzten Kapitals bereits gewährleistet und die Investition damit vorteilhaft.

Die Vertreter dieser Ansicht gehen regelmäßig davon aus, daß der Kalkulationszinsfuß als geforderte Mindestverzinsung der geplanten Investition eine zusammengesetzte Größe darstelle. Der Kalkulationszins besteht dann aus

(1) einem Basissatz zuzüglich

(2) einem Zuschlagssatz.

Der Basiszins wird meist identifiziert mit dem Marktzins, und insofern bleibt auch für diesen ‚Kalkulationszinsfuß' — wir wollen ihn mit Horst *Schwarz* besser als ‚Rechenzinsfuß' bezeichnen[45] — der Einfluß des Marktzinses und das Problem einer Quantifizierung.

Der Zuschlag zum Marktzins soll dabei in der Regel folgende Aufgaben erfüllen:

„a) Berücksichtigung spezieller Risiken einer Investition (z. B. Auslandsrisikozuschlag[46], soweit nicht schon bei der Ermittlung des Ertragsstromes berücksichtigt),

b) Berücksichtigung zu erwartender erfolgssteuerlicher Belastungen,

c) Durchsetzung investitions*politischer* Gesichtspunkte der Kapitallenkung (z. B. Anweisung einer zu fordernden Mindestverzinsung)[47]." Häufig wird diese Forderung präzisiert als „das Opportunitätskosten-Prinzip (d. h. die Bewertung der Kapitalanlagen nach Gewinnchancen)"[48].

Von anderen Vertretern wird darüber hinaus noch gefordert, daß im Rechenzinsfuß berücksichtigt werden soll

d) die Kapitalstruktur der investierenden Unternehmung (Verhältnis von Eigen- zu Fremdkapital)[49].

---

[44] Vgl. *Schneider*, Erich: Wirtschaftlichkeitsrechnung, a.a.O., S. 24.

[45] *Schwarz*, Horst: Rationale Vorbereitung der Entscheidungen über größere Investitionsvorschläge, a.a.O., S. 96.

[46] Zu diesen Risiken im einzelnen vgl. *Hahn*, Oswald: Probleme der Kapitalerhaltung in Entwicklungsländern, in: Wirtschaftlichkeit — Wettbewerb — Werterhaltung. Vorträge des 19. Deutschen Betriebswirtschaftertages, Berlin 1966.

[47] *Schwarz*, Horst: Rationale Vorbereitung der Entscheidungen über größere Investitionsvorschläge, a.a.O., S. 98.

[48] *Kahl*, Hans-Peter: Die Methoden der Wirtschaftlichkeitsrechnung und ihre Bedeutung für die praktische Investitionspolitik, a.a.O., S. 14.

[49] Vgl. *Trechsel*, Fritz: Investitionsplanung und Investitionsrechnung, Bern 1966, S. 49 f.

Bekannteste Vertreter dieses Rechenzinses (als Kalkulationszins mit binaler Zielsetzung) sind vor allem Eugene L. *Grant*, Erich *Schneider*, Adolf *Moxter*, Hermann *Heiser*, Fritz *Trechsel* und Günther *Lange* sowie mit Einschränkungen Horst *Schwarz*[50].

Bei Eugene L. *Grant* bleiben Zweck und Höhe eines Zuschlages zum Marktzins noch völlig offen, wenn er schreibt: "The interest rate used in economy studies will frequently be considerably higher than the cost of money[51]", wenn man auch unterstellen darf, daß er an die Risiken einer Fehlinvestition denkt. Darauf aufbauend, variiert Erich *Schneider* den Rechenzinsfuß der Kapitalwertmethode mit der Finanzierungsform. Allerdings plädiert er nur bei Finanzierung durch Fremdkapital für einen Rechenzins, „der offenbar auf jeden Fall nicht kleiner sein (darf) als der Zinsfuß, den der Investor für die Überlassung von Fremdkapital zahlen muß. Wie groß der Unterschied zwischen beiden Zinssätzen im konkreten Fall sein wird, hängt davon ab, welche interne Verzinsung der Investor zu erzielen wünscht und welches Risiko mit der Durchführung der Investition verbunden ist. Je größer das mit der Durchführung der Investition verbundene Risiko ist, desto höher wird der Kalkulationszinsfuß im allgemeinen angesetzt werden“[52].

Schneider geht also vom Marktzinsfuß aus, will aber einen Risikozuschlag berücksichtigt wissen. Allerdings betont er an anderer Stelle die Alternativmöglichkeit des Risikoansatzes. „Statt die Höhe des Risikos im Ansatz des Kalkulationszinfußes zu berücksichtigen, kann man auch die erwarteten Einnahmen entsprechend niedriger ansetzen und dann mit dem Zinssatz des Marktes rechnen[53].“ Er glaubt jedoch, daß der Investor zum Ansatz des Risikos im Rechenzinsfuß neigt und bestrebt ist, „eher mit einem zu hohen als mit einem zu niedrigen Kalkulationszinsfuß zu rechnen. Der zu hohe Kalkulationszinsfuß dient als Sicherheitsventil gegen Fehler beim Ansatz der Einnahmen und Ausgaben“[54]. Da Erich Schneider sich im folgenden auch an diese Devise hält, glauben wir ihn richtig zu interpretieren, wenn wir ihn als Vertreter eines Zuschlages zum Marktzinsfuß bezeichnen.

Adolf *Moxter* führt aus, „daß der Kalkulationszinsfuß zwar nicht identisch ist mit dem Fremdkapitalzins, doch mit diesem regelmäßig

---

[50] Auch George *Terborgh* könnte hier angeführt werden. Auf seine Meinung werden wir jedoch im Zusammenhang mit der Erörterung der MAPI-Methode eingehen (vgl. S. 128 ff.).

[51] *Grant*, Eugene L.: Principles of Engineering Economics, 4. Aufl., New York 1960, S. 72 u. 79.

[52] *Schneider*, Erich: Wirtschaftlichkeitsrechnung, a.a.O., S. 66 f.

[53] Ebenda, S. 67.

[54] Ebenda, S. 68. (Schneiders ‚Kalkulationszins‘ entspricht unserem Rechenzins)

in gleicher Richtung variiert"[55], was besagen könnte, daß der Marktzins ein Bestandteil seines Rechenzinsfußes sein müsse.

Eindeutig legt sich Günther *Lange* fest: „Zunächst muß beachtet werden, daß der Kalkulationszinsfuß immer über dem langfristigen Zinsfuß des Kapitalmarktes liegen muß. Der Unterschied zwischen beiden ist um so größer, je größer das Risiko der geplanten Investition ist[56]." Günther Lange bezieht also nur das Risiko in den Zuschlag ein, dieses dafür aber um so allgemeiner gefaßt, so daß nach seinen Worten auch das generelle Unternehmerrisiko im Rechenzins erfaßt werden müßte.

Ebenso klar versucht Hans-Peter Kahl den Rechenzinsfuß in die oben genannten zwei Bestandteile zu zerlegen, nämlich in „einen *objektiven* Bestandteil, der einer potentiellen Verzinsung der Finanzinvestition (z. B. 8 % p. a.) entspricht, und einen *subjektiven* Bestandteil (z. B. 2 % p. a.), den der Unternehmer zum Ausgleich des Investitionsrisikos subjektiv für erforderlich hält"[57]. Die Verzinsung einer Finanzinvestition ist aber nichts anderes als der Marktzins am Kapitalmarkt.

Bei Hermann C. *Heiser* ist keine direkte Beziehung zwischen Rechenzinsfuß und Marktzinsfuß mehr erkennbar. Bei ihm ist der Rechenzinsfuß eine rein subjektive Größe. Die Folge ist, daß über die Höhe des Rechenzinses keine konkreten Aussagen allgemeingültiger Art mehr gemacht werden können. Einziger Anhaltspunkt ist die Einstellung des Investors zum geplanten Investitionsprojekt. „In jedem Falle muß die Verzinsung des eingesetzten Kapitals hoch genug sein, um einen ausreichenden Anreiz für den Einsatz des erforderlichen Kapitals zu bieten; es gibt jedoch keinen exakten Maßstab für eine ‚befriedigende' Verzinsung. Jeder Kapitalgeber wird vermutlich eine Vorstellung von der Verzinsung haben, die sein Kapital bringen sollte, diese Vorstellung wird jedoch von Zeit zu Zeit Schwankungen unterworfen sein. Trotzdem sollte die Unternehmensführung einen gewissen Standard vor Augen haben, unterhalb dessen freie Mittel nicht investiert werden[58]." Der Rechenzinsfuß soll also hier der Forderung einer angemessenen Mindestverzinsung gerecht werden, wobei kritisch anzumerken ist, daß der Anstoß zur Investition möglichst vom Absatzmarkt ausgehen sollte und nicht vom Vorhandensein ‚freier Mittel'!

---

[55] *Moxter,* Adolf: Die Bestimmung des Kalkulationszinsfußes bei Investitionsentscheidungen, a.a.O., S. 199.

[56] *Lange,* Günther, Die Investitionsfunktion, a.a.O., S. 88.

[57] *Kahl,* Hans-Peter: Die Methoden der Wirtschaftlichkeitsrechnung und ihre Bedeutung für die praktische Investitionspolitik, a.a.O., S. 14 (Hervorhebungen im Original).

[58] *Heiser,* Herman C.: Budgetierung, Grundsätze und Praxis der betriebswirtschaftlichen Planung, Berlin 1964, S. 40.

Nicht ganz so einfach macht es sich Horst *Schwarz*. Er sieht noch 1966 keine bessere Möglichkeit der Berücksichtigung individueller Verhältnisse eines geplanten Investitionsprojektes wie spezielle Risiken und Erfolgssteuerbelastungen, *soweit* diese nicht an den Rohgewinnen abgezogen werden können, als in einem Zuschlag zum Basiszins, da für solche Faktoren „die *detaillierte* Berücksichtigung regelmäßig nicht zweckmäßig (ist)“[59]. „Zwecks Erfassung derartiger Faktoren sind *ggf.* Zuschläge zum Basiszinsfuß zu machen. Als Basiszinsfuß sollte der für die nächsten Jahre im Durchschnitt zu erwartende Zinsfuß für Obligationen (der öffentlichen Hand und bestrenommierter Unternehmungen) sowie von Pfandbriefen gewählt werden, im Augenblick also 6—7 %[60].“

Horst Schwarz ist zwar hier bedingter Befürworter eines Risikozuschlages auf den reinen Abzinsungsfaktor, identifiziert diesen aber mit dem Kapitalmarktzinsfuß für Obligationen. Er nimmt es damit auf sich, nicht nur den Begriff des Marktzinses generell anzuführen, sondern diesen zu konkretisieren und operationabel zu gestalten. In seiner 1967 erschienenen Abhandlung („Optimale Investitionsentscheidungen“) bringt Schwarz jedoch seine Skepsis gegen die Berücksichtigung eines Zuschlages zum Marktzinsfuß zum Ausdruck. „Wegen der ... unübersichtlichen und relativ starken Beeinflussung des Ergebnisses der Abzinsungsrechnung im Falle einer überschlägigen Korrektur des Rechenzinsfußes sind regelmäßig Zuschläge nicht nur mit größter Vorsicht zu empfehlen. ... Bereits die Berücksichtigung spezieller Risiken oder gar die Berücksichtigung der zu erwartenden Erfolgssteuerbelastung durch einen Zuschlag zum Basiszinsfuß ist problematisch. ... Es kann folglich nur ein Zuschlag zum Zwecke der Sicherstellung einer Mindestverzinsung empfohlen werden. Aber auch in dieser Hinsicht ist Vorsicht geboten[61].“ Schwarz gibt dann im folgenden einen Katalog von drei Sonderfällen, in denen allein ein Zuschlag zum Marktzinsfuß in genanntem Umfange ‚vertretbar sein dürfte‘. Die seiner Meinung nach „ziemlich konkreten Vorschläge für ... die Ermittlung des Rechenzinsfußes“[62] zeichnen sich allerdings u. E. großenteils durch probabilistische Formulierungen aus, die lediglich als Verifizierungsversuche der von ihm genannten allgemeinen Regeln angesehen werden könnten.

3. Um das Ergebnis unserer Untersuchung vorweg zu nehmen: Wir sind der Ansicht, daß allein der Marktzins als Kalkulationszins den

---

[59] *Schwarz*, Horst: Rationale Vorbereitung der Entscheidungen über größere Investitionsvorschläge, a.a.O., S. 97 (Hervorhebungen vom Verfasser).

[60] Ebenda, S. 98.

[61] *Schwarz*, Horst: Optimale Investitionsentscheidungen, a.a.O., S. 51 f.

[62] Ebenda, S. 53.

richtigen Ansatz vermittelt. Die Funktion des oben erörterten Zuschlages kann weitaus besser an anderer Stelle der Investitionsentscheidung berücksichtigt werden. Der Ansatz dieser Größen im Rechenzinsfuß ist zum großen Teil nur durch willkürliche Zuordnung möglich. Der einfachste Weg allein ist noch keine Rechtfertigung. Die zu beachtenden individuellen Faktoren wie Risiko bzw. Mindestverzinsung und Erfolgsbesteuerung können im Rahmen der Investitionsentscheidung wesentlich effektvoller bei den Faktoren in Ansatz gebracht werden, mit denen sie in unmittelbarem betriebswirtschaftlich relevantem Zusammenhang stehen. Neben diesen Gründen der Ablehnung von Zuschlägen auf den Marktzinsfuß stimmen wir darüberhinaus der Meinung Hans-Peter *Kahls* zu, daß mit den damit an den Rechenzinsfuß gestellten Anforderungen „dieses Instrument, das eigentlich nur die zu unterschiedlichen Zeitpunkten erfolgenden Zahlungen vergleichbar machen sollte, *restlos überfordert* ist“[63]. Der Rechenzinsfuß wird durch diese Vielzahl unsicherer Varianten selbst zum Unsicherheitsfaktor. Die mit ihm diskontierten Einzahlungsüberschüsse — der Kapitalwert der geplanten Investition — werden ihrer absoluten Höhe nach zu einem aussagelosen Kriterium. Lediglich das Vorzeichen des Kapitalwertes kann noch Entscheidungskriterium sein[64].

i. Der Ansatz eines Risikozuschlages im Rechenzinsfuß als Maßnahme der Risikopolitik des Investors soll das Risiko einer Fehlinvestition *mindern*. Damit wird jedoch höchstens *eine* Seite der unternehmerischen Risikopolitik getroffen. Der Zweitausprägung des Sicherheitsstrebens, der *Vermeidung* von Fehlinvestitionen, könnte durch einen Risikozuschlag nur dann begegnet werden, wenn dieses generelle Verlustrisiko quantifizierbar wäre und aufgrund seines Ausmaßes einen negativen Kapitalwert herbeiführen würde. Die Quantifizierung eines Risikos wird aber — sofern sie überhaupt möglich ist — mit zunehmender Höhe des Risikos immer schwieriger und stößt bald an die Grenzen einer operationablen Prognose. Selbst wenn man von diesen strukturellen Zusammenhängen absieht, läuft der Ansatz eines Risikozuschlages zumindest darauf hinaus, daß das Investitionsrisiko um so geringer werden müßte, je höher der Rechenzinsfuß gewählt wird. Diese Konsequenz zeigt deutlich, daß die Einbeziehung eines Risikozuschlages im Kalkulationszinsfuß „ein Trugschluß funktionaler Abhängigkeit zwischen Risiko und Zins“[65] ist. “It is practically im-

[63] *Kahl*, Hans-Peter: Die Methoden der Wirtschaftlichkeitsrechnung und ihre Bedeutung für die praktische Investitionspolitik, a.a.O., S. 14 (Hervorhebungen vom Verfasser).

[64] Vgl. *Schneiders* Fundamentalprinzip I. *Schneider*, Erich: Wirtschaftlichkeitsrechnung, a.a.O., S. 24.

[65] *Heister*, Matthias: Rentabilitätsanalyse von Investitionen, a.a.O., S. 85, Anm. 88; vgl. auch *Schindler*, Heinz: Investitionsrechnungen in Theorie und Praxis, a.a.O., S. 136.

possible to compensate for a risky investment by increasing the rate of interest as though it were an insurance premium[66]." Durch einen höheren Zinsfuß wird das effektive Risiko einer Fehlinvestition in keiner Weise vermindert, geschweige denn kompensiert. Allenfalls könnte man die durch einen ‚zu hohen' Rechenzinsfuß rechnerisch entstehenden Stillen Reserven als Schadensvorsorge betrachten. Dieses Vorgehen muß jedoch unter dem Blickwinkel der Zwecksetzung der Rentabilitätsrechnung abgelehnt werden. Es muß beachtet werden, „daß nicht die Ausschaltung, sondern die Kenntlichmachung (von Risiken; d. Verf.) Aufgabe der Investitionsuntersuchung ist ..."[67]. Der *Unsicherheit* des Schadeneintritts, die verkörpert ist im Risiko, steht regelmäßig auch eine Chance als Gegenpol gegenüber. Damit der Investor die Durchführungsentscheidungen positiv fällt, muß er der Chance einen subjektiv größeren Wahrscheinlichkeitsgrad des Eintritts beimessen als dem Risiko der Fehlinvestition. Das bedeutet, daß der Investor letztlich einen Risikozuschlag im Rechenzinsfuß veranschlagt in der Hoffnung, daß die effektive Kapitalverzinsung jedoch höher ausfällt als die „pessimistische Wirtschaftlichkeitsrechnung". Damit soll jedoch nicht gesagt sein, daß der Investor das Risiko einer Fehlinvestition überhaupt nicht beachten soll. Wir schließen uns der Unterteilung von Horst Schwarz in Spezielle Risiken — wie Unsicherheit der Bewährung eines neuen Produktionsverfahrens — und das Allgemeine Unternehmerrisiko an. Die Unvorhersehbarkeit der Lebens- und Nutzungsdauer — ein solches Spezielles Risiko — wird doch zweifellos am ehesten bei der Prognose der Amortisationszeit die ‚richtige' Berücksichtigung finden; ähnlich liegt der Fall bei der erwähnten Unsicherheit einer Bewährung des neuen Produktionsverfahrens, u. E. wird man diesem Risiko am besten durch entsprechend vorsichtige Prognostizierung der Einzahlungen gerecht. Den Alternativvorschlag von Erich Schneider[68] — die speziellen Investitionsrisiken bei der Prognose der Einnahmenüberschüsse zu veranschlagen — wollen wir insofern als den uns allein richtig erscheinenden übernehmen.

Die nicht zurechenbaren, vielleicht sogar nicht einmal quantifizierbaren allgemeinen Risiken sollten nicht in der Rechnung, sondern im Bewertungsvorgang der Entscheidung berücksichtigt werden. Wenn die Einzahlungsüberschüsse mit dem Marktzinsfuß abgezinst werden, so hat der Investor im Kapitalwert nicht nur ein Entscheidungskriterium

[66] *Fisher,* Irving: The Nature of Capital and Income, a.a.O., S. 406.

[67] *Schwarz,* Horst: Die Bedeutung der Forschung und Entwicklung für die Investitionspolitik, Vortrag auf dem 13. Deutschen Betriebswirtschafter-Tag, Berlin 1960; abgedruckt in: Wirtschaftlich führen — wirtschaftlich investieren, hrsg. v. der Deutschen Gesellschaft für Betriebswirtschaft, Berlin 1960, S. 360.

[68] Vgl. *Schneider,* Erich: Wirtschaftlichkeitsrechnung, a.a.O., S. 67; vgl. auch S. 102.

über die Vorteilhaftigkeit einer Investition, sondern er kann ohne besondere Umstände auch die Höhe der Kapitalverzinsung, also den Internen Zinsfuß der Investition über ihre gesamte Lebensdauer ermitteln. Diese stellt sich als Prozentsatz des Kapitalwertes zum Barwert der Auszahlungen dar. Dagegen läßt sich bei Kapitalwertrechnungen mit dem manipulierten Rechenzins die Rendite nicht mehr den Erwartungen des Investors gemäß bestimmen. Sie wird vielmehr niedriger sein, aber nicht nur um den linearen Satz des Risikozuschlages, dessen Auswirkungen durch die Abzinsungsrechnung potenziert wurden, so daß keine realitätsnahe Ergebnisbeurteilung mehr möglich ist.

Der Ansatz eines Risikozuschlages bewirkt, daß jede Aus- und Einzahlung höher diskontiert wird. Die Barausgaben der Investition stellen sich also geringer und gleichen dadurch — sicher ungewollt — die Verminderung der abgezinsten Einzahlungen zumindest zum Teil wieder aus. Der Risikozuschlag hat bei den Auszahlungen also eine seiner Zielsetzung entgegengesetzte Wirkung.

Des weiteren beinhaltet jeder einheitliche Abzinsungsfaktor für Aus- und Einzahlungen die Prämisse, daß die sowohl aus der Investition vorzeitig fließenden Einzahlungen als auch später als geplant einzusetzende Auszahlungen mit demselben Zinssatz weiterverzinst werden bzw. verzinst waren wie der Kapitaleinsatz der planmäßigen Investition, also mit dem Kalkulationszinsfuß. Davon abweichende Verzinsungen ergeben auch eine Änderung der errechneten Durchschnittsrendite des Kapitaleinsatzes für die Planungsperiode. Aus dieser Sicht gibt es keine Rechtfertigung für eine höhere Verzinsung aufgrund des Risikos dieser speziellen Investition, wenn bei anderweitigem Anschlußeinsatz innerhalb der Unternehmung für diese Beträge andere — höhere oder geringere, wohl aber kaum zufällig dieselben — Zinsen erwirtschaftet werden können bzw. wenn bei Ausleihung dieser vorzeitig entnommenen Gewinnelemente der Marktzins vergütet wird.

ii. Die oben genannte Verringerung der Aussagekraft des Kapitalwertes können wir auch als Argument gegen die Forderung einwenden, der Kalkulationszins müsse einer vom Investor subjektiv geforderten Mindestverzinsung Ausdruck verleihen. Erich *Schneider* stellt darauf ab, daß der Kulkulationszinsfuß ein Zinsfuß von der Höhe ist, „der eine bestimmte vom Investor als *angemessen angesehene* Größe nicht unterschreitet“[69]. Diese Aussage stellt auf die rein subjektive Einstellung des Investors ab, ist insoweit keine allgemeingültige Quanti-

[69] *Schneider*, Erich: Wirtschaftlichkeitsrechnung, a.a.O., S. 22 (Hervorhebungen vom Verfasser); vgl. auch ders.: Einführung in die Wirtschaftstheorie, II. Teil, a.a.O., S. 166.

fizierungsmaxime. Versucht man, gemäß dieser Anweisung einen Kalkulationszins einer bestimmten Investition zu ermitteln, so gibt diese Regel dem Investor aufgrund ihrer Vieldeutigkeit nur in Ausnahmefällen die Möglichkeit, einen Zins definitiv und zugleich rational zu quantifizieren. Was hier nicht unterschritten werden soll, könnten allenfalls noch die Fremkapitalkosten — wiederum der Marktzins — sein. Dabei werden allerdings Überlegungen der zu fordernden Mindestverzinsung einbezogen, was wir aus Gründen einer klaren Trennung zwischen Analyse und Wertung ablehnen müssen.

iii. Einen letzten Grund gegen die Verwendung eines höheren Zinsfußes als den Marktzinsfuß sehen wir in der Zwecksetzung der Wirtschaftlichkeitsrechnungen. Sie sollen den quantifizierbaren Teil der Einzeldaten durch Aufbereitung zu *einem* Entscheidungskriterium verarbeiten. Über die Vorteilhaftigkeit der Investition kann der Investor aber erst unter Einbeziehung aller Fakten — auch der nicht quantifizierbaren — entscheiden. Die Implizierung des generellen Unternehmerrisikos in den Rechenzinsfuß nimmt aber die Entscheidung über die Bereitschaft des Unternehmers, bis zu welchem Ausmaß er Risiko in Kauf nehmen will, vorweg. Eine echte rationale Unternehmerentscheidung wird ja gerade durch bewußtes Abwägen von Risiko und Chance gefällt. Da die Vorteilhaftigkeitsrechnung der Chance Ausdruck verleihen soll, darf deren Aussage nicht von vornherein durch Berücksichtigung eines Risikozuschlages verfälscht werden.

Darüber hinaus können nur bei isolierter Gegenüberstellung die zwischen Risiko und Chance herrschenden Spannungen und Interdependenzen durch den Unternehmer richtig eingeschätzt werden. Das Risiko bedingt nicht nur eine gewisse Höhe der Kapitalrendite, sondern die Verzinsung kann auch stimulierend oder hemmend auf die unternehmerische Bereitschaft wirken, ein Wagnis einzugehen. Diese Interdependenz kann nur dadurch mit in die *rationale* Entscheidungsfindung einbezogen werden, daß das Risiko erst bei der Durchführungsentscheidung in Ansatz gebracht wird, wobei es dann nicht mehr in starren Werten quantifiziert zu werden braucht. Bei einem Kapitalwert einer geplanten Investition mit z. B. DM 250.000,— ist es ziemlich irrelevant, ob bei einem Kapitaleinsatz von DM 100.000,— das Unternehmerrisiko mit DM 20.000,—, DM 25.000 oder gar DM 30.000,— zu veranschlagen wäre. Die Vorteilhaftigkeit der Investition wird man trotzdem bejahen und kann darüber hinaus das schwer zu schätzende Risiko mit einer gewissen Streuungsbreite einbeziehen.

Aufgrund der angeführten Argumente kann u. E. der Kalkulationszins nur in Höhe des langfristigen Marktzinses in den Wirtschaftlichkeitsrechnungen Verwendung finden. Ein jedoch in der Literatur nur sehr wenig erhobener, u. E. aber schwerwiegender Einwand gegen die Verwendung des Marktzinsfußes als Kalkulationszins könnte darin liegen, daß er nicht in das System der Größen passe, die zueinander in Beziehung gesetzt werden müssen, um eine *aussagefähige* Relation zu erhalten. Es geht hier um das Problem, welche Kriterien *zusammen* unter dem Gesichtspunkt der Zielsetzung der Wirtschaftlichkeitsrechnung verarbeitet werden können. Diese Forderung ist dann vollständig erfüllt, wenn nur Größen einheitlicher Gattung und desselben ökonomischen Tatbestandes enthalten sind. Konkret auf unser Problem bezogen bedeutet das, daß nur finanzwirtschaftliche oder nur leistungswirtschaftliche Größen herangezogen werden dürfen. Dem Marktzinsfuß als finanzwirtschaftlicher Größe müßten also Kriterien finanzwirtschaftlicher Art gegenübergestellt werden. Andererseits muß bei Verwendung leistungswirtschaftlicher Daten, z. B. Aufwendungen und Erträgen, diesen ein leistungsbezogener Verrechnungszins zugeordnet werden. Dieser kann zwar auch vom Marktzins abgeleitet sein, muß aber dessen Gesetzmäßigkeiten keineswegs mehr erfüllen, da ein Geltungsbereich betriebindividuell ist; er stellt also einen subjektiven Abzinsungsfaktor dar, den wir bereits aus anderen Gründen ablehnten. Trotzdem müßte man unter dem Gesichtspunkt der zu ermittelnden Rentabilität des Investitionsprojektes im Sinne einer kapital-gewinnorientierten Rentabilität zu dem Schluß kommen, daß korrekterweise *nur* mit leistungswirtschaftlichen Größen gerechnet werden dürfte, weil der Gewinn die Differenz zwischen Erträgen und Aufwendungen darstellt.

In der Fachliteratur halten sich tatsächlich beide oben angeführten Ansichten. Bestimmte Vertreter plädieren für die Verwendung rein innerbetrieblicher Größen in den Wirtschaftlichkeitsrechnungen, nämlich Aufwand und Ertrag[70], wobei sie dann den Schluß zur Berücksichtigung eines rein innerbetrieblichen Verrechnungszinses nur zum Teil ziehen, andere vertreten die Meinung, Zahlungsgrößen (Auszahlungen und Einzahlungen bzw. teilweise auch Ausgaben und Einnahmen) mit dem Marktzins mit oder ohne Risikozuschlag zu kombinieren.

[70] Vgl. u. a. *Gutenberg*, Erich: Der Stand der wissenschaftlichen Forschung auf dem Gebiet der betrieblichen Investitionsplanung, a.a.O., S. 568 f.; *Seischab*, Hans: Über Wirtschaftlichkeit und Wirtschaftlichkeitsrechnung, in: Aktuelle Betriebswirtschaft, Festschrift für Konrad Mellerowicz, Berlin 1952, S. 103 ff.; *Hansen*, Alvin H.: Monetary Theory and Fiscal Policy, New York 1949, S. 58; *Stackelberg*, Heinrich von: Grundlagen der Nationalökonomie, a.a.O., S. 91; *Lehnert*, Paul R.: Rationeller Kapitaleinsatz, Bd. 6 der IdW-Schriftenreihe, Düsseldorf 1954, S. 92; *Schwarz*, Horst: Optimale Investitionsentscheidungen, a.a.O., S. 50; *Brandt*, Horst: Investitionspolitik des Industriebetriebs, a.a.O., S. 93 f.; *Lutz*, Friedrich A. und Vera: The Theory of Investment of the Firm, a.a.O., S. 8 u. 56 ff.

Wolfgang *Lücke* ist der Auffassung, daß die wissenschaftlichen Arbeiten die Tendenz hätten, mehr mit Aufwendungen als mit Ausgaben zu rechnen[71]. Es lassen sich jedoch eine ganze Reihe namhafter Wissenschaftler finden, die allein den Zahlungsgrößen Aus- und Einzahlungen die hier zur Debatte stehenden Funktionen beimessen[72]. Da sich Auszahlungen und Aufwendungen in der Regel nicht decken, führt die Verwendung der einen oder anderen Größe in den Wirtschaftlichkeitsrechnungen zu unterschiedlichen Ergebnissen. Zur Beurteilung, welche der beiden Größengattungen für die Investitionsrechnung die richtige ist, müssen wir uns wieder am Ziel der Investitionsrechnung ausrichten. Festgestellt werden soll die Vorteilhaftigkeit einer geplanten Investition. Die hier zu ermittelnde kapital-gewinn-orientierte Rentabilität wird als das Verhältnis von Gewinn zu Kapitaleinsatz bestimmt. Gewinn wird als Differenz zwischen Erträgen und Aufwendungen bestimmt, nicht als Unterschied von Ein- und Auszahlungen. Die Divergenz zwischen den beiden Methoden liegt in der sachlichen und zeitlichen Zurechenbarkeit. Aus- und Einzahlungen sind finanzwirtschaftliche, also unternehmungsbezogene, Aufwendungen und Erträge dagegen sind leistungswirtschaftliche, also betriebsbezogene Größen. Finanzwirtschaftliche und leistungswirtschaftliche Größen hängen nun zwar durch den Umsatzprozeß zusammen, decken sich aber aufgrund ihrer unterschiedlichen Zwecksetzungen regelmäßig weder betragsmäßig noch zeitlich. Die sachlichen Unterschiede können wir dadurch bereinigen, indem wir auf das einzelne Investitionsobjekt abstellen und annehmen, daß der Kaufpreis und die Montagekosten unverändert als Aufwand in die Betriebsrechnung eingehen. Die periodenmäßige Abgrenzung der Aufwendungen dagegen ist für die Wirtschaftlichkeitsrechnung eines Projektes störend. Die voraussichtliche Rentabilität soll ja für die gesamte Lebensdauer der Investition ermittelt werden. Bei der Ermittlung der Rentabilität einer Investition ist deshalb die für die Rechnungslegung der Unternehmung notwendige künstliche Zeittrennung in Rechnungsperioden nicht erforderlich. Wir können also hier nur mit einer Rentabilität der Unternehmung über die gesamte Zeit ihres Bestehens vergleichen. Bei dieser Totalrentabilität im Sinne Wilhelm *Riegers* sind nur noch die finanzwirtschaftlichen Größen des Geldeinsatzes (des Geldeinsatzes zur Gründung und Erhaltung der Unternehmung) und des ‚geldlichen Ertrages' (bei Auflösung der Unter-

---

71 Vgl. *Lücke,* Wolfgang: Investitionsrechnungen auf der Grundlage von Ausgaben oder Kosten?, in: ZfhF NF 7. Jg. (1955), S. 310—324, hier S. 311.

72 Vgl. *Schneider,* Erich: Wirtschaftlichkeitsrechnung, a.a.O., S. 4; *Schindler,* Heinz: Investitionsrechnungen in Theorie und Praxis, a.a.O., S. 6 f. u. S. 44; *Boulding,* Kenneth E.: Time and Investment, a.a.O., S. 196 (vgl. auch Anm. 17, S. 15); *Lücke,* Wolfgang: Investitionsrechnung — aber wie?, in: DV 19. Jg. (1965), S. 152 f.

nehmung) relevant. Rieger nennt dies den Prozeß des Wiedergeldwerdens. Hier handelt es sich um reine Zahlungsgrößen. Wir können daher ebenso bei Betrachtung einer geplanten Investition über deren gesamte Lebensdauer davon ausgehen, daß ihre Vorteilhaftigkeit „letztlich durch die von ihr ausgelösten Einnahmen und Ausgaben während der Nutzungsdauer bestimmt (wird), denn erst der Zahlungsmitteleingang und die effektiven Ausgaben (das entspricht unseren Begriffen Einzahlung und Auszahlung; d. Verf.) sind — theoretisch betrachtet — die relevanten Faktoren der Rentabilität ...“[73]. Wir teilen diese Meinung von *Schwarz*, versuchen es aber dadurch exakter auszudrücken, daß wir in Anlehnung an Erich *Schneider*[74], Wolfgang *Lücke* und Oswald *Hahn* die zeitliche Determiniertheit des Zahlungsmittel*eingangs* bzw. *-ausgangs* durch die Termini Einzahlung und Auszahlung (aus der Sicht des Investors) ausdrücken.

Damit ist jedoch die Verwendung der Größen Aufwand und Ertrag in den Wirtschaftlichkeitsrechnungen nicht unmöglich geworden, wenn sich zwischen den auf den finanzwirtschaftlichen Bereich bezogenen Begriffen der Aus- und Einzahlung und den auf den leistungswirtschaftlichen Bereich bezogenen Ausdrücken Aufwand und Ertrag eine quantitätsmäßige Relation herstellen läßt. Dies ist vor allem deshalb von Bedeutung, weil die Praxis in der Investitionsrechnung überwiegend mit Daten aus dem Rechnungswesen, insbesondere eben Aufwendungen und Erträgen, arbeitet[75]. Das ist arbeitstechnisch praktikabler, da wir „z. T. Daten der innerbetrieblichen Kosten- und Leistungsrechnung für die Zwecke der Abschätzung der direkten und indirekten Auswirkungen der Investitionen verwenden können und (da) im allgemeinen Aufwände (bzw. Kosten) und Erträge (bzw. Leistungen) leichter und treffsicherer zu schätzen sind als die dadurch bedingten Ausgaben und Einnahmen“[76]. Die Beziehungen zwischen diesen beiden Umsatzpaaren zeigt Wolfgang *Lücke* in sehr anschaulicher und praktikabler Weise auf; verschiedene Meinungen in dieser Hinsicht könnten so auf einen Nenner gebracht werden[77]. Die Angleichung der Kosten an die Auszahlungen wird durch Einbeziehung kalkulatorischer Zinsen erreicht. Die Höhe dieses Zinsfußes soll dem Abzinsungsfaktor entsprechen, mithin dem Marktzinsfuß.

Es sei jedoch nochmals ausdrücklich betont, daß erreicht werden muß, die Aufwendungen und Erträge durch bestimmte Operationen zu finanz-

---

[73] *Schwarz*, Horst: Optimale Investitionsentscheidungen, a.a.O., S. 50.

[74] Vgl. *Schneider*, Erich: Wirtschaftlichkeitsrechnung, a.a.O., S. 6, Anm. 1.

[75] Vgl. *Gutenberg*, Erich, Untersuchungen über die Investitionsentscheidungen industrieller Unternehmen, a.a.O., S. 197 ff. u. 207 ff.

[76] *Schwarz*, Horst: Optimale Investitionsentscheidungen, a.a.O., S. 50 f.

[77] Vgl. *Lücke*, Wolfgang: Investitionsrechnungen auf der Grundlage von Ausgaben oder Kosten?, a.a.O., S. 313.

wirtschaftlichen Größen zu machen. Die Aus- und Einzahlungen sind damit nach wie vor die einzig relevanten Faktoren der Investitionsrechnung. Sie verlangen als Zahlungsgrößen die Verwendung des Marktzinses als Diskontierungsfaktor. Die Notwendigkeit einer Umformung der Aufwendungen/Erträge auf Auszahlungen/Einzahlungen sehen auch die Vertreter der Anwendung des erstgenannten Umsatzpaares ein. Horst *Schwarz* bringt das dadurch zum Ausdruck, daß er das dem Aufwandsbegriff implizierte Moment der Periodisierung der Beträge ausschalten will. Bei der Verwendung des Begriffspaares Aufwand/Ertrag „ist allerdings zu beachten, daß insbesondere im Hinblick auf hohe Anlaufkosten eine Periodisierung und Normalisierung des Kostenanfalles — entgegen allen Kostenrechnungs- und Bilanzgrundsätzen — bei Investitionsrechnungen nicht vorgenommen werden dürfen, weil es hier darum geht, der effektiven *Einnahmen-Ausgaben*entwicklung *möglichst nahe zu kommen*“[78]. Zur Ergänzung muß jedoch noch hinzugefügt werden, daß diese rechnerische Angleichung der Kosten an die Auszahlungen nur dann notwendig ist, wenn — was das normale ist — die geplante Investition sich nicht auf die gesamte Lebensdauer der Unternehmung erstreckt. Ist das der Fall, so entsprechen sich Kosten und Auszahlungen[79].

Mithin kommen wir auch nach Erörterung dieser Frage zu keinem anderen Ergebnis: Als Abzinsungsfaktor der Auszahlungs- und Einzahlungsreihen der Wirtschaftlichkeitsrechnungen kommt u. M. nach nur der langfristige Marktzinsfuß in Frage, und zwar ohne irgendwelche Zuschläge. Der von der h. M., insbesondere von Erich *Schneider* vertretenen Auffassung, daß der Marktzins zwar als Basis des Diskontierungsfaktors anzuwenden sei, jedoch ein Risikozuschlag ebenso zu berücksichtigen sei wie die Gewinnerwartungen des Investors[80], können wir uns aus den genannten Gründen nicht anschließen.

c) Die Quantifizierung des Kalkulationszinses durch den Marktzins — in statischer Sicht —

Bei der Anwendung des Marktzinsfußes als Abzinsungsfaktor ergeben sich neue Probleme, die bei der Verwendung eines subjektiven Zinssatzes übergangen werden können. Dazu gehört die Frage eines einheitlichen Abzinsungsfaktors für Aus- *und* Einzahlungen, die sich aus den unterschiedlichen Zinsen ableitet, die am Markt für die Zurverfügung-

---

[78] *Schwarz*, Horst: Optimale Investitionsentscheidungen, a.a.O., S. 51 (Hervorhebungen vom Verfasser).

[79] Den Beweis liefern sowohl Wilhelm *Rieger* mit seiner nominalistischen Auffassung und Eugen *Schmalenbach* mit seiner dynamischen Bilanztheorie.

[80] Vgl. *Schneider*, Erich: Wirtschaftlichkeitsrechnung, a.a.O., S. 66 f.

stellung und die Inanspruchnahme von Geld, Kredit und — mit Einschränkungen — Kapital berechnet werden. Abgeleitet werden kann das aus dem Ursprung des Zinses überhaupt. „Die Ursache, welcher der Reinzins seine Existenz verdankt, ist nichts anderes als ein Wertschwellen der anfangs minderwertigen, aber während der Gebrauchsdauer in die Gegenwart ein-, oder wenigstens ihr näher rückenden künftigen Nutzleistungsraten"[81] des Kapitals. Aus diesem Grund nannten wir den Zins Zeitüberbrückungsfaktor (vgl. Tab. 1, S. 44). Durch diesen Wertzuwachs im Zeitablauf wird der Erwerb von Verfügungsmacht über Kapital für den Unternehmer erstrebenswert. Das bedingt andererseits die Knappheit des Kapitalangebots. „Die Hauptaufgabe des Zinses liegt unter solchen Verhältnissen in der notwendigen Begrenzung der Nachfrage nach Kapitaldisposition, also in erster Linie in der Begrenzung der Nachfrage nach den Diensten der dauerhaften Güter"[82], mit anderen Worten, der Investitionsgüter. Das wiederum erklärt einesteils die Struktur der höheren Leihzinsen gegenüber den Kapitalanlagezinsen auf dem Kreditmarkt. Die Knappheitsverhältnisse finden ihren Ausdruck im Marktgeschehen. Dieser Markt bedarf einer Organisation. Träger dieser Ordnung sind Banken und andere Finanzierungsinstitute. Ihnen steht aufgrund der von ihnen übernommenen Transformationsfunktion eine Gewinnmarge zu, die anderenteils die unterschiedlichen Zinssätze für Kapitalangebot und -nachfrage bedingt. Die Bank übernimmt die ursprünglich von den originären Marktpartnern vorgenommene Preisverhandlung nach den Gesetzen des Marktmechanismus.

Aus der Sicht des Investors wären deshalb grundsätzlich zur Abzinsung seiner Auszahlungen — er ist also Kapitalgeber — die Habenzinssätze entsprechender Fristigkeit, zur Abzinsung seiner Einzahlungen — er ist Kapitalnehmer — die Sollzinssätze anzusetzen[83]. Da die betragsmäßigen Unterschiede innerhalb der Haben- und Sollzinsen auf die unterschiedliche Anlagedauer zurückzuführen sind, ist besonders auf Fristenkongruenz zwischen Marktzins und Investitionsdauer zu achten. Die Nutzungsdauer reguliert somit die Auswahl unter den verschiedenen Haben- und Sollzinssätzen.

---

[81] *v. Böhm-Bawerk*, Eugen: Kapital und Kapitalzins, II. Abt., 1. Bd. Positive Theorie des Kapitals, a.a.O., S. 416.

[82] *Cassel*, Gustav: Theoretische Sozialökonomie, a.a.O., S. 223 f.

[83] Vgl. auch *Dürr*, Karl: Investitionsrechnung, Bd. I, a.a.O., S. 120. Auch Martin *Lohmann* befürwortet unterschiedliche Zinssätze für Ausgaben und Einnahmen, argumentiert jedoch mit der unterschiedlichen Unsicherheit der Erwartungen. Daraus glauben wir entnehmen zu können, daß er diese unterschiedliche Behandlung lediglich auf einen Risikozuschlag zum Marktzinsfuß angewendet wissen will und das hier angesprochene Problem unterschiedlicher Marktzinsfüße nicht berücksichtigt. Vgl. *Lohmann*, Martin: Einführung in die Betriebswirtschaftslehre, 2. Aufl., Tübingen 1955, S. 164 f.

Dieser Überlegung kommt — obwohl sie konsequenterweise richtig ist — in der Praxis jedoch kaum Bedeutung zu, und zwar deshalb, weil umfangreiche Investitionsrechnungen in der Regel nur für langfristige Projekte erstellt werden. Die Divergenz zwischen Soll- und Habenzinsen bezieht sich auf den kurz- und mittelfristigen Bereich und nimmt mit Erhöhung des Betrachtungszeitraumes ab. Am Kapitalmarkt schließlich verschmelzen Soll- und Habenzinssätze zu einem Zinsfuß für Obligationen, Pfandbriefe, Anleihen etc. Insofern existiert das Problem differenzierter Abzinsungssätze für die Zahlungsreihen nur bei kurz- und mittelfristigen Investitionsprojekten mit Finanzierung über Banken.

1. Diese in der Literatur generell vorgenommene Vereinfachung auf *einen* Zinssatz impliziert zwei wenig wirklichkeitsnahe Prämissen:

(a) die Einheit des Kapitalmarktzinsfußes kann der Investor seiner langfristigen Betrachtung nur dann zugrunde legen, wenn ihm der Kapitalmarkt sowohl auf der Anbieter- als auch auf der Nachfragerseite zugänglich ist[84].

Für die Anbieterseite ist das unproblematisch. Bei funktionsfähigem Kapitalmarkt kann jedermann über die Vermittlung der Banken sein Geld am Kapitalmarkt anlegen. Schwieriger ist die Angelegenheit auf der Nachfragerseite. Nur bestimmte Unternehmungen erfüllen die Voraussetzungen der Emission und Börsenzulassung von Wertpapieren. Für das Gros der Investoren bleibt diese Möglichkeit des direkten Zuganges verschlossen. Der Marktzinsfuß für ihre Einzahlungen kann also ohne weiteres vom Kapitalmarktzinssatz abweichend ermittelt werden.

(b) Selbst für diejenigen, für die der Kapitalmarkt in beiderlei Hinsicht offensteht, ist der *lang*fristige Marktzins nur dann der exakte Abzinsungssatz, wenn eine ebenfalls langfristige Alternativverwendung vorgesehen ist. Problematisch wird die Ermittlung eines Zinssatzes in dieser Hinsicht insbesondere bei Selbstfinanzierung des Projektes. Häufig ist es doch der Fall, daß momentan nicht investierte Mittel vorübergehend kurzfristiger Verwendung zufließen. Nach der Forderung der Theorie müßten hier wiederum die divergierenden Marktzinssätze der kurzfristigen Sicht Berücksichtigung finden. In der Praxis kann man jedoch dieser Forderung regelmäßig nicht Genüge tun, da die beste alternative Verwendung, hinsichtlich der Bindungsdauer und damit auch des Zinsfußes, dem Investor im voraus nicht bekannt ist oder undurchführbar ist, weil die optimalen Lösungen der Theorie

---

84 Der Beweis hierzu kann beim Vergleich zweier alternativer Investitionsmöglichkeiten erbracht werden. Vgl. *Schneider*, Erich: Wirtschaftlichkeitsrechnung, a.a.O., S. 32 ff.

an praktischen Schwierigkeiten scheitern. So wird man sich mit dem einheitlichen langfristigen Marktzins zufriedengeben müssen. Seine Verwendung sollte allerdings die Einwendungen nicht vergessen lassen. Konkret etwa könnte mit Horst *Schwarz* als Marktzinsfuß dann „der Zinsfuß für Obligationen (der öffentlichen Hand und bestrenommierter Unternehmungen) sowie von Pfandbriefen“[85] angesehen werden. Auch der Vorschlag einer einheitlichen Verwendung des landesüblichen Zinsfußes findet sich in der Literatur[86]. Der Landeszinssatz entspricht dem Real- oder auch Güterzins[87] und stellt „den ‚normalen‘ Ertrag für je DM 100,—“[88] investierten Kapitals dar. „Die Höhe dieses Ertrags pflegt von Fall zu Fall außerordentlich weit gestreut zu sein; der eine erwirtschaftet eine sehr hohe Rendite, der andere eine geringe. Dabei pflegt sich aber eine allgemeine Überzeugung herauszubilden, welcher Ertrag als normal und nur durch die Kapitalzuführung bedingt sei, welcher andere Anteil aber durch besondere Tüchtigkeit des Unternehmers. ... Der Landeszinssatz ist umgekehrt der reine Preis, der für je DM 100,— für den langfristigen Verzicht auf Liquidität bezahlt wird[89].“ Man kann bei diesem Zins also sowohl von einem Marktzins generell als auch von einem Satz des Kapitalmarktes sprechen (vgl. auch 3. Teil, A., I., 1., b)). In Deutschland liegt dieser Zins derzeit (Mitte 1969) bei 6,6 %[90].

2. Neben der sachlichen Begrenzung auf den Zinsfuß der genannten langfristigen Kapitalmarkttitel ist darüber hinaus sowohl bei der Bestimmung des langfristigen Marktzinses als auch des landesüblichen Zinsfußes eine räumliche Abgrenzung notwendig. Sollen lediglich die Marktzinssätze des Inlandes betrachtet werden oder auch die den unmittelbaren Auslandes? Wovon sollte das abhängig gemacht werden? Ein internationales Unternehmen könnte als Kalkulationszins z. B. folgende Marktzinssätze heranziehen:

(1) den Kapitalmarktsatz des betreffenden Landes, in dem die Investition durchgeführt werden soll, da die Investition sich aus der Tätigkeit des Unternehmens in diesem Land rentieren soll,

(2) den Kapitalmarktzins desjenigen Landes oder der Länder, die die Kapitalherkunft zur Finanzierung bestimmen,

---

[85] *Schwarz*, Horst: Optimale Investitionsentscheidungen, a.a.O., S. 51 f.; ders: Rationale Vorbereitung der Entscheidungen über größere Investitionsvorschläge, a.a.O., S. 98.

[86] Vgl. z. B. *Illy*, Leo: Der Kapitalzins in der Wirtschaftsrechnung, a.a.O., S. 89.

[87] Vgl. *Rittershausen*, Heinrich: Die Zentralnotenbank, a.a.O., S. 274.

[88] *Rittershausen*, Heinrich: Die Zentralnotenbank, a.a.O., S. 274.

[89] Ebenda, S. 273 f.

[90] Quelle: Monatsberichte der Deutschen Bundesbank, 21. Jg. (1969), Nr. 7 v. Juli 1969, S. 47*.

(3) den höchsten Marktzins unter den Ländern, in denen Niederlassungen unterhalten werden, weil die Unternehmung von allen im Rahmen des möglichen liegenden anderweitigen Verwendungsmöglichkeiten des einzusetzenden Kapitals ausgehen könnte,

(4) den höchsten Kapitalmarktsatz überhaupt. Dabei erscheint es jedoch unrealistisch, alle möglichen Alternativinvestitionen einschließlich der Finanzinvestitionen heranzuziehen. In diesem Fall wäre bei jeder Investition der für normale Verhältnisse unzutreffende Zinsfuß irgendeines ‚Außenseiterlandes' mit eventuell völlig abnormalen Kapitalmarktverhältnissen anzusetzen. Richtiger wäre u. E., hier nur die voll konvertiblen, zudem durch wirtschaftliche Verknüpfungen der Länder untereinander und miteinander verbundenen Währungen, zu berücksichtigen, oder gar nur auf alternative *Real*investitionen abzustellen.

Bei (2), (3) und (4) werden Überlegungen der vom Investor zu fordernden Mindestverzinsung der Ermittlung des Kalkulationszinsfußes beigemischt. Da dieser — wie betont — lediglich die Vergleichbarkeit im Zeitanfall unterschiedlicher Größen bewirken soll, ist die Begrenzung auf den *nationalen* Kapitalmarkt notwendig. Im Sinne einer klaren Trennung zwischen Analyse und Auswertung sollte der Kalkulationszins keine subjektiven Rentabilitätsmomente enthalten.

Allerdings bedarf der Begriff des nationalen Kapitalmarktes einer Präzisierung. In der Zeit zwischenstaatlicher Konsolidierung und Liberalisierung werden die nationalen Märkte immer mehr zu internationalen. Der Zusammenschluß der nationalen Wirtschaften zu Wirtschaftsgemeinschaften (EWG, EFTA, COMECON) schafft Märkte neuer Dimensionen und bringt auch eine multiple Progression der Kapitalmärkte mit sich. Bei der Bestimmung des „landesüblichen Zinsfußes" ist auf den Geltungsbereich des Kapitalmarktes abzustellen; von einem ‚landes-' üblichen Zins kann nur noch insofern gesprochen werden, als das Land, in dem die geplante Investition vorgenommen werden soll, mit zu denjenigen gehört, für die der ermittelte Satz Gültigkeit besitzt.

d) Die Quantifizierung des Kalkulationszinses durch den Marktzins im Zeitablauf

1. Nachdem wir nun den Kapitalmarktzins als Diskontierungsfaktor bestimmten, müssen wir uns wieder vor Augen halten, daß es sich bei den Wirtschaftlichkeitsrechnungen um zukunftsgerichtete Erwägungen handelt. Es darf somit nicht der momentan gültige Kapitalmarktzins angesetzt werden, sondern es muß versucht werden, die verschiedenen Zeitpunkte, zu denen die abzuzinsenden Aus- und Einzahlungen an-

fallen, miteinzubeziehen. Theoretisch müßte jeder Umsatz mit den verschiedenen zwischen Bezugszeitpunkt *(t_0)* und dem Anfallzeitpunkt *(t_x)* gültigen Kapitalmarktzinssätzen für ihre jeweilige Geltungsdauer abgezinst werden. Das ist jedoch schon aufgrund der Unvorhersehbarkeit der genauen Einzahlungsquoten, geschweige denn ihres Zeitanfalles, unmöglich. Derart exakte Berechnungen durch Zuordnung des Zinssatzes zum Geltungszeitraum sind nur in der Rückschau — also in Investitionskontrollrechnungen — möglich. In den zukunftsgerichteten Wirtschaftlichkeitsrechnungen muß von Schätzungen ausgegangen werden. Auf diese Weise bestimmt werden müssen sowohl Zinshöhe aufgrund von Trendberechnungen und Fixierung der subjektiven Erwartungen des Investors als auch die Zeiträume, für die die einzelnen Sätze angesetzt werden sollen.

An einem Beispiel soll das dargestellt werden. Ermittelt werden soll der Kapitalmarktzinssatz Deutschlands für die kommenden Jahre 1969—1973 als Durchschnittssatz bestimmter Kapitalmarktpapiere. Herangezogen werden die festverzinslichen Wertpapiere insgesamt. Außerdem werden Normalkonditionen vorausgesetzt, d. h. Emissionen und Tilgung der Papiere spielen sich auch künftig zu den heute üblichen Konditionen ab, da keine Anhaltspunkte einer baldigen schwerwiegenden Änderung gegeben sind. Bei der Laufzeit und der Stückelung wird dagegen am besten — wenn überhaupt möglich — eine Auswahl der Papiere im Hinblick auf die geplante Investition vorgenommen werden. Das Ziel ist relative Vergleichbarkeit. Einer im Verhältnis zu übrigen Investitionen besonders langfristigen Investition wird man auch die Zinssätze besonders lang laufender Wertpapiere zugrunde legen. Hier wird insoweit das Risiko der Unvorhersehbarkeit der künftigen Wirtschaftslage durch die Höhe des Marktzinses berücksichtigt, allerdings, und darauf kommt es entscheidend an, objektiviert. Aus Gründen der Vergleichbarkeit der einzelnen Papiere wird nicht vom Nominalsatz, sondern regelmäßig von der *Rendite* auszugehen sein. Damit können auch Papiere mit zinsmäßigen Sonderkonditionen einbezogen werden (vgl. Abb. 9, S. 118).

Eine entgegengesetzte, nämlich sinkende, Entwicklung zukünftigen Kapitalmarktzinses prognostiziert allerdings Karl Schiller, der für die Zukunft „eher mit Zinssenkung als mit Zinserhöhung“ am Kapitalmarkt rechnet, da „die öffentlichen Hände ... nur in relativ bescheidener Weise“ als Nachfrager an den Kapitalmarkt herantreten wollen. Dieser seit Jahren gepredigten Zurückhaltung der Öffentlichen Hände kann man jedoch aufgrund der ständig gestiegenen Staatsverschuldung leider keinen rechten Glauben mehr schenken[91].

---

[91] Vgl. *Schiller*, Karl: Die Rolle der Banken in der Wirtschaft, in: Banken im Dienste des Fortschritts. Sonderbeilage des ‚Handelsblattes‘ v. 21. 10. 1968, S. 15.

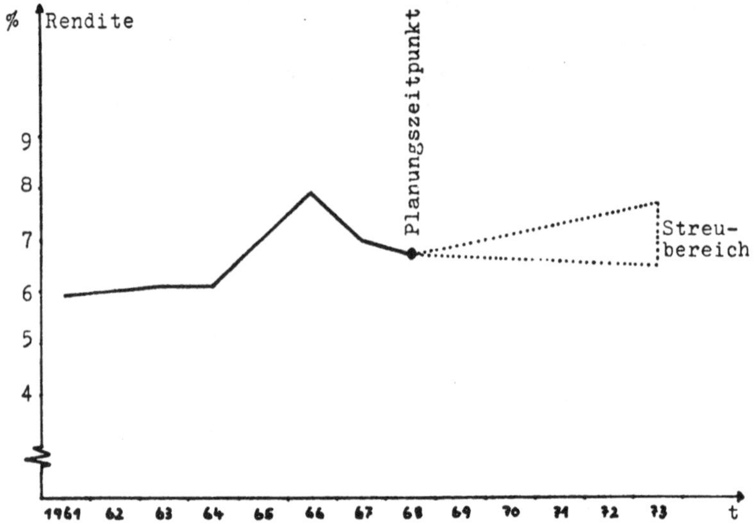

Abb. 9. Ermittlung des Normal-Kalkulationszinsfußes für die Jahre 1969—1973. Planungszeitpunkt 1968

Quelle: Monatsberichte der Deutschen Bundesbank, 20. Jg. (1968), Nr. 7 v. Juli 1968, S. 91.

2. Ein weiteres zeitbedingtes Moment, das in den Wirtschaftlichkeitsrechnungen Ausdruck finden muß, ist die Wahl der Verzinsungsart. Man kann einmal von einem „natürlichen" oder „Augenblicksverzinsungsprozeß" ausgehen oder eine periodische Zäsur vornehmen, indem die Zinsen einer Periode als auf einmal entstanden angesehen werden und dem Kapitalertrag insgesamt jeweils am Ende der Periode zugeschlagen werden. Wie vielleicht einzusehen ist, führen die beiden Verfahren zu unterschiedlichen Ergebnissen; die kontinuierliche Verzinsung stellt den Grenzfall der unterjährlichen diskontinuierlichen Verzinsung dar. Setzt man in Aufteilung der jährlichen nominellen Verzinsung von 8 % die vierteljährliche Verzinsung von 2 % an, so entspricht letztere in Wirklichkeit einem jährlichen Effektivzins von 8,24 %. Bei kontinuierlicher Nominalverzinsung von 8 % — arithmetisch aufgeteilt — entspricht dies bereits einer Verzinsung von 8,329 % p. a.[92]. Umgekehrt entspricht eine arithmetische Unterteilung einer faktischen Verzinsung von 8 % p. a. mit halbjährlicher Zinszurechnung einem wirklichen Jahreszins von nur 7,696 %.

[92] Vgl. die Rechenbeispiele bei *Schwarz*, Horst: Optimale Investitionsentscheidungen, a.a.O., S. 43 ff.

Die Auswirkungen der verschiedenen Verfahren auf die Ergebnisse langfristiger Investitionsrechnungen lassen sich denken. So wird bei der Kapitalwertmethode der Barwert immer dann niedriger, wenn man unter Zugrundelegung unterjährlicher Einzahlungsüberschüsse den Jahreszins einfach durch Halbierung oder durch Vierteilung etc. bestimmt, da der effektive Zinssatz per anno dann höher liegt als der nominelle. Das führt zu einer schlechteren Beurteilung der Vorteilhaftigkeit einer Investition. Umgekehrt wird der Barwert immer dann höher ausfallen, wenn der unterjährliche Effektivsatz einfach proportional in einen nominellen Jahreszinssatz umgewandelt wird, der unter dem effektiven liegen muß und die jährlichen Ein- und Auszahlungen daher weniger abzinst als ein natürlicher Zinssatz.

i. Die Anwendung der kontinuierlichen Zinseszinsrechnung in den Wirtschaftsrechnungen wird zu Recht damit begründet, daß die Einzahlungen aus der Investition nicht nur einmal im Jahr — nämlich insgesamt zu Ende — erzielt werden, sondern mehr oder weniger laufend anfallen, und daß eine Unternehmung die Chance, diese Mittel sofort wieder anzulegen — kurz- oder langfristig — normalerweise nutzen wird[93]. Neben Heinrich *Jonas* vertreten aus dem genannten Grund eine Anzahl weiterer Autoren die Meinung, daß einzig die kontinuierliche Verzinsung den Erfordernissen der Wirtschaftlichkeitsrechnung gerecht werde, so Herbert *Gudehus*[94], Alfred *Isaac*[95], Edward A. *Ravenscroft*[96] und Dieter *Schneider*[97].

Entgegnen kann man den oben genannten Gründen allerdings mit Horst *Schwarz*, „daß vielfach die Wiederanlage (der Einzahlungen; d. Verf.) nicht sofort oder jedenfalls nicht sofort zu einem Zinsfuß möglich ist, der ja bei Investitionsrechnungen aus guten Gründen verwendet zu werden pflegt“[98] und der langfristigen Charakter trägt.

ii. Angesichts der Abstellung des Rechnungswesens und der Planung auf Jahresperioden, muß man sich jedoch fragen, ob die von der Theorie geforderte kontinuierliche Zinseszinsrechnung praktikabel ist. Aufgrund der mit der Anwendung der unterjährlichen oder gar natürlichen Verzinsungsform verbundenen Schwierigkeiten und rechnerischen Mehr-

---

[93] Vgl. *Jonas*, Heinrich: Investitionsrechnung, a.a.O., S. 18 ff.

[94] Vgl. *Gudehus*, Herbert: Bewertung und Abschreibung von Anlagen, Wiesbaden 1959, S. 16.

[95] *Isaac*, Alfred: Das Problem der Augenblicksverzinsung, in: ZfB 20. Jg. (1950), S. 487.

[96] *Ravenscroft*, Edward A.: Return on Investment — Fit the Method to Your Need, in: HBR März/April 1960, S. 97 ff., hier S. 100.

[97] *Schneider*, Dieter: Die wirtschaftliche Nutzungsdauer von Anlagegütern als Bestimmungsgrund der Abschreibungen, Köln-Opladen 1961, S. 146.

[98] *Schwarz*, Horst: Rationelle Vorbereitung der Entscheidungen über größere Investitionsvorschläge, a.a.O., S. 90.

arbeit, und unter Beachtung der Zielsetzung der Wirtschaftlichkeitsrechnung als Entscheidungs-‚Hilfe', muß sich der Unternehmer auch von Zweckmäßigkeitserwägungen leiten lassen.

Dazu kommt, daß eine Prognose der Ein- und Auszahlungen desto eher möglich ist, je undifferenzierter — auch in bezug auf die Zeit — sie vorgenommen werden muß; durch eine detailliertere Schätzung wird die Genauigkeit der Schätzungen genauso verschlechtert wie durch einfache arithmetische Aufteilung auf kleinere als zuverlässig schätzbare Zeitspannen, weil die Beträge mit zunehmender Minimierung immer exakter werden müssen aufgrund der geringeren absoluten Streuungsbreite. Diese Unsicherheit in den Prämissen wird durch exakte Rechnung der Verzinsung auf drei Dezimalstellen nur proportional mitverändert.

Außerdem bezieht sich der von uns als Kalkulationszins angesetzte Marktzinsfuß ebenfalls auf einen Zeit*abschnitt*. (Dies darf jedoch kein Grund für die Befürwortung der jährlichen Verzinsung gegenüber der kontinuierlichen sein.) Damit zusammenhängend, jedoch von weitaus größerer Bedeutung, ist die Tatsache, daß das mit dem Kalkulationszinsfuß ermittelte Rechnungsergebnis in der Durchführungsentscheidung der vom Investor geforderten Mindestrendite gegenübergestellt wird, die als Ausdruck der Fremdkapitalkosten ebenfalls dem Marktzinsfuß entspricht. Der Marktzinsfuß als Ausdruck der Verzinsung langfristiger Kapitalmarkttitel repräsentiert grundsätzlich einen *Jahres*zins, auch wenn die Zinsausschüttung — zumindest bei Festverzinslichen — in der Regel halbjährlich erfolgt. Dabei wird der halbierte Jahreszins zugrunde gelegt; die effektive Jahresverzinsung beläuft sich also in Wirklichkeit höher als der angegebene Nominalzinssatz, da die ausgeschütteten Erträge wieder angelegt werden können. Abgesehen davon, daß die halbjährliche Zinseszinsrechnung keine allzu große Veränderung des nominellen Jahressatzes bewirkt, liegt das Hauptproblem u. E. in der sofortigen Wiederanlage. Man muß davon ausgehen, daß eine Wiederanlage der Einzahlungen aus der Investition vielfach am Finanzmarkt und dann nur kurzfristig oder sofort im Betrieb erfolgen wird, da die Unternehmung bestrebt ist, die freigesetzten Mittel möglichst wieder im gewinnbringenden Umsatzprozeß[99] — und zwar in der Regel mehr Gewinn bringend als der Finanzmarkt — einzusetzen, und sich nicht durch einen ständigen Abfluß an den Finanzmarkt selbst der Mittel zur Expansion zu berauben. Insofern kann man u. E. der konventionellen Theorie und Praxis zustimmen, die beide mit der normalen

[99] Umsatz wird hier im weitesten Sinne als betriebswirtschaftlicher Umwandlungsprozeß verstanden. Vgl. Erich *Schäfer* und Oswald *Hahn* sowie Hanns *Linhardt*.

jährlichen Zinseszinsrechnung arbeiten[100], ohne indes die hier zur Debatte stehenden Alternativen nicht letzten Endes beide als vertretbar anzuerkennen. In der Literatur wird dem Problem in aller Regel keine Bedeutung zugemessen; sozusagen als Prämisse erfolgt die Entscheidung für eines der Verfahren, nur Ezra *Solomon* erörtert die Alternativen und spricht sich expressis verbis für die diskontinuierliche, jährliche Zinseszinsrechnung aus[101].

iii. Horst *Schwarz* sieht die geeignetste Form der Verzinsung für die Ein- und Auszahlungen der Wirtschaftlichkeitsrechnung in einer Synthese aus kontinuierlicher und jährlicher Zinsrechnung. „Wahrscheinlich dürfte es der Wirklichkeit am besten gerecht werden, wenn man zwar von einer unterjährigen, nicht aber von einer kontinuierlichen Verzinsung des Kapitals ausgeht[102]. Formal will er dabei von der Jahreszinsrechnung ausgehen, „den danach erhaltenen Barwert aber zur Hälfte um ein halbes Jahr aufzins(en)“[103]. Bei gleichmäßiger Verteilung von Produktion und Absatz über das gesamte Jahr könne man unterstellen, daß die Gewinne ebenfalls gleichmäßig erzielt werden. „Man kann deshalb davon ausgehen, daß der halbe Jahresgewinn in der Jahresmitte zur Verfügung steht und angelegt werden kann, da wir bei allen Berechnungen jedoch von der Wiederanlage des Gesamtbetrages *am Schluß* des Jahres ausgingen, haben wir jeweils den halben Rohgewinn um ein halbes Jahr zuviel abgezinst. Wir müssen folglich entsprechend wieder aufzinsen[104].“

Diese Begründung von Horst Schwarz ist jedoch nicht stichhaltig. Schwarz geht nämlich, wie er sagt, nicht nur von einem regelmäßigen Produktions- und Absatzablauf über das gesamte Jahr aus, sondern auch von einem gleichbleibenden Beschäftigungsgrad und Verkaufsumsatz. Allein der regelmäßige Ablauf des Umsatzprozesses garantiert noch nicht, daß die Hälfte des durch diesen Prozeß erwirtschafteten Gewinnes auch nach der halben Ablaufzeit vorhanden ist. Wie un-

---

100 Vgl. *Schneider*, Erich: Wirtschaftlichkeitsrechnung, a.a.O.; *Heister*, Matthias: Rentabilitätsanalyse von Investitionen, a.a.O.; *Schindler*, Heinz: Investitionsrechnungen in Theorie und Praxis, a.a.O.; *Lutz*, Friedrich A. und Vera: The Theory of Investment of the Firm, a.a.O.; *Dürr, Karl:* Investitionsrechnung, Bd. I, a.a.O.; *Scheffler*, Hans E.: Investitionen und ihre Wirtschaftlichkeit, a.a.O.; *Kahl*, Hans-Peter: Die Methoden der Wirtschaftlichkeitsrechnung und ihre Bedeutung für die praktische Investitionspolitik, a.a.O.; *Schneider*, Dieter: Der Einfluß der Besteuerung auf die Investitionspolitik der Unternehmungen, in: Optimale Investitionspolitik. Schriften zur Unternehmensführung, hrsg. v. Herbert Jacob, Bd.4, Wiesbaden 1968, S. 33—62.

101 Vgl. *Solomon*, Ezra: The Management of Corporate Capital, Glencoe 1959, Introduction, S. 17.

102 *Schwarz*, Horst: Optimale Investitionsentscheidungen, a.a.O., S. 46.

103 Ebenda, S. 46.

104 *Schwarz*, Horst: Optimale Investitionsentscheidungen, a.a.O., S. 46 (Hervorhebung im Original).

realistisch diese unausgesprochene Annahme ist, wird sofort klar, wenn man an die Vielzahl von Faktoren denkt, die die Höhe des Verkaufsergebnisses einer Unternehmung beeinflussen, angefangen von der Rohstoffbeschaffung (z. B. natürliche Stoffe wie Getreide, Gemüse etc.) bis hin zum Absatz (z. B. Saison- und Festtagsschwankungen), von den konjunkturellen Einflüssen gesamtwirtschaftlicher Art einmal ganz abgesehen. Durch seine Beweisführung macht sich Horst Schwarz letzten Endes zum Verfechter der kontinuierlichen Zinseszinsrechnung. Die von ihm genannte ‚gleichmäßige Erzielung der Gewinne' entspricht doch dem Verlauf nach und der Höhe nach schließlich einer kontinuierlichen Verzinsung. Das von ihm gewählte willkürliche Verfahren der Halbierung des mit jährlicher Verzinsung errechneten Summenwertes soll eine höhere rechnerische Genauigkeit bewirken, während uns angesichts der Aufgabe der Wirtschaftlichkeitsrechnung und der Ungenauigkeit der geschätzten Ein- und Auszahlungen der jährliche Additionswert durchaus zulänglich, wenn nicht gar zuverlässiger, erscheint.

Zusammenfassend können wir also sagen, daß die praktikablere und durch die gegebenen Prämissen vollauf befriedigende Verzinsungsform die jährliche, bankmäßige Normalverzinsung ist. Die Gründe liegen in der Unvorhersehbarkeit detaillierter Einzahlungen, in der kurzfristigen Anlage vorzeitig freigesetzter Einzahlungsüberschüsse am Finanzmarkt und in der Notwendigkeit, das Rechenergebnis in der Entscheidungsfindung regelmäßig einem Marktzins, d. h. einem Jahreszins, gegenüberzustellen, was aus Gründen der Vergleichbarkeit auch eine jährliche Verzinsung in der Wirtschaftlichkeitsrechnung erfordert. Der in der jährlichen Zinseszinsrechnung zu verwendende langfristige Marktzins, der Kapitalmarktzinsfuß, erfährt also keine rechnerische Veränderung.

e) Der Einfluß der Finanzierungsform auf den Kalkulationszins

Die meisten Autoren, die sich mit den Investitionsrechnungen befassen, widmen dem Einfluß der Kapitalstruktur auf den Kalkulationszinsfuß in ihren Untersuchungen breiten Raum[105]. Nur wenige über-

---

[105] Vgl. z. B. *Bouffier*, Willy: Einheitliche oder unterschiedliche Zinssätze für Eigen- und Fremdkapital bei langfristigen Wirtschaftlichkeitsrechnungen, in: Der österr. Bw. 12. Jg. (1962), S. 15—26; *Dürr*, Karl: Investitionsrechnung, Bd. I., a.a.O., S. 120; *Heister*, Matthias: Rentabilitätsanalyse von Investitionen, a.a.O., S. 50—61; *Lutz*, Friedrich A. und Vera: The Theory of Investment of the Firm, a.a.O., S. 169—177; *Schindler*, Heinz: Investitionsrechnungen in Theorie und Praxis, a.a.O., S. 130—138; *Schneider*, Erich: Wirtschaftlichkeitsrechnung, a.a.O., S. 68—70; *Schwarz*, Horst: Optimale Investitionsentscheidungen, a.a.O., S. 53 u. 71.

gehen das Problem[106]. Die Bedeutung dieser Abhängigkeit wird in erster Linie durch die Aufgaben, die dem Kalkulationszins zugedacht sind, determiniert. Wird dieser als Maßstab der Mindestverzinsung, die von der geplanten Investition erwartet wird, angenommen, so impliziert das eine Berücksichtigung der Fremdkapitalkosten in den Wirtschaftlichkeitsrechnungen, da diese Kosten durch die Investitionen wieder erwirtschaftet werden müssen.

1. Die effektiv zu zahlenden Fremdkapitalzinsen sollten jedoch u. E. aus den mehrfach dargelegten Gründen im Vorteilhaftigkeitsmaßstab Berücksichtigung finden, also in der rechnerischen Verzinsung der geplanten Investition gegenübergestellten Mindestrendite.

Die Kapitalkosten können weder einfach dem Kalkulationszinsfuß zugeschlagen noch in absoluter Höhe von dem Satz der Kapitalverzinsung (Interner Zinsfuß) abgesetzt werden, da sich die Sätze auf verschiedene Basen beziehen: die Investitionsrendite auf den gesamten Kapitaleinsatz, die Fremdkapitalzinsen auf den Fremdkapitalanteil an diesem Einsatz. Allein die Tatsache, daß die Fremdkapitalkosten üblicherweise ebenfalls in einem Vom-Hundert-Satz ausgedrückt werden, rechtfertigt dieses Vorgehen nicht.

Die Behandlung der Fremdkapitalkosten als zusätzliche Auszahlung und ihre Berücksichtigung bei den Zahlungsströmen bringt eine Verfälschung des Rechenergebnisses mit sich[107], da die Gegenüberstellung produktionswirtschaftlich bedingter Auszahlungen durch Einbeziehung finanzwirtschaftlich verursachter Zahlungsvorgänge beeinträchtigt würde. Auch die durch die Investition bedingten Einzahlungen in den Verkaufserlösen — von Zurechnungsschwierigkeiten soll hier einmal abgesehen werden — erfahren durch die Beteiligung der Gläubiger erst *nach* Erzielung eine Kürzung. Die errechnete Investitionsrendite würde sich nicht mehr allein auf den Kapitaleinsatz im Betrieb beziehen, sondern auch auf die Bedingungen der Kapitalbeschaffung. Damit würde die ‚Investitionsrendite' entweder teilweise kompensiert oder kumuliert. Aus diesem Grunde ist es unzweckmäßig, die Fremdkapitalkosten bereits in der Analyse des geplanten Investitionsprojektes zu berücksichtigen. Die Einbeziehung der Fremdkapitalzinsen in die vom Investor zu fordernde Mindestverzinsung anstatt im Abzinsungsfaktor wird unserer anläßlich der Bestimmung des Kalkulationszinses aufgestellten Forderung, nach möglichst verursachungsgerechter Zurechnung der zu berücksichtigenden Kriterien, gerechter.

---

[106] So z. B. *Brandt*, Horst: Investitionspolitik des Industriebetriebs, a.a.O.; *Scheffler*, Hans E.: Investitionen und ihre Wirtschaftlichkeit, a.a.O.

[107] Derselben Meinung, allerdings aufgrund anderer Argumentation, ist *Scheffler*, Hans E.: Investitionen und ihre Wirtschaftlichkeit, a.a.O., S. 50.

Wir gelangen damit im Zusammenhang mit unseren Überlegungen hinsichtlich der Quantifizierung des Marktzinsfußes als Abzinsungsfaktor (vgl. 3. Teil, A., I., 1., d)) zu dem Schluß, daß der Finanzierungsform nur eine rein qualitative Wirkung auf den Kalkulationszins zukommt. Bei der Bestimmung desjenigen Marktzinssatzes, der als Kalkulationszins angesetzt werden soll, spielen zwar die Finanzierungsmöglichkeiten der Unternehmung eine Rolle, nicht aber ihre effektiv zu zahlenden Fremdkapitalzinsen.

Um einen objektiven Kalkulationszinsfuß zu garantieren, sollte im Rahmen der fristkongruenten und investitionsadäquaten Finanzierungsmöglichkeiten der *normale* Marktzins herangezogen werden. Bei langfristigen Investitionen ist das der Kapitalmarktzins in Form des landesüblichen Zinsfußes, wenn dem Unternehmen der Zugang zur Börse als Nachfrager offensteht. Hat der Investor diese Möglichkeit nicht, so sollte der übliche Sollzinssatz der Banken für Kredite dieser Fristigkeit berücksichtigt werden. Das kann der Sollzinssatz der Realkreditinstitute sein oder der Universalbanken, je nachdem, welche Finanzierungsquelle der Unternehmung zur Verfügung steht. Wir sind uns darüber im klaren, daß mit alternativen Möglichkeiten auch die Höhe des Marktzinsfußes variieren kann. Wir geben jedoch zu bedenken, daß der Kreditzins bei gleicher Fristigkeit der beanspruchten Kapitalien aufgrund unterschiedlicher Sicherheitsanforderungen der einzelnen Institute nur noch gering variiert.

Vom *qualitativen* Einfluß der Finanzierungsform sprachen wir deshalb, weil die Höhe dieses Normalsatzes keineswegs dem tatsächlich zu zahlenden Zins entsprechen muß. Diese unternehmungsindividuelle Verhandlungssituation auf dem Markt ist ein Faktor, der die zu erwirtschaftende Rendite von seiten der Finanzierung, nicht aber aus leistungswirtschaftlichen Gesichtspunkten tangiert.

Völlig unabhängig von der effektiven Finanzierungsform ist die Höhe des Kalkulationszinsfußes vor allem dann, wenn nicht das gesamte Projekt aus dieser theoretisch verfügbaren Quelle finanziert wird, sondern Formen der Eigen- oder Mischfinanzierung zur Anwendung gelangen. Diese finanzwirtschaftlichen Faktoren können u. E. ihren Niederschlag nicht in einem Abzinsungsfaktor finden, der im Bestreben möglichst großer Objektivität und Allgemeinheit determiniert wird. In der Wirtschaftlichkeitsrechnung sollen nur die Aus- und Einzahlungen, die das Investitionsprojekt verursacht, untersucht werden. „Nun ist unmittelbar klar, daß diese Reihen nur von der Art der Investition, nicht dagegen von der Art der Finanzierung der Investition abhängen[108].“

[108] *Schneider*, Erich: Wirtschaftlichkeitsrechnung, a.a.O., S. 68.

2. *Die Methode des internen Zinsfußes*

Die Erkenntnis, daß der Rechenzinsfuß der Kapitalwert-Methode durch die ihm übertragenen Aufgaben selbst zum Unsicherheitsfaktor wird, trotzdem aber überragenden Einfluß auf das Ergebnis der Kapitalwert- und Annuitätenmethode hat, hat dazu geführt, daß man bestrebt war, ein Rechenverfahren zu finden, mit dem die Bestimmung eines Kalkulationszinsfußes umgangen werden konnte. Eines dieser Verfahren ist die Interne-Zinsfuß-Methode. Ausgehend von den gleichen rechentechnischen Voraussetzungen wie die beiden erstgenannten Abzinsungsverfahren wird zum Kriterium der Vorteilhaftigkeit und damit zum Ergebnis der Rechnung der Zinsfuß selbst gewählt. Hierbei wird versucht, unmittelbar die Kapitalverzinsung über die gesamte Lebensdauer des Projekts in Prozent zu bestimmen. „Unter dem internen Zinsfuß einer Investition wird der Zinsfuß verstanden, bei dem der auf irgendeinen Zeitpunkt bezogene Gegenwartswert sämtlicher Aus- und Einzahlungen gleich Null ist oder, was dasselbe besagt, bei dem die beiden Zahlungsreihen äquivalent sind[109]. Dieser Interne Zinsfuß ist identisch mit *Fishers* Begriff der „rate of return over Cost“[110] sowie *Keynes'* „average efficiency of capital“[111] und *Bouldings* „internal rate of return“[112].

Erich *Schneider* stellt dieses Verfahren zusammen mit der Kapitalwertmethode in den Mittelpunkt seiner Untersuchungen. Und Kenneth E. *Boulding*[113], Joel *Dean*[114] und Friedrich A. und Vera *Lutz*[115] geben der Internen-Zinsfuß-Methode den unbedingten Vorzug. Beim Vergleich mit der Kapitalwertmethode und den Schwierigkeiten der Quantifizierung des Kalkulationszinsfußes argumentiert z. B. *Boulding* recht subjektiv, „it would at least be more elegant to be able to express the results in the form of the actual rates of return“[116].

Die teilweise recht heftige Kritik an der Allgemeingültigkeit der Internen-Zinsfuß-Methode in der Literatur läßt sich in zwei Hauptpunkten zusammenfassen:

---

109 *Schneider*, Erich: Wirtschaftlichkeitsrechnung, a.a.O., S. 10.

110 *Fisher*, Irving: The Theory of Interest, New York 1930.

111 *Keynes*, John Maynard: General Theory of Employment, Interest and Money, a.a.O., S. 114 ff.

112 *Boulding*, Kenneth E.: Time and Investment, a.a.O., S. 220 und S. 440 bis 442.

113 Ebenda, S. 220.

114 *Dean*, Joel: Capital Budgeting, a.a.O.

115 *Lutz*, Friedrich A. und Vera: The Theory of Investment of the Firm, a.a.O.

116 *Boulding*, Kenneth E.: Time and Investment, a.a.O., S. 220.

1. Die rein mathematisch schon recht schwierige und umständliche Lösung der Potentialgleichung[117] wird noch dadurch erschwert, daß der zeitliche Anfall der Aus- und Einzahlungen ziemlich exakt berücksichtigt werden muß. Je nachdem, ob die Auszahlungen, insgesamt genommen, *vor* oder *nach* den Einzahlungen erfolgen und die Summe aller Einzahlungen größer oder kleiner ist als die der Auszahlungen, ergeben sich verschiedene, auch negative, interne Zinsfüße für *eine* Investition[118].

Diese Mehrdeutigkeit ergebe sich aus der „verborgenen Prämisse", die der Internen-Zinsfuß-Methode innewohne, nämlich, daß jeder Einzahlungsüberschuß sofort zum gleichen Internen Zinsfuß reinvestiert werden müsse[119], damit der sich aus der Rechnung ergebende Interne Zinsfuß die Kapitalverzinsung über die gesamte Laufzeit der Investition darstelle. An einem Beispiel zeigt *Heister*, daß sich diese Gesamtverzinsung mit der unterschiedlichen Verzinsung der Wiederanlage ändert und so mehrere Werte annehmen kann[120].

Wolfgang *Kilger* versucht, nachzuweisen, daß diese Kritik in der angeführten generellen Form nicht haltbar ist[121]. „Für alle Investitionen, deren Zahlungsströme sich zeitlich in eine Phase mit Auszahlungsbeträgen und eine Phase mit Einzahlungsüberschüssen trennen lassen, ... führt die interne Zinsfußmethode zu eindeutig richtigen Ergebnissen.

Diese Investitionen sind zwar stets typische Investition im Sinne von Boulding und Schneider, die Eindeutigkeit der Internen Zinsfußmethode beruht aber nicht primär auf dieser Eigenschaft; denn auch Zahlungsreihen mit alternierenden Vorzeichen können typisch sein.

---

[117] *Brandt* und *Schindler* sehen schon diese Schwierigkeiten als schwerwiegenden Nachteil an. Vgl. *Brandt*, Horst: Investitionspolitik des Industriebetriebes, a.a.O., S. 74 und *Schindler*, Heinz: Investitionsrechnungen in Theorie und Praxis, a.a.O., S. 55 ff.

[118] Den Beweis der Mehrdeutigkeit des Internen Zinsfußes liefert Robert W. *Wright*, der ein Beispiel anführt, bei dem sich rechnerisch zwei verschiedene Interne Zinsfüße (4 % und 5 %) als Resultat ergeben. Vgl. *Wright*, Robert W.: A Note on „Time and Investment", in: Economica, Vol. III (1936), S. 436 ff. Ebenso *Samuelson*, Paul A.: Some Aspects of the Pure Theory of Capital, in: Quarterly Journal of Economies (1936/37), S. 475; *Hirshleifer*, Jack: On the Theory of Optimal Investment Decision, in: The Journal of Political Economy 1958, S. 349; *Heister*, Matthias: Investitionsrechnung als empirisches Problem, in: ZfB 31. Jg. (1961), S. 332 ff., der allerdings übertreibend „durchweg mehrdeutige" Zinsfüße konstatiert.

[119] Matthias *Heister* führt zur Berücksichtigung dieses Phänomens in der Investitionsrechnung den Begriff der Supplementinvestition ein. Vgl. *Heister*, Matthias, Rentabilitätsanalyse von Investitionen, a.a.O., S. 36 ff.; vgl. auch *Ahlsdorf*, Manfred: Zum Problem der Differenzinvestition, in: ZfB, 34. Jg. (1964), S. 449—457.

[120] Vgl. *Heister*, Matthias: Rentabilitätsanalyse von Investitionen, a.a.O., S. 94.

[121] *Kilger*, Wolfgang: Zur Kritik am internen Zinsfuß, in: ZfB 35. Jg. (1965), S. 765—798.

Die Eindeutigkeit der Lösung und die Nichtgültigkeit der Anlageprämisse zum internen Zinsfuß beruht vielmehr allein auf der Tatsache, daß sich diese Investitionen isoliert durchführen lassen, d. h. ohne Vorab- oder Zwischenanlagen frei werdende Kapitalbeträge[122]." Diese Beweisführung von *Kilger*, die auf dreißig Seiten mathematisch untermauert wird, stellt u. E. eine Tautologie dar und entkräftet die „verborgene Prämisse" in keiner Hinsicht. Die Behauptung der implizierten Wiederanlage freiwerdender Kapitalbeträge geht natürlich davon aus, daß solche Beträge auch tatsächlich freigesetzt werden. Der von Kilger angeführte Fall einer Eindeutigkeit des Internen Zinsfußes stellt nur den Sonderfall *ohne* Freisetzung dar. Das Verdienst Kilgers ist es jedoch, das Merkmal solcher Investitionen gekennzeichnet zu haben. Mehrdeutige Interne Zinsfüße sind demzufolge bei all jenen Zahlungsreihen zu erwarten, „die im Zeitablauf einen mehrfachen Wechsel von Einzahlungen und Auszahlungen aufweisen"[123]. In diesen Fällen können Interne-Zinsfuß-Methode und Kapitalwertmethode zu unterschiedlichen Ergebnissen führen.

Robert *Buchner* belegt noch einen weiteren Grund gegen die Annahme, daß die Interne-Zinsfuß-Methode lediglich eine abgewandelte Kapitalwertmethode sei. In einem Entscheidungsmodell über die Vorteilhaftigkeit einer geplanten Investition zeigt er in der Gegenüberstellung von Kapitalwertmethode und Interner-Zinsfuß-Methode, daß „die Investitionszeit, die zur Maximierung des internen Zinsfußes führt, kürzer ist als diejenige, bei der der Kapitalwert maximiert wird"[124]. Das bedeutet, daß bei Ergebnisgleichheit der beiden Methoden unterschiedliche Investitionszeiten unterstellt werden, so daß eine absolute Kongruenz der Verfahren im Hinblick auf ihre Ergebnisse nicht gewährleistet ist.

2. Der zweite Ansatzpunkt einer Kritik stellt den allgemein als überaus positiv angesehenen Hauptvorteil der Internen-Zinsfuß-Methode in Frage. Der Rechenzinsfuß und das bereits erwähnte Unsicherheitsmoment, das ihm durch die allgemein zugedachten Aufgaben innesteckt, soll durch die Interne-Zinsfuß-Methode umgangen werden. Die unternehmungspolitischen Momente, wie das Risiko und die Forderung einer bestimmten Mindestverzinsung, werden aus der Rechnung ausgeklammert, wie wir es auch für die Kapitalwert-Methode forderten, und auf andere Ebenen des Entscheidungsprozesses verlagert. Um über die Vorteilhaftigkeit einer geplanten Investition aufgrund der Internen-

---

[122] *Kilger*, Wolfgang: Zur Kritik am internen Zinsfuß, a.a.O., S. 797.
[123] *Kilger*, Wolfgang: Zur Kritik am internen Zinsfuß, a.a.O., S. 797.
[124] *Buchner*, Robert: Das Problem des zieladäquaten Entscheidungskriteriums bei Bestimmung der optimalen Investitionsdauer, in: ZfB, 37. Jg. (1967), S. 244 ff., hier S. 254.

Zinsfuß-Methode entscheiden zu können, muß das Rechenergebnis genauso wie das der Kapitalwertmethode beurteilt werden. Dies geschieht durch einen Vergleich mit der vom Investor geforderten Mindestverzinsung. In der Literatur wird hierbei ein Vergleich mit dem ‚Kalkulations'zinsfuß angestellt, der dann allerdings die von uns abgelehnten unternehmungspolitischen Kriterien des Risikos und der Mindestverzinsung enthält. Diese Gegenüberstellung der beiden Zinsfüße stellt jedoch keine rechnerische Maßnahme im Rahmen der Investitionsrechnungen mehr dar, sondern ist eine rein unternehmerische Wertung, die wir an anderer Stelle diskutieren werden (vgl. 3. Teil, B., I.). Dem Marktzinsfuß kommt damit im Rahmen der Investitionsanalyse durch die Interne-Zinsfuß-Methode keine Bedeutung zu. Die Interne-Zinsfuß-Methode entspricht der von uns im Rahmen der Kapitalwert-Methode gestellten Forderung objektiver Investitionsanalyse, ist allerdings verfahrensmäßig schwieriger.

3. Die MAPI-Methode

1. Die aus den USA stammende Methode einer dynamischen Rentabilitätsrechnung versucht die komplizierte Rechentechnik der übrigen Methoden durch eine vorgegebene Konzeption von Leitbildern und Diagrammen zu vereinfachen. Die Bezeichnung geht auf das „Machinery and Allied Products Institute" in USA zurück, dessen Forschungsdirektor George *Terborgh* das Verfahren publik gemacht hat[125].

Neben diesen formellen Unterschieden gegenüber den übrigen Verfahren zeichnet eine besondere Konzeption das MAPI-Verfahren aus. Die übliche Ermittlung einer absoluten Rentabilität bedingt eine zahlenmäßige Festlegung der Einzahlungen und Auszahlungen, wobei auch das Zurechnungsproblem zu einzelnen Vorhaben oft unüberwindbare Schwierigkeiten mit sich bringt. „Aus diesen Gründen wird ein Rangordnungsmaßstab zum Zwecke der Auswahl von vorteilhaften Investitionsalternativen nicht nach der absoluten, sondern nach der *relativen* Rentabilität der Investitionsvorhaben errechnet. Dieser Maßstab ergibt sich aus der Veranschlagung der gesamtbetrieblichen, durch die einzelnen Investitionen verursachten Ertrags- und Kosten*änderungen* in den Entscheidungsalternativen *mit* und *ohne* Durchführung des betreffenden Investitionsvorhabens[126]."

---

[125] Vgl. *Terborgh*, George: Leitfaden der betrieblichen Investitionspolitik, Wiesbaden 1962. Verbesserte Neuauflage der Grundkonzeption von *Terborgh*, G.: Dynamic Equipment Policy, a.a.O.

[126] *Schwarz*, Horst: Optimale Investitionsentscheidungen, a.a.O., S. 55/56 (Hervorhebungen im Original).

Die relative Rentabilität wird gekennzeichnet durch die Tatsache, daß die Gewinne im Zeitablauf bezogen auf den Beginn der Investition durch die Abzinsung immer kleiner werden, je später sie erzielt werden. Es steigen folglich die relativen Gewinne bei sofortiger Realisierung des Projektes und die relative Rentabilität ist gleichzeitig Dringlichkeits- und Aufschubmaßstab beim Vergleich mehrerer Investitionen. „Das Maß augenblicklicher Dringlichkeit ist die Rentabilität, die der Aufschubperiode mit der geringsten Rentabilität entspricht ... Je schlechter die Aufschubperiode ist, mit der ein Vorhaben verglichen wird ..., desto höher ist die relative Rentabilität; je besser die Alternative, desto niedriger ist sie[127].“ „Im Ergebnis bezeichnet der MAPI-Dringlichkeitsmaßstab demnach nichts anderes als diejenige Nettoverzinsung, die bei anderweitiger Verwendung des Kapitals erzielt werden müßte, wenn der Aufschub der Investition um eine Periode (1 Jahr) gerechtfertigt werden soll[128].“

2. In unserem Zusammenhang interessiert nun ausschließlich, wie Terborgh den Zins in seinem Verfahren berücksichtigt. Die übrigen Vor- und Nachteile der MAPI-Methode sollen hier nicht erörtert werden. Der Zins zählt dabei zu den unvariierbaren Annahmen, die bereits in den erwähnten Diagrammen verarbeitet sind, und zwar sind es im einzelnen folgende Prämissen:

(1) Konstanter Verschuldungsgrad (75 % Eigen- und 25 % Fremdfinanzierung)

(2) Mindestverzinsung des Eigenkapitals in Höhe von 10 % nach Abzug der Steuern

(3) Durchschnittlicher Fremdkapitalzins von 3 %.

Aus diesen Angaben ermittelt Terborgh einen fixen Kalkulationszinsfuß von 8,25 %[129], den er zudem gleichsetzt mit dem internen Zinsfuß des von ihm untersuchten Investitionsprojektes.

Zu (1): Mit einer konstanten Kapitalintensität von 75 % wird vorausgesetzt, daß alle geplanten Investitionsvorhaben auf die Art finanziert werden, wie es das gesamte Vermögen der Unternehmung ist, abgesehen von der absoluten Höhe der Zahlen, die zumindest für die Bundesrepublik Deutschland nicht als repräsentativ angesehen werden können. Es ist durchaus nicht die Regel, einzelne Investitionsvorhaben in genau demselben Verhältnis mit Eigen- und Fremdkapital zu finanzieren, wie die Struktur des Gesamtkapitals (hier mit 75 % des Eigen-

---

[127] *Terborgh,* George: Leitfaden betrieblicher Investitionspolitik, a.a.O., S. 94 f.
[128] *Schwarz,* Horst: Optimale Investitionsentscheidungen, a.a.O., S. 56.
[129] $(0{,}75 \times 0{,}10 + 0{,}25 \times 0{,}03) \times 100$.

kapitals angenommen). Vielmehr wird das Finanzierungsverhältnis der Investition maßgebend sein in seinen Auswirkungen auf die Kapitalstruktur der gesamten Unternehmung. Um hier ein angestrebtes Ziel zu verwirklichen, kann es günstig sein, ein Einzelvorhaben vollständig selbst oder fremd zu finanzieren. Eine Übertragung vorteilhafter Unternehmungsproportionen auf das einzelne Projekt erscheint uns unvertretbar. Wir müssen damit auch das fixe Verhältnis, das George Terborgh einsetzt, ablehnen. Ein Finanzierungsverhältnis von 75 % Eigen- und 25 % Fremdfinanzierung kann, muß aber nicht die optimale Kapitalstruktur sein. Dies gilt sowohl für die Struktur des Unternehmungskapitals als auch für den investitionsbezogenen Kapitaleinsatz.

Zu (2) und (3): Die willkürlich gewählte Eigenkapitalrendite und der extrem niedrige Marktzinssatz sind für Länder mit hohem Zinsniveau, wie Deutschland, undiskutabel. Der langfristige Marktzins für Obligationen lag z. B. in der Bundesrepublik Deutschland zwischen 1948 und 1968 nur einmal für eine sehr kurze Zeit überhaupt erst unter 6 %!

Im Augenblick (Sommer 1969) liegt die Effektivverzinsung neu emittierter Obligationen in der Bundesrepublik bei ca. 6,5 %.

Terborgh sieht diese Mängel seines Verfahrens selbst und versucht, den Beweis zu führen, daß Abweichungen sich in einem Spielraum von bis zu max. 1 % bewegen, wenn die Eigenkapitalverzinsung sich im Rahmen zwischen 5 % und 15 % hält oder der Marktzinsfuß nicht über 5 % oder der Verschuldungsgrad nicht über 50 % steigt.

Wir schließen uns jedoch *Schwarz* an, der andeutet, daß die effektiven Fehlerquoten durch die Kumulation von Abweichungen der oben genannten Größen, auch wenn sie sich im einzelnen in dem erwähnten Rahmen halten, insgesamt zu größeren Abweichungen führen[130].

Es besteht jedoch rein technisch ohne weiteres die Möglichkeit, die von *Terborgh* entwickelten Diagramme auf deutsche Bedingungen umzuformulieren. Allerdings werden dadurch die Nachteile einer starren Datenkonstellation keineswegs behoben. Die rechnerische Erfassung der Zahlungsströme einer Realinvestition ist ohnehin nur unter nicht realitätsnahen Prämissen möglich (vgl. auch 3. Teil, C., I.). Die Daten der Realinvestition werden damit in einen künstlichen Rahmen gepreßt, um ihre rechnerische Erfassung und Beurteilung zu ermöglichen. Die Möglichkeit einer Anpassung an realinvestitionspolitische Gesichtspunkte ist jedoch immer noch durch die frei variierbaren Zahlenwerte gegeben, die in die Rechnung eingehen.

---

[130] *Schwarz,* Horst: Optimale Investitionsentscheidungen, a.a.O., S. 69, Anm. 67.

Diese letzte Verbindung wird nun in der MAPI-Methode noch durch die Fixierung der Zahlenwerte selbst erheblich eingeschränkt. Die Begründung organisatorischer Vereinfachung verliert ihre Berechtigung, wenn das angewendete Verfahren dadurch ineffizient wird. *Albach* weist zu Recht darauf hin, daß durch die starre Verarbeitung der Primärinformationen in Tabellen und Diagrammen ein Großteil ihres für die Entscheidungsfindung wichtigen Informationsgehaltes — der sich eben nicht nur an der rein rechnerischen Größe orientiert — verloren geht[131]. „Eine zweckmäßige Formel und auf vereinfachenden Annahmen basierende, in Leitbildern vorgeformte Entwicklungen können nicht für den Unternehmer *denken*![132]."

II. Der Marktzinsfuß in den liquiditätsorientierten Investitionsrechnungen

Neben den auf Rentabilität abzielenden Wirtschaftlichkeitsrechnungen gibt es noch Investitionsrechnungen, die liquiditätspolitische Gesichtspunkte in den Vordergrund rücken. Gemeint sind die Amortisationsverfahren, die in den USA sehr verbreitet sind[133], andererseits aber von vielen Autoren entweder abgelehnt[134], nicht behandelt[135] oder fälschlicherweise zu den Rentabilitätsrechnungen gezählt werden[136]. „Die Amortisationsrechnung (in den USA als ‚pay-off-method' bekannt) ermittelt die Wiedergewinnungszeit des Kapitaleinsatzes. Dabei geht es um die Ermittlung der Zeitspanne, in der die aufgrund der Investition ausgelösten jährlichen zusätzlichen Kostenersparnisse bzw. Gewinne sowie die Abschreibungen des Investitionsgewinnes den Kapitaleinsatz amortisiert haben[137]." Diese Wiedergewinnungszeit kann dabei niemals Maßstab der Beurteilung der Rentabilität des geplanten Investitionsobjektes sein, „denn dieser Maßstab enthält keine Aussage

[131] Vgl. *Albach*, Horst: Vorwort zu Terborgh, G.: Leitfaden betriebl. Investitionspolitik, a.a.O., S. 13.

[132] *Schwarz*, Horst: Optimale Investitionsentscheidungen, a.a.O., S. 71 (Hervorhebung vom Verfasser).

[133] Vgl. *Terborgh*, George: Equipment Replacement and Depreciation, Washington 1956: 60 % der Unternehmungen einer Umfrage verwendeten die Amortisationsrechnung als „Vorteilhaftigkeits"rechnung für geplante Investitionen.

[134] Vgl. hierzu vor allem *Biermann*, Harold Jr. u. *Smidt*, Seymour: The Capital Budgeting Decision, N.Y. 1960, S. 16 ff. mit den entsprechenden Literaturhinweisen.

[135] Vgl. *Schneider*, Erich: Wirtschaftlichkeitsrechnung, a.a.O.; *Heister*, Matthias: Rentabilitätsanalyse von Investitionen, a.a.O. (allerdings nach deren Zielsetzungen zu Recht).

[136] Vgl. *Scheffler*, Hans E.: Investitionen und ihre Wirtschaftlichkeit, a.a.O.; *Eiteman*, David H.: Capital Budgeting, in: MI 1964, Nr. 6, S. 117 ff.; *Schindler*, Heinz: Investitionsrechnungen in Theorie und Praxis, a.a.O.

[137] *Schwarz*, Horst: Optimale Investitionsentscheidungen, a.a.O., S. 85.

über die zu erwartende Verzinsung des Kapitaleinsatzes"[138]. Trotzdem wird immer wieder in der Literatur der Versuch gemacht, rentabilitätspolitische Gedankengänge hinter der Amortisationsrechnung zu suchen[139]. *Schwarz* zeigt an einem Beispiel sehr eindrucksvoll, wie sehr jedoch günstige Amortisationszeit und Kapitalverzinsung auseinanderfallen können[140]. *Albach* schlägt deshalb zur besseren Unterscheidung von den Rentabilitätsrechnungen den Begriff „Sicherheitsrechnung" vor[141].

Es bestehen nun zwar Zusammenhänge zwischen der Wiedergewinnungszeit und der Rentabilität einer geplanten Investition, das kann jedoch nicht darüber hinwegtäuschen, daß die Wiedergewinnungszeit als Vorteilhaftigkeitskriterium nur liquiditätsmäßige Risiken berücksichtigt, die allerdings umgekehrt auch wiederum durch Rentabilitätsrechnungen nicht erfaßbar sind.

Das veranlaßt Schwarz und Albach — u. E. vollkommen gerechtfertigt — für die Beurteilung der Vorteilhaftigkeit eines Investitionsprojektes sowohl Rentabilitäts- als auch gleichzeitig Sicherheitsrechnungen als notwendig zu erachten[142].

2. Formell muß man zwischen statischen und dynamischen Amortisationsrechnungen unterscheiden. Während bei der statischen Rechnung die

$$\text{Wiedergewinnungszeit} = \frac{\text{Kapitaleinsatz}}{\text{jährlicher Gewinn} + \text{Abschreibung}}$$

ist, also dem price-earnings-ratio der Renditeberechnung bei Aktien entspricht[143], berücksichtigen die dynamischen Amortisationsverfahren den Zeitablauf durch Einbeziehung eines Zinses. Ihre Aufgabe ist es also, festzustellen, „in welchem Zeitraum der Kapitaleinsatz *zuzüglich*

---

138 *Schwarz*, Horst: Optimale Investitionsentscheidungen, a.a.O., S. 86; vgl. *Dean*, Joel: Managerial Economics, New York 1951, S. 565; *Brandt*, Horst: Investitionspolitik des Industriebetriebs, a.a.O., S. 42.

139 Vgl. vor allem *Smith*, V. L.: A Theoretical and Empirical Inquiry into the Economic Replacement of Equipment, Diss. Harvard 1955; *Gordon*, Myron L.: The Dynamics of Risk and Investment, Diss. Harvard 1952; ders.: The Payoff-Period and the Rate of Profit, in: JoB 1955, S. 253 ff.

140 Vgl. *Schwarz*, Horst: Optimale Investitionsentscheidungen, a.a.O., S. 87.

141 *Albach*, Horst: Zur Verbindung der Payoff-Methode mit der Kapitalwertmethode in der Investitionsrechnung, in: ZfB, 31. Jg. (1961), S. 297—300, hier S. 297.

142 Vgl. *Albach*, Horst: Rentabilität und Sicherheit als Kriterien betrieblicher Investitionen, in: ZfB, 30. Jg. (1960), S. 583 ff.; *Schwarz*, Horst: Optimale Investitionsentscheidungen, a.a.O., S. 85 ff.

143 Vgl. *Brandt*, Horst: Investitionspolitik des Industriebetriebs, a.a.O., S. 40, Anm. 10.

einer bestimmten Verzinsung dem Unternehmen wieder zurückgeflossen ist"[144].

Die dynamische Amortisationsrechnung weist formell enge Verwandtschaft mit den dynamischen Verfahren der Rentabilitätsrechnungen auf, weil wiederum die Rentenformel eingesetzt wird, aus der der Barwert bei der Kapitalwertmethode, der Zinsfuß bei der Internen Zinsfußmethode und nun die *Zeit* bei der dynamischen Amortisationsmethode ermittelt werden. Ähnlich wie bei der Internen Zinsfußmethode ist es leicht einzusehen, daß die Rechenoperation etlichen zeitlichen und mathematisch-sachlichen Mehraufwand mit sich bringt.

Wenn auch die Rechenverfahren hier bei der Wirtschaftlichkeits- und dynamischen Amortisationsmethode dieselben sind, kann man jedoch keineswegs eine lineare Relation zwischen den Ergebnissen der Rentabilitäts- und Liquiditätsrechnungen ableiten, etwa dergestalt, daß die Wiedergewinnungszeit der reziproke Wert des Rentabilitätsfaktors sei. Bei Berechnung der Wiedergewinnungszeit werden nicht nur der Gewinn, sondern auch die Abschreibungen mit zum eingesetzten Kapital in Bezug gesetzt.

3. Auch bezüglich der Berücksichtigung des Zinses in der Amortisationsrechnung lassen sich die Argumente der Wirtschaftlichkeitsrechnung nicht ohne weiteres übernehmen. Um zu einer möglichst realistischen Wiedergewinnungszeit zu gelangen, muß man gerade dafür plädieren, die Effektivverzinsung der geplanten Investition, bezogen auf die Abschreibungsdauer, anzusetzen.

i. Der Vorschlag, der allgemein in der Literatur gemacht wird[145], als Rechenzinsfuß den ‚*Schneiderschen* Kalkulationszinsfuß' anzusetzen, ist u. E. völlig zweckentfremdet. Er entspricht der vom Investor geforderten Mindestverzinsung, die sich aus dem Marktzinssatz und einem Risikozuschlag zusammensetzen soll[146]. Wie Schneider unter anderem immer wieder betont, ist dieser Zustand eine subjektive, d. h. vom Ermessen des Investors abhängige Größe[147]. Nur wenn das Ergebnis der Berechnung zur Beurteilung derselben Kriterien dient, die Motive für die Bestimmung eines subjektiven Rechenzinsfußes waren, ist es vertretbar, einen solchen Zinsfuß zu verwenden. Man kann aber sub-

---

[144] *Lüder*, Klaus: Zur dynamischen Amortisationsrechnung, in: DB 1966, S. 117 ff., hier S. 117.

[145] Vgl. *Schwarz*, Horst: Optimale Investitionsentscheidungen, a.a.O., S. 90; *Lüder*, Klaus: Zur dynamischen Amortisationsrechnung, a.a.O., S. 117.

[146] Vgl. *Schneider*, Erich: Wirtschaftlichkeitsrechnung, a.a.O., S. 66.

[147] Vgl. ebenda, S. 66; *Heister*, Matthias: Rentabilitätsanalyse von Investitionen, a.a.O., S. 68; *Kahl*, Hans-Peter: Die Methoden der Wirtschaftlichkeitsrechnung und ihre Bedeutung für die praktische Investitionspolitik, a.a.O., S. 13; *Scheffler*, Hans-E.: Investition und ihre Wirtschaftlichkeit, a.a.O., S. 54.

jektive Werte mit vertretbarem, großem Streuungsbereich der Rentabilitätsphase nicht dazu benützen, nach außen hin objektiv erscheinende Rechenergebnisse (= Entscheidungskriterien der Liquiditätspolitik) zu manipulieren. Auch der Einwand, daß im Grunde genommen alle Größen der Investitionen bis zu einem gewissen Grade manipulierbar seien, da sie der Unsicherheit der zukünftigen Erwartungen unterlägen, zieht hier nicht. Die Prognose der Einzahlungen, Auszahlungen und Lebensdauer beruht auf *objektiven* Tatbeständen, wie technische Daten, Kraft-, Leistungs- und Beschäftigungsgrade, Anschaffungskosten etc., während der Marktzinsfuß zwar als kosten- oder ertragsbezogener Rechen- und Vergleichsfaktor dienlich sein kann, nicht aber als Bestimmungsgröße über die zeitliche Divergenz von Einzahlungen und Auszahlungen, bezogen auf die betriebliche Nutzungsdauer. Noch deutlicher wird das am Beispiel des Risikozuschlages. Dieser Zuschlag soll in den Rentabilitätsrechnungen als Äquivalent des mit Vornahme der Investition eingegangenen Unternehmerwagnisses der Vermehrung und Erhaltung des eingesetzten Kapitals dienen. Hierbei geht es um die Frage des Kapitalrisikos, also des *„ob"*, während in den Liquiditätsrechnungen die Chancen der jederzeitigen Liquiditätsaufrechterhaltung, also des *„wann"*, abgewogen werden sollen.

i.i. Nunmehr ist zu prüfen, ob der von uns für die Amortisationsrechnung geforderte Effektivzinssatz durch den Internen Zinsfuß repräsentiert wird. Zu der Bestimmung des Internen Zinsfußes muß die *Nutzungsdauer* des Projektes geschätzt werden. Wie wir bereits betonten, stützt der Investor sich dabei, soweit er kann, auf objektive Angaben des technischen Bereiches, aber auch auf Garantiezusagen des Herstellers, Erfahrungen von Konkurrenten u. ä. mehr. Da das Rechenverfahren bei der Internen-Zinsfuß-Methode genau dasselbe ist wie bei der dynamischen Amortisationsrechnung, muß bei Verwendung des Internen-Zinsfußes in der Amortisationsrechnung die Wiedergewinnungszeit genau der vom Investor in der Internen-Zinsfuß-Rechnung eingesetzten geschätzten Nutzungsdauer entsprechen. Wenn wir uns aber vergegenwärtigen, daß die Wiedergewinnungszeit nicht mit der Nutzungsdauer übereinstimmt, weil die über die Verkaufserlöse in das Unternehmen zurückfließenden Abschreibungen in der Regel *vor* Ende der Nutzungsdauer vereinnahmt werden, so ist klar, daß der Interne Zinsfuß, der sich auf einen anderen Zeitraum als die Wiedergewinnungszeit bezieht, hier nicht als Rechenzinsfuß Verwendung finden kann.

Bedingt durch die direkte Interdependenz zwischen der Abschreibungsdauer und der für diesen Zeitraum sich ergebenden internen Verzinsung, kann der von uns geforderte Effektivzinsfuß nicht ohne

Mitauswahl der Abschreibungsdauer gewählt werden. Unter den gegebenen Umständen müssen wir deshalb, da es einen unabhängig absolut bestimmbaren Liquidisierungszinsfuß nicht gibt, die dynamische Amortisationsmethode als unoperationabel ablehnen.

Für die Beachtung liquiditätspolitischer Gesichtspunkte *neben* den Rentabilitätsrechnungen genügt das statische Verfahren der Amortisationsrechnung zur Erfassung des Risikos der Rückgewinnung des eingesetzten Kapitals im Zeitablauf. Der Zeitbezug kann wesentlich effektvoller durch die Erstellung eines Finanzplanes für die errechnete Wiedergewinnungszeit beachtet werden. Problematisch werden die Ergebnisse der statischen Amortisationsverfahren allein immer dann, wenn zwei Investitionen mit gleicher Wiedergewinnungszeit verglichen werden sollen, wie folgendes Beispiel zeigt:

Tabelle 5

Gleiche Amortisationszeit bei unterschiedlichem Verlauf der Einzahlungen

Zeitablauf	Anlage I		Anlage II	
	zahlungen Aus-	Ein-zahlungen	Aus-zahlungen	Ein-zahlungen
1. Jahr	10 000,—	500,—	10 000,—	4 000,—
2. Jahr		1 000,—		3 000,—
3. Jahr		3 000,—		2 000,—
4. Jahr		5 500,—		1 000,—

Die statische Amortisationszeit beträgt in beiden Fällen vier Jahre. Der unterschiedliche Verlauf der Rückflüsse macht jedoch eine Differenzierung des Risikos notwendig. Diese Differenzierung wird durch den Finanzplan berücksichtigt. Er dient als Grundlage für Vorsorgemaßnahmen zur Gewährleistung der Zahlungsbereitschaft (vgl. 3. Teil, B. II., 2.).

B. Der Marktzins im Bewertungsvorgang der Investitionsentscheidung

I. Die Rentabilitätsentscheidung

Die erwerbswirtschaftliche Unternehmung verfolgt das Rationalprinzip in der Form des Gewinnmaximierungsstrebens. Die Vorteilhaftigkeit einer Investition wird primär an der erzielten Rentabilität gemessen. Als Instrument dienen dazu die Wirtschaftlichkeitsrechnungen. Die Rechenergebnisse selbst stellen noch nicht das Entscheidungsergebnis dar. Je nach subjektiven Vorstellungen des Investors über die beste Möglichkeit der Zielverwirklichung werden die Ergebnisse der Wirtschaftlichkeitsrechnungen unterschiedlich bewertet und üben unterschiedlichen Einfluß auf das Entscheidungsergebnis aus. So könnte z. B. ein kurzfristiger oder ein langfristiger Rentabilitätsmaßstab zugrunde gelegt werden. Bei Maximierung des Periodengewinnes können die Ergebnisse der auf die nächste Periode abgestellten MAPI-Methode wertvolle Hilfe leisten. Langfristige Gewinnmaximierung bedeutet im Extremfall nichts anderes, „als daß der Unternehmensgewinn als eine Totalgröße während der Lebensdauer des Unternehmens möglichst groß sein soll“[148]. Der in den Wirtschaftlichkeitsrechnungen zugrunde gelegte Zeitraum ist dagegen die Lebensdauer der einzelnen Investitionsprojekte. Horst *Albach* weist nach, daß Maximierungen der „Rentabilitätsbeiträge einzelner Investitionsobjekte nicht zwangsläufig zum höchsten Gesamtgewinn führen“[149] und stellt damit die Forderung nach einer Meßvorschrift, „welche die Rentabilität der jährlichen Investitionsprogramme als Teil einer langfristigen optimalen Gesamtpolitik des Unternehmens widerspiegelt ...“[150]. Diese Forderung der Theorie bleibt jedoch für die Praxis undurchführbar, da für eine derartige Rentabilitätspolitik

1. die Lebensdauer der Unternehmung bekannt und
2. die insgesamt noch zu verwirklichenden Kapitaldispositionen bestimmbar

sein müßten. Wohl aber kann der relevante Planungshorizont über die Projektdauer hinausgehen, was zur Folge hat, daß man eine Anschlußinvestition zu berücksichtigen hat bei der Maximierung der Unternehmungsrentabilität für den Planungszeitraum[151].

Für die Erörterungen des Einflusses des Marktzinses auf die Rentabilitätsentscheidung spielen jedoch diese Erwägungen nur insoweit eine Rolle, als der Marktzins wie alle anderen zukunftsgerichteten Größen in seinem Zeitablauf und den damit verbundenen Größenvariationen nicht mit Sicherheit vorauszuermitteln ist. Wir können deshalb ohne

---

148 *Albach*, Horst: Rentabilität und Sicherheit als Kriterien betrieblicher Investitionsentscheidungen, a.a.O., S. 585.

149 Ebenda, S. 585.

150 *Albach*, Horst: Rentabilität und Sicherheit als Kriterien betrieblicher Investitionsentscheidungen, a.a.O., S. 586.

151 Vgl. hierzu *Modigliani*, Franco und *Hohn*, F. E.: Production Planning over Time and the Nature of the Expectation and Planning Horizon, in: Econometrica 1955, S. 46 ff.; *Modigliani*, Franco und *Cohen*, K. J.: The Significance and Use of Ex Ante Data, in: Bowman, M. J. (Hrsg.): Expectations, Uncertainty, and Business Behavior, New York 1958.

weiteres von der Prämisse der Gewinnmaximierung jedes Investitionsprojektes ausgehen. Ebenso können wir die Rentabilitätsentscheidung aufgrund einer Marginalbetrachtung vernachlässigen, da die Infinitesimalrechnung nicht auf das Verhältnis der Entscheidungskriterien untereinander ausgerichtet ist, sondern auf einen Marginalvergleich alternativer Investitionsmöglichkeiten[152]. Die rechnerische Rentabilität einer geplanten Investition ergibt sich aus dem Kapitalwert, ins Verhältnis gesetzt zum Kapitaleinsatz, oder aus dem Internen Zinsfuß. Mit Hilfe dieses Wertes kommt der Investor zu seiner Vorteilhaftigkeitserwägung, ob die geplante Investition durchgeführt werden soll oder nicht. Ray *Reul* nennt die rechnerische Rendite des geplanten Projektes treffend „Profitability Index"[153]. Die Entscheidungsfindung geschieht durch *Beurteilung* und *Bewertung* dieser rechnerischen Rentabilitätsziffer, durch ihren Vergleich mit einer Mindestrendite. Die errechnete Rendite ist also diejenige Größe, die am Maßstab der Rentabilität gemessen wird, nicht der Maßstab selbst. Zur Entscheidungsfindung bedarf es demnach einer Quantifizierung des Rentabilitäts*maßstabes*.

1. Die kapitalkostenorientierte Rentabilitätsentscheidung

Die Ermittlung der gesamten investitionsbezogenen Kapitalkosten in Abhängigkeit von der Finanzierungsform und ihre Auswirkungen auf die zu fordernde Mindestrendite im Einzelfall wird im Zusammenhang mit dem Einfluß der Finanzierung auf die Investitionsentscheidung untersucht werden (vgl. 3. Teil, B., III., 2.). Im folgenden sollen sie als gegeben angesehen werden. Die Gründe, die dafür sprechen, die Kapitalkosten als Bestandteil der Mindestrendite zu betrachten, wurden bereits dargelegt (vgl. 3. Teil, A., I., 1., e).

Die Berücksichtigung der Kapitalkosten in der anzusetzenden Mindestverzinsung entspringt dem jedem Finanzierungsvorhaben eigenen Motiv der ‚Kapitalerhaltung und -vermehrung'. Kapital setzt der Investor nur zu dem Zwecke ein, dadurch Mehrkapital zu erwirtschaften[154]. Die zu ermittelnde Mindestrendite ist wie alle Größen der Investitionsplanung zukunftsgerichtet. Diese Tatsache birgt das Risiko der im Zeitablauf zunehmenden Unsicherheit der Erwartungen in sich, das man als unvermeidbares generelles Unternehmerrisiko bei der Entscheidungsfindung bezeichnen kann. Ausgestaltung kann es z. B.

---

152 Zur Rentabilitätsanalyse als Marginalvergleich s. *Heister*, Matthias: Rentabilitätsanalyse von Investitionen, a.a.O., S. 98—113.

153 *Reul*, Ray J.: Profitability Index for Investments, in: HBR Juli/August 1957, S. 43—59, hier S. 48.

154 Vgl. *Rieger*, Wilhelm: Einführung in die Privatwirtschaftslehre, a.a.O., S. 44; *Linhardt*, Hanns: Das Objekt der Wirtschaftswissenschaft, a.a.O., S. 162; *Scheffler*, H. E.: Investitionen und ihre Wirtschaftlichkeit, a.a.O., S. 49.

in der Überlegung des Investors finden, daß sich das Kapital bei anderweitigem Einsatz vielleicht besser rentiert hätte, oder bezogen auf die Kapitalkosten, daß die Kapitalverzinsung diese nicht decken werden. Die Frage liegt für den Unternehmer also darin, zu erkennen, „welchen Verlustgefahren das eingesetzte Kapital ausgesetzt ist und welche Möglichkeiten sich der Unternehmung anbieten, um diese Risiken auszuschalten oder abzudecken“[155]. Heinrich *Jonas* bezeichnet dies als das Risiko der Unrentierlichkeit[156].

Am ehesten läßt sich diese Abwägung von Fremdkapitalkosten und Einzahlungsüberschüssen des geplanten Investitionsvorhabens in Dimensionen vornehmen, die vergleichbar und für beide Kriterien relativ genau zu ermitteln sind. Das sind, wie leicht einzusehen ist, nicht die absoluten Überschußbeträge bzw. Finanzierungskosten, sondern deren Prozentsätze. Die vergleichende Bewertung wird also am besten durch eine Gegenüberstellung von Fremdkapitalzinssatz und Investitionsrendite der Rentabilitätsrechnung durchgeführt. Wenn diese Sätze vergleichbar sind, so ist mit der Bedingung, daß die rechnerische Investitionsrendite *über* dem Fremdkapitalzinssatz liegt, die geplante Investition unter Kostengesichtspunkten als ‚rentabel‘ anzusehen.

Damit diese Zinssätze jedoch vergleichbar sind, müssen folgende Bedingungen erfüllt sein. Beide Zinssätze müssen

(1) sich auf den gleichen Zeitraum beziehen und

(2) denselben Sachbezug haben.

Die rechnerische Investitionsrendite bezieht sich auf die gesamte geplante Nutzungsdauer der Investition. Eine Vergleichbarkeit mit dem Marktzins ist nur dann gegeben, wenn das eingesetzte Kapital mit seinen Kosten für dieselbe Zeitspanne gerechnet ist. *Wann* das Kapital aber freigesetzt wird, hängt von den Zahlungseingängen durch Verkaufserlöse ab. Wenn wir annehmen, daß von der Absatzseite des Unternehmens her keine hemmende Wirkung auf die geplanten Einzahlungen einschließlich ihrer Termine ausgeht, so wird bei Anwendung des steuerlich höchstzulässigen Abschreibungssatzes das eingesetzte Kapital in aller Regel *vor* Ablauf der Nutzungsdauer des Investitionsobjektes zurückfließen und eventuell für neue Zwecke eingesetzt werden können. Aber auch die Gefahr eines „Einfrierens“ des eingesetzten Kapitals besteht, also eine außerplanmäßige Verlängerung der Einsatzdauer. Der Investor muß diese Diskrepanzen berücksichtigen.

---

[155] *Hahn*, Oswald: Probleme der Kapitalerhaltung in Entwicklungsländern, a.a.O., S. 3; vgl. bezüglich der Risiken des Kapitaleinsatzes in der Unternehmung auch *Schmidt*, Werner H. F.: Die Kapitalfehlleitung in der Unternehmung, Bühl/Baden 1935.

[156] Vgl. *Jonas*, Heinrich: Zur Methode der Rentabilitätsrechnung beim Investitionsvergleich, in: ZfB 31. Jg. (1961), S. 1—11, hier S. 5.

Ist die Einsatzdauer des Kapitals kürzer als die Nutzungsdauer des Investitionsobjekts, so hängt die zu berücksichtigende rechnerische Verzinsung von der Anschlußverwendung des Restkapitals ab. Liegt die bei der Zweitdisposition des Differenzkapitals zu erwartende Rendite *unter* der Investitionsrendite der Erstinvestition, so muß der Investor eine Kürzung der seitherigen Rendite im Verhältnis der Erträge aus beiden Kapitaldispositionen in Kauf nehmen. Mit dieser Angleichung stellt er gleichzeitig die vergleichbare Zeitbezogenheit der beiden Zinssätze (Rechnerische Rendite und Fremdkapitalzins) her.

Kennt der Investor die Anschlußverwendung des Differenzkapitals im Zeitpunkt der Planung noch nicht — was der Normalfall sein wird —, so muß er von einer Anschlußverwendung entweder am Finanzmarkt oder in der Unternehmung ausgehen und den für diesen Zeitraum geltenden Habenzins am Finanzmarkt oder die durchschnittliche Unternehmungsrendite zur Korrektur des ursprünglichen Internen Zinsfußes des Projektes heranziehen.

Ein erneuter Vergleich dieser kombinierten rechnerischen Rendite des einzusetzenden Kapitals mit dem Kapitalkostensatz kann nun durchaus das Ergebnis der Rentabilitätserwägungen umstoßen.

Im entgegengesetzten Fall einer höheren Verzinsung der Anschlußinvestition gegenüber dem Hauptprojekt wird der Investor häufig keinen angehobenen Proportionalsatz bilden, um dem Umstand Rechnung zu tragen, daß bei der Unsicherheit der zukünftigen Erwartungen und Investitionsmöglichkeiten dieser erhöhte Zinssatz für die Anschlußinvestition im heutigen Zeitpunkt durchaus ungewiß ist und nach dem kaufmännischen Vorsichtsprinzip deshalb außer Ansatz bleiben muß. In diesem Fall wird der Investor also die errechnete Nominalverzinsung der Originärinvestitionen trotzdem unverändert dem Kapitalkostensatz gegenüberstellen.

Aber auch bei den *Fremdkapitalzinsen* gilt das Gesetz des proportionalen Durchschnittszinssatzes. Wenn damit gerechnet werden muß, daß für eine Investition zu einem späteren Zeitpunkt weiteres Fremdkapital zu höheren Zinsen aufgenommen werden muß, ist der Fremdkapitalzinssatz im Verhältnis der zu erwartenden Mehrbelastung anzuheben. Eine spätere Fremdkapitalaufnahme kann geplant sein aufgrund der Struktur des Auszahlungsstromes der Investition. Sie kann aber auch völlig überraschend aufgrund rückläufiger Einzahlungen oder unvorhergesehener Mehrauszahlungen auftreten. Die geplante Mehraufnahme von Fremdkapital, die eventuell sogar schon vertraglich fixiert ist, kann ohne weiteres im Fremdkapitalkostensatz berücksichtigt werden. Anders liegt der Fall, wenn jene unquantifizierbaren Unsicherheitsfaktoren des zweiten Falles irgendwie einbezogen werden sollen. Ihre Berücksichtigung findet wohl am besten bei der Gegenüberstellung von Investitionsrendite und Mindestverzinsung im Rahmen der Risikoabwägungen statt (vgl. 3. Teil, B., I., 3.).

2. *Die Opportunitätsrendite als Grundlage der Entscheidung*

Die vom Investor geforderte Mindestverzinsung kann aber nicht nur auf den Kapitalkosten aufbauen, sondern auch auf dem Nutzen, den das zu investierende Kapital im Bereich des Investors abwerfen könnte. Bei Verwendung des Nutzens als Vergleichsmaßstab ergeben sich zwei fundamentale Schwierigkeiten

i. die Meßbarkeit des Nutzens

ii. der Bezugsbereich des Nutzens.

i. Die Möglichkeit *unterschiedlicher* Beurteilung eines bestimmten Vorganges durch verschiedene Personen macht eine objektive Bewertung dieses Vorganges problematisch, je nach Art des Vorganges sogar unmöglich. In den Bereich betriebswirtschaftlicher Erwägungen kann deshalb nur der Nutzen einbezogen werden, der rational begründbar ist und dem nachprüfbare Vorstellungen zugrunde liegen. In der Regel bleibt eine vollständige Nachvollziehbarkeit deshalb beschränkt auf quantifizierbare Nutzenvorstellungen, die ihren Ausdruck finden in den *Ertrags*vorstellungen des Investors. Dabei muß jedoch dieser Nutzenmaßstab keinesfalls immer absolut quantifizierbar sein. Häufiger wird der Investor lediglich mit Hilfe des Nutzenvergleichs eine Aussage über Mehr- oder Minderertragsmöglichkeiten alternativer Projekte machen können; eine Aussage, die unter Umständen zur vorteilhaftigkeitsorientierten Durchführungsentscheidung ausreicht.

ii. Der Bezugsbereich des Nutzens wird in der Literatur bei der Investitionsentscheidung in der Regel auf den absolut meßbaren Vorteil, nämlich gegenüber alternativer Kapitalverwendung, begrenzt. So schreibt Heinrich *Jonas:* „Von der Seite des Nutzens her gesehen bemißt sich die Mindestrendite nach der Rentabilität der gewinnreichsten Investition, die mit den zur Verfügung stehenden Mitteln gerade nicht mehr durchgeführt werden kann. Diesen Zins müssen die in Angriff genommenen Investitionen mindestens bringen, da sonst der Unternehmung ein Verlust in Höhe der Differenz zwischen dem entgangenen und dem realisierten Nutzen erleiden würde[157]." Es handelt sich hier also um den *Rentabilitäts*vergleich zweier Investitionen[158].

---

[157] *Jonas,* Heinrich: Zur Methode der Rentabilitätsrechnung beim Investitionsvergleich, a.a.O., S. 3.

[158] Vgl. dazu auch *Münstermann,* Hans: Bedeutung der Opportunitätskosten für unternehmerische Entscheidungen, in: ZfB 36. Jg. (1966), 1. Ergänzungsheft, S. 18 ff.

Diese Gegenüberstellung der geplanten Kosten und Erträge birgt im Grunde keine besonderen Schwierigkeiten. Probleme treten lediglich bei der Ermittlung der zu vergleichenden Werte auf. Hier liegen die Probleme der unsicheren Zukunftserwartungen und die Gefahren einer Kapitalfehlleitung, indem Kapital eingesetzt wird, das „unter gegebenen Bedingungen den verfügungsberechtigten Personen wirtschaftlich gerechtfertigt erschien, sich aber nachher (!) als wirtschaftlich nicht gerechtfertigt herausstellte“[159]. Auch durch die von uns vorgeschlagene Wahl der Prozentsätze als Vergleichsgrößen kann dieses Risiko natürlich nicht ausgeschaltet werden.

Als Bezugsbereich des rentabilitätsorientierten Nutzens kann aber auch nicht nur der Investitionsbereich, sondern nur das gesamte eingesetzte Eigenkapital angesehen werden. Dabei kann der Nutzen immer nur *personen*bezogen sein. Das bedeutet, daß auch die Rentabilität in diesem Zusammenhang als Nutzenmaßstab nur auf den *Unternehmer* bezogen werden kann. Eine Vorteilhaftigkeitsentscheidung im Hinblick auf die Eigenkapitalrendite kann dann nur dort richtig erfüllt werden, wo die Entscheidungsbefugnis über die Investitionsdurchführung den Kapitaleigentümern zusteht. Bei allen jenen Unternehmungen, die die Investitionsentscheidung anderen Personen als den Kapitaleignern übertragen, fällt die Nutzenmaximierung *nicht* mit dem Ziel der Maximierung der Eigenkapitalrendite zusammen. Hier zeigen sich die engen Beziehungen zwischen Eigentum und Macht in unserer Wirtschaftsform[160]. Eine Nutzenentscheidung kann deshalb nur vom Unternehmer selbst gefällt werden, da ihre Faktoren nur *in eigenem Interesse* bewertet werden können. Das besagt nicht, daß nicht auch von anderen Personen in der Unternehmung solche Investitionsentscheidungen getroffen werden können, nur wird grundsätzlich die Nutzenvorstellung des Entscheidungsträgers maximiert, d. h. der Geschäftsführer wird — bewußt oder unbewußt — *seinen* Gewinnanteil an dem geplanten Projekt, der Abteilungsleiter *sein* Gehalt oder den Ausbau *seiner* Stellung im Unternehmen anstreben[161].

Noch deutlicher wird dies, wenn man die Ebene der meßbaren Nutzenkriterien wie Rentabilität, Kostenminderung und Zeitersparnis verläßt. Eine Vielzahl von Nutzenvorstellungen sind nur vom rein subjektiven Standpunkt des Investors aus zu beurteilen und entziehen sich einer allgemeingültigen Untersuchung. Solche Überlegungen spielen

---

[159] *Linhardt*, Hanns: Buchbesprechung von: *Schmidt*, W. H. F.: Die Kapitalfehlleitung in der Unternehmung, Bühl/Baden 1935, in: JbfNÖuStat 147. Bd. (1938), S. 619 ff., hier S. 623.

[160] Vgl. zu diesem Problem insbesondere *Kirsch*, Werner: Zur Problematik „optimaler“ Kapitalstrukturen, in: ZfB 38. Jg. (1968), S. 881 ff., insbes. S. 886.

[161] Vgl. *Lux*, Emil: Moderne Unternehmensführung, in: Die Aussprache, 18. Jg. (1968), S. 255 f., hier S. 255.

vielfach bei Sozialinvestitionen, Repräsentationsinvestitionen, Prestigeanschaffungen u. ä. eine dominierende Rolle. Der Nutzen solcher Investitionen ist nicht meßbar, genauso wenig wie die ‚rechnerische Vorteilhaftigkeit' einer solchen Investition. Dem Marktzins kann bei diesen Investitionsentscheidungen höchstens die Rolle eines unbewußten, unterschwelligen Stimulans als Ausdruck der Entwicklung der Gesamtwirtschaft zukommen (vgl. 2. Teil, B., I., 3., b)). Eine einheitliche Analyse und eine nachvollziehbare Entscheidungsfindung kann jedoch nicht statuiert werden.

3. *Das Risiko einer Fehlinvestition als Kriterium der Mindestverzinsung*

Viele Autoren treten dafür ein, entweder beim Kalkulationszinsfuß, den sie in Erfüllung einer Mehrzahl von Aufgaben auch als Repräsentanten einer Mindestverzinsung betrachten, oder — wie hier — bei der Mindestverzinsung als Vorteilhaftigkeitsfaktor das Risiko der Fehlinvestition in Form eines prozentualen Zuschlages zum Marktzinsfuß anzusetzen. Hier wie dort gelten unsere Einwendungen, daß die Möglichkeit dieser Quantifizierung eine funktionale Abhängigkeit zwischen Verzinsung und Risiko voraussetzen würde. Unter diesem Gesichtspunkt kann also das allgemeine Unternehmerrisiko auch nicht in die vom Investor zu fordernde Mindestverzinsung einbezogen werden. Anders liegt der Fall bei den bereits erwähnten speziell mit einer bestimmten Investition verbundenen Risiken. Soweit sie quantifizierbar und leistungswirtschaftlichen Ursprungs sind, müssen sie, da sie sich begründbar renditeschmälernd auswirken, in der Investitionsanalyse berücksichtigt werden. Wie an anderer Stelle betont, erscheint es uns angebracht, diese Risiken bei der Schätzung der sich dadurch vermindernden zukünftigen Einzahlungen zu berücksichtigen (vgl. 3. Teil, A., I., 1., b), 3., iii.). Soweit diese Risiken finanzwirtschaftlichen Ursprungs sind, sind sie in der Entscheidungsfindung, also in der hier erörterten Mindestrendite[162], in Ansatz zu bringen.

Für nichtquantifizierbare Risiken muß ein anderes Verfahren der Einbeziehung in die Entscheidungsfindung zur Anwendung gelangen. Überhaupt berücksichtigt werden können allerdings nur Risiken solcher Art, deren Ausmaß sich zumindest in gewissen Bandbreiten ihrer Auswirkungen abschätzen lassen. Für sie müssen die Gewinne aus der geplanten Investition ein genügend großes Äquivalent darstellen. Nimmt man das Risiko zu den übrigen nicht quantifizierbaren Faktoren der Entscheidung hinzu, so ist in den meisten Fällen eine Aussage über die Vorteilhaftigkeit einer Investition dergestalt möglich, daß man

[162] Gedacht ist hier an den Fall, daß eine (alternative) Finanzinvestition die Höhe der Mindestverzinsung bestimmt.

(a) errechnete Verzinsung und Mindestrendite einander gegenübergestellt und

(b) aus ihrem positiven Unterschied eine Abwägung der nicht *absolut* zu quantifizierenden Faktoren einschließlich der Risiken

vornimmt. Bei einem Internen Zinsfuß von beispielsweise 25 % und einer aufgrund der Finanzierungskosten zu fordernden Mindestverzinsung von 7 %, ist eine Kalkulierung der Risiken von der Residualverzinsung her — dem Gewinn der Investition — einfacher. Der Investor kann leichter darüber entscheiden, ob er für eine Mehrverzinsung von 18 % alle mit einer bestimmten Investition verbundenen Risiken und Unsicherheiten in Kauf nehmen will oder nicht. Er muß hier nur ein grundsätzliches Gegeneinanderabwägen vornehmen, das in aller Regel leichter anzustellen ist, als die Bestimmung der Risiken im einzelnen und ihrer absoluten Höhe nach. Nur in Grenzfällen niederer Verzinsung der geplanten Investition ist dann noch eine genauere Begrenzung notwendig; beispielsweise wenn der Interne Zinsfuß des Investitionsprojektes lediglich zwei Prozent über den Kapitalkosten liegt. Dann entscheidet ohnedies die Notwendigkeit und Dringlichkeit in bezug auf den übrigen Betriebsablauf über die Durchführung der Investition. Auch andere Kriterien, wie das Streben nach Macht, Ansehen, Sicherheit, Marktstellung u. ä. können auch in einer gewinnorientierten Unternehmung in Einzelfällen kurzfristig das Rentabilitätsstreben überlagern und dieses zweitrangig werden lassen.

II. Die Liquiditätsentscheidung

Im Hinblick auf die mit einer geplanten Investition anzustrebende maximale Rentabilität ergeben sich verschiedene Arten des Liquiditätsstrebens. Die erste Form ist ein Zweitkriterium für die Gesamtentscheidung *neben* der Rentabilitätsentscheidung, die zweite ist eine notwendige Nebenbedingung, die normalerweise *nach* dem positiven Vorteilhaftigkeitsentschluß (d. h. Rentabilitäts- plus erstgenannte Liquiditätsentscheidung) untersucht wird. In Ausnahmesituationen können jedoch äußerst ungünstige Ergebnisse der zweiten Liquiditätsprognose die Vorteilhaftigkeitsentscheidung des Investors wieder umwerfen, vor allem dann, wenn die sich daraus ergebenden Bedingungen für den Investor unerfüllbar sind.

1. *Die Auswertung der Amortisationsrechnungen*

Neben der Beurteilung der Ergebnisse der Rentabilitätsrechnungen zieht der Investor auch die Ergebnisse der Amortisationsrechnung heran. Von besonderer Bedeutung wird die Amortisationszeit in Krisenzeiten, in denen der Investor das Risiko sehr langfristiger Kapitalbindungen ungern eingeht. So wurde z. B. in der Zeit wirtschaftlicher Labilität der zwanziger Jahre in Amerika eine Umfrage veranstaltet, bei der 97,4 % aller befragten Industriellen der Ansicht waren, das investierte Kapital müsse spätestens in fünf Jahren wiedergewonnen sein, 61,4 % gaben sogar nur drei Jahre an[163]. Vergleichsbasis für die Amortisationszeit kann entweder eine bereits durchgeführte ähnliche Investition der Vergangenheit sein oder bei Alternativentscheidungen ein zweites vergleichbares Investitionsprojekt.

Der Investor versucht bei Beurteilung der Vorteilhaftigkeit ein optimales Verhalten zwischen Rentabilitätsvorteil und Liquiditätsvorteil zu erreichen. Was als optimales Verhalten anzusehen ist, läßt sich nur in groben Umrissen allgemeingültig darstellen. Im Einzelfall entscheidet der Investor subjektiv, ob er beispielsweise einer Investition mit einer Rendite von 25 % mit Wiedergewinnungszeit von zehn Jahren oder einer Investition mit einer Verzinsung von 20 % und acht Jahren den Vorzug geben will. Je nach der subjektiven Gewichtung von Rentabilitäts- und Liquiditätskriterien wird der Optimalpunkt einer Grenzinvestition verschieden determinierbar. Allgemein kann lediglich gesagt werden, daß die Rentabiliät in der Gewichtung um so mehr den Ausschlag geben muß, je geringer sie wird; die Amortisationszeit dagegen gewinnt an entscheidender Bedeutung, je höher sie steigt. Ausgegangen werden muß dabei von einer Grundrelation zwischen Rentabilität und Liquidität, die beim erwerbswirtschaftlichen Unternehmer so aussieht, daß die Rentabilität Primärziel und die Liquidität notwendige Bedingung ist, die aufrechterhalten werden muß (vgl. 2. Teil, B., II., 2.).

Ein Versuch graphischer Darstellung auf nebenstehender Seite soll das erläutern.

Wenn wir davon ausgehen, daß der Investor der Rentabilitätssteigerung dreimal mehr Bedeutung zumißt als der Liquiditätsverbesserung, so bewegen sich die akzeptablen Kombinationen von Rentabilität und Amortisationszeit oberhalb der Indifferenzkurve. Als Prämisse wird dabei angenommen, daß der Investor als längste akzeptable Amortisationszeit 15 Jahre annimmt und für absolut sichere, kurzfristige (ein Jahr) Investitionen eine Mindestverzinsung von 8 % verlangt. Aus der Kurve ist ersichtlich, um wieviel die Rentabilität einer geplanten Investition jeweils steigen muß, damit bei steigender Wiedergewin-

---

163 Vgl. *Alford*, L. P.: Technical Changes in Manufacturing Industries, Recent Economic Changes I, New York 1929, p. 139; zitiert nach *Lutz*, Friedrich A.: Zinstheorie, a.a.O., S. 179.

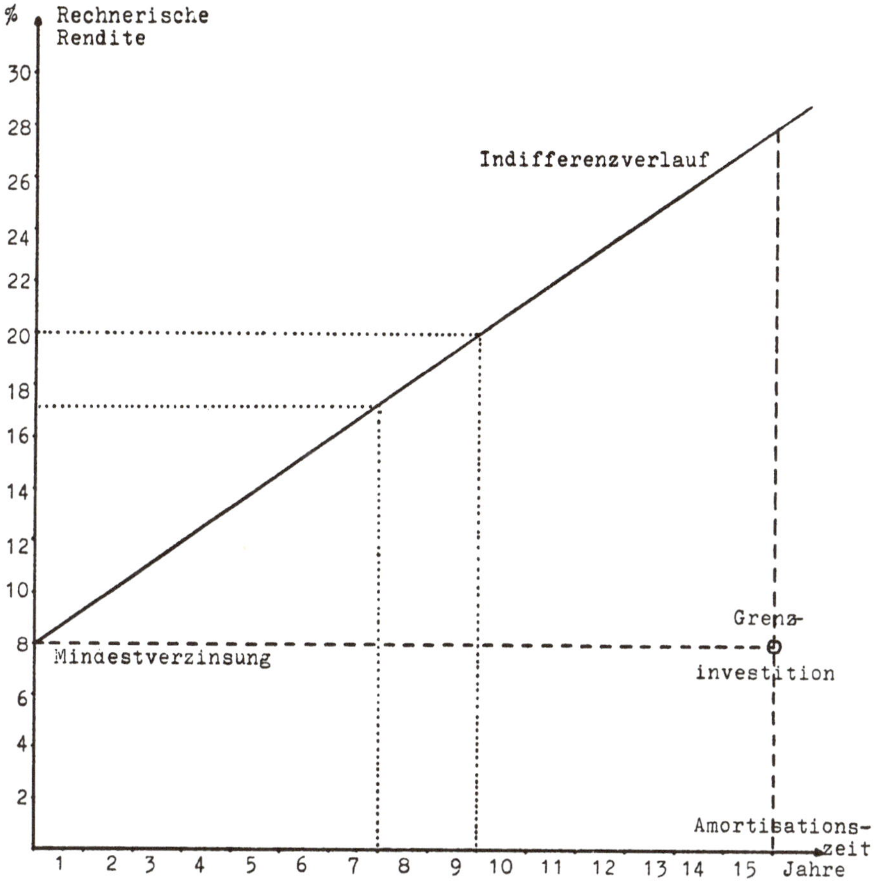

Abb. 10. Vorteilhaftigkeitsentscheidung des Investors durch Gewichtung von Verzinsung und Amortisationszeit

nungszeit die Investition für den Investor indifferent bleibt. So erscheint z. B. dem Investor eine Investition mit 20 % Rendite und neun Jahren Wiedergewinnungszeit ebenso erstrebenswert wie eine Investition mit 17 % Verzinsung und sieben Jahren Amortisationszeit.

Vorteilhaftere Investitionen aus der Sicht des Investors müssen Werte *oberhalb* der Indifferenzgeraden aufweisen, wobei die Investition um so vorteilhafter wird, je höher die Verzinsung bei möglichst geringer Amortisationszeit wird. Je weiter bei einem bestehenden Investitionsvorhaben oder dem Vergleich mehrerer Projekte der Abstand der einzelnen Kombinationswerte vom Indifferenzverlauf ist, um so vorteilhafter ist diese Investition. Diese Indifferenzkurve darf allerdings nicht als eine Quantifizierung des Risikos angesehen werden, das der Investor durch Abwägung der Unsicherheit zukünftiger Erträge in Kauf zu nehmen gewillt ist. Hier wurde nur von der Mindestverzinsung, die durch Finanzierungskosten oder alternative Kapitalverwendung vorgegeben wurde, ausgegangen. Die hier dargestellte Proportionalität dürfte für die nicht liquiditätsorientierte Risikopolitik des Investors nicht zutreffen. Vielmehr wird hier ein überproportionaler Verlauf der Kurve anzunehmen sein, da die Unsicherheit der erwarteten Erträge mit zunehmender Planungszeit um ein Vielfaches zunimmt.

2. *Der Finanzplan*

1. Die zweite Liquiditätsprognose dient zur Feststellung der Liquidität im eigentlichen Sinne. Ihr grundlegender Zusammenhang mit der Investitionsentscheidung als Disposition über Kapital ergibt sich aus der logischen Folge:

(1) Gelddisposition

(2) Kreditdisposition

(3) Kapitaldisposition[164].

In diesen Stufen kommt nicht nur die unterschiedliche Anlageform der in der Unternehmung eingesetzten Mittel zum Ausdruck, sondern sie beinhalten gleichzeitig eine Fristigkeitsabstufung. Aus der Stufenfolge ergibt sich der natürliche Ablauf des Umsatzprozesses. Mit dem Mitteleinsatz auf höherer Stufe ist eine Erhöhung der Kapitalbindungsdauer, also eine Liquiditätsabnahme, verbunden. Die eingesetzten Mittel sollen jedoch diese Stufen nicht nur in liquiditätsmindernder Reihenfolge durchlaufen, sondern anschließend auch zurück bis zur Wiedergeldwerdung[165]. Die Erfassung und Steuerung dieses Prozesse ist Aufgabe des Finanzplanes.

Wir sind mit Karl *Hax* im Gegensatz zu Hanns *Linhardt* der Meinung, daß jedoch die zeitliche Folge der *Entscheidungen* nicht denselben Ablauf zeigen muß. Die Motive der Investition können sowohl von produktionswirtschaftlicher als auch von finanzwirtschaftlicher Seite ausgehen[166]. Durch Erstellen eines Finanzplanes wird das Einzahlungs-

[164] Vgl. *Linhardt*, Hanns: Die finanzielle Führung der Unternehmung, insbesondere der Aktiengesellschaft, in: Geld, Kapital und Kredit. Festschrift zum 70. Geburtstag von Heinrich Rittershausen, hrsg. von Hans E. Büschgen, Stuttgart 1968, S. 375 ff., hier S. 381.

[165] Vgl. *Rieger*, Wilhelm: Einführung in die Privatwirtschaftslehre, a.a.O., S. 160 ff.

[166] Vgl. *Hax*, Karl: Die Stellung des Finanzplans im Rahmen des betrieblichen Rechnungswesens, in: ZfhF, NF 7. Jg. (1955), S. 297; *Rittershausen*, Heinrich: Finanwirtschaft. Die kurzfristigen Finanzdispositionen, in: HdW, 2. Aufl., Köln-Opladen 1966, S. 381 ff., hier S. 421.

Auszahlungs-Verhältnis in jedem bestimmten Zeitpunkt der gesamten Amortisationsdauer ermittelt[167]. Dieser Investitionsfinanzplan wird dem Gesamtplan der Unternehmung eingeordnet und ist mit Grundlage für Maßnahmen zur Aufrechterhaltung der jederzeitigen Zahlungsbereitschaft (relative Liquidität in dynamischer Sicht[168]) der Unternehmung. Das bedeutet, daß der Investitionsplan allein durchaus nicht jederzeit einen Einzahlungsüberschuß aufweisen muß; die Bedingung des „finanziellen Gleichgewichts"[169] ist nur an die Unternehmung als ganzes zu stellen[170]. Der Investitionsplan wird allerdings dann bedeutungsvoll, wenn der Finanzplan der Unternehmung in bestimmten Zeitpunkten, bedingt durch den Investitionsplan, Auszahlungsüberschüsse aufweist. Die Abstimmung des Investitionsplanes mit dem Gesamtfinanzplan dient dann als Vorstufe (durch Feststellung des Kapitalbedarfs) zur Aufrechterhaltung der Liquidität. „In Bezug auf die Zinsbelastung ergibt sich ... (dabei), daß die Aufnahme von Fremdkapital nicht nur an bestimmte Rückzahlungsmodalitäten bindet, sondern gleichzeitig auch zu laufenden Zinszahlungen führt, denen man in der Regel nicht ausweichen kann. Das ist deshalb nicht unbedenklich, weil der Liquidationsprozeß der Investitionen in einem mehr oder weniger hohen Maße ungewiß ist. Wenn die zukünftigen Einnahmen[171] hinter den Erwartungen zurückbleiben, dann können sich aus dem Zwang zu festen Zinsausgaben[171] Liquiditätsschwierigkeiten ergeben[172], die das Unternehmen möglicherweise zum Erliegen bringen, obgleich die Rentabilität der durchgeführten Investition auf lange Sicht befriedigend ist[173]." Es ist deshalb nicht nur wie bei der Rentabilitätsentscheidung eine periodenmäßige Gegenüberstellung der Aus- und Einzahlungen der Investition nötig, sondern im Finanzplan muß die Differenz dieser beiden Größen in jedem Zeitpunkt ermittelt werden. Jonas meint allerdings, es genüge eine jahresbezogene Liquiditätsrechnung, mit der festgestellt werden könne, „ob die Rendite, die das eingesetzte Kapital jedes Jahr abwirft, ausreicht, seine Kosten zu decken. Diese Kosten stehen mit der Finanzierung fest, sie brauchen also nicht geschätzt zu

[167] Vgl. *Lücke*, Wolfgang: Finanzplanung und Finanzkontrolle, Wiesbaden 1962, S. 5.

[168] Vgl. *Schäfer*, Erich: Die Unternehmung, a.a.O., S. 163.

[169] Dieser Begriff findet sich bereits 1939 bei *Linhardt*. Vgl. *Linhardt*, Hanns: Der Einsatz des Kapitals im Betriebe, in: Der Praktische Betriebswirt, 1939, II. Hj., S. 640 ff., hier S. 652.

[170] *Albach*, Horst: Rentabilität und Sicherheit als Kriterien betrieblicher Investitionsentscheidungen, a.a.O., S. 593.

[171] Korrekt müßten wir von Ein- und Auszahlungen sprechen.

[172] Vgl. *Linhardt*, Hanns: Liquiditätsprobleme bei der Unternehmensfinanzierung, in: BFuP, 13. Jg. (1961), S. 613—629, insbes. S. 615 f.

[173] *Hax*, Karl: Die Kapitalwirtschaft des wachsenden Industrieunternehmens, in: ZfbF, 16. Jg. (1964), S. 252 ff., hier S. 268.

werden"[174]. Dem ist entgegenzuhalten, daß sich die aus der Rentabilitätsrechnung für das geplante Projekt ergebende Rendite

(1) nicht auf *ein* Jahr, sondern auf die gesamte Nutzungsdauer des Investitionsobjektes bezieht und

(2) nur in dieser Totalbetrachtung der Investitionsgewinn den Einzahlungsüberschüssen entspricht.

Umgerechnet auf eine Periode ergeben sich regelmäßig sehr starke Differenzen zwischen Rendite und Einzahlungsüberschüssen. Die Einbeziehung der Investitionsrendite als Einzahlungsüberschuß in den Finanzplan unterbleibt deshalb nach kaufmännischem Vorsichtsprinzip aufgrund der Schwierigkeiten einer Umformung auf liquiditätswirksame Werte. Die durch die Investition bedingten Einzahlungen gehen über die Verkaufserlöse in den Finanzplan ein. Lediglich die Finanzierungskosten, soweit sie zu Auszahlungen führen — seien es Zins- oder Tilgungsbeträge — werden aus dem Investitionsplan in den Finanzplan übernommen.

2. In der Literatur werden bei der Abstimmung von Investitions- und Finanzplan gewöhnlich zwei Fälle unterschieden[175]:

(a) eine Abstimmung des gesamten Finanzplanes auf den Investitionsplan. Das ist dann der Fall, wenn genügend Finanzierungsmittel vorhanden sind oder sichergestellt ist, daß die fehlenden Mittel beschafft werden, um den Investitionsplan erfüllen zu können. In der Praxis wird das als Normalfall angesehen[176].

(b) eine Abstimmung des Investitionsplanes auf den Finanzplan der Unternehmung. „In denjenigen Situationen ..., in denen die finanziellen Mittel knapp sind, wird zunächst durch die Finanzplanung der Betrag ermittelt, der zur Durchführung von Investitionen zur Verfügung steht, und dann wird versucht, diesen Betrag bestmöglich auf die sich bietenden Investitionsmöglichkeiten zu verteilen[177]."

---

[174] *Jonas*, Heinrich: Zur Methode der Rentabilitätsrechnung beim Investitionsvergleich, a.a.O., S. 5.

[175] Vgl. *Albach*, Horst: Investition und Liquidität, Wiesbaden 1962, S. 21; *Beste*, Theodor: Der Stand der betriebswirtschaftlichen Planung, in: ZfhF 1942, S. 117; ders.: Art. Wirtschaftsplanung, in: HdB 2. Aufl., Stuttgart 1939, Sp. 2339 f.; *Husmann*, Heinrich: Die Investitionsplanung im Industriebetrieb, in: DB 1952, S. 85; *Kortzfleisch*, Gert v.: Die Grundlagen der Finanzplanung, Berlin 1957; *Stadler* Willy: Der Investitionsplan, in: Unternehmen und Unternehmensberater im Gemeinsamen Europäischen Markt, hrsg. v. IdW, Düsseldorf 1960, S. 269.

[176] Vgl. *Gutenberg*, Erich: Untersuchungen über die Investitionsentscheidungen industrieller Unternehmen, a.a.O., S. 189.

[177] *Albach*, Horst: Rentabilität und Sicherheit als Kriterien betrieblicher Investitionsentscheidungen, a.a.O., S. 593.

Der zweite Fall erlangt vor allem in Zeiten Bedeutung, in denen Kredit- und Kapitalmarkt funktionsunfähig oder für den Investor unzugänglich geworden sind. Dabei ergeben sich aber vor allem Probleme aus den in den einzelnen Perioden recht unterschiedlichen Mittelüberschüssen nach dem Finanzplan, die dann nur rein zufällig die Finanzierungsanforderungen der geplanten Investition optimal erfüllen dürften.

3. An einem Modellfall soll nun gezeigt werden, daß der Finanzplan in besonderen Ausnahmesituationen das bestimmende Kriterium für die Durchführungsentscheidung eines Investitionsvorhabens werden kann. Durch die unaufschiebbaren Zins- und Tilgungsauszahlungen kommt ihm primäre Bedeutung zu. Diese Auszahlungen verhalten sich zu einer Marktzinsveränderung jedoch nur dann direkt proportional, wenn zwischen Kapitalnehmer (= Investor) und Kapitalgeber Zinsgleitklauseln (vgl. auch 3. Teil, B., III., 1., b), (2)) vereinbart sind. In diesen Fällen kann eine Marktzinserhöhung im Zeitablauf dazu führen — insbesondere bei fallender Rendite der Investition (ein Zusammentreffen beider Kriterien ist direkt typisch für Depressionszeiten) —, daß die Auszahlungen die Einzahlungen übersteigen und bei ohnehin erschöpftem Kapitalmarkt die Beschaffung weiterer langfristiger Mittel für den Investor dringend erforderlich wird.

Um die Auswirkungen, die allein von der Art der Einzahlungsüberschüsse und ihrem Verlauf auf eine Investition ausgehen, darstellen zu können, werden drei von ihren technischen Anforderungen vergleichbare Investitionen A, B und C angenommen. Dabei ist es irrelevant, ob es sich um Real- oder Finanzinvestitionen handelt. Allen Projekten wird durch die Anwendung der Rentabilitätsrechnung der Charakter einer Finanzinvestition aufgeprägt. Sie werden insofern ‚vergleichbar gemacht'. Nun soll des weiteren angenommen werden, daß A, B und C denselben Internen Zinsfuß aufweisen. Darüber hinaus unterscheiden sie sich auch nicht in ihren Amortisationszeiten. Auf diese Weise wird erreicht, daß allein der *Zeitpunkt* des Anfallens der Einzahlungsüberschüsse primäres Entscheidungskriterium wird. Ein weiteres entscheidungspolitisches Moment ergibt sich dann nur noch aus der absoluten Höhe von Ein- und Auszahlungen.

(1) Der Normalfall liquiditätspolitischer Auswirkungen liegt in der Höhe der durch die Investition verursachten Aus- und Einzahlungen. Da wir gleiche Relationen zwischen diesen Größen, d. h. dieselben Renditen für A, B und C, voraussetzen, wird der Investor aufgrund der ebenfalls gleichwertigen technischen Voraussetzungen, diejenige Investition wählen, die ihm — absolut gesehen — die geringsten Auszahlungen verursacht (unter der gemachten Voraussetzung der Beschaffungs-

schwierigkeiten von weiteren Finanzierungsmitteln). In der Praxis wird diese Konstellation nicht der Regelfall sein, da mit höheren Anschaffungskosten normalerweise bessere technische Ausstattung und Modernität verbunden sein werden. Eine Entscheidung wäre unter diesen Umständen jedoch keine primär liquiditätsorientierte Investitionsentscheidung mehr.

(2) Um den Modellfall noch mehr zuzuspitzen, nehmen wir nunmehr auch noch *gleichhohe* Gesamtauszahlungen und -einzahlungen bei den Investitionen A, B und C an.

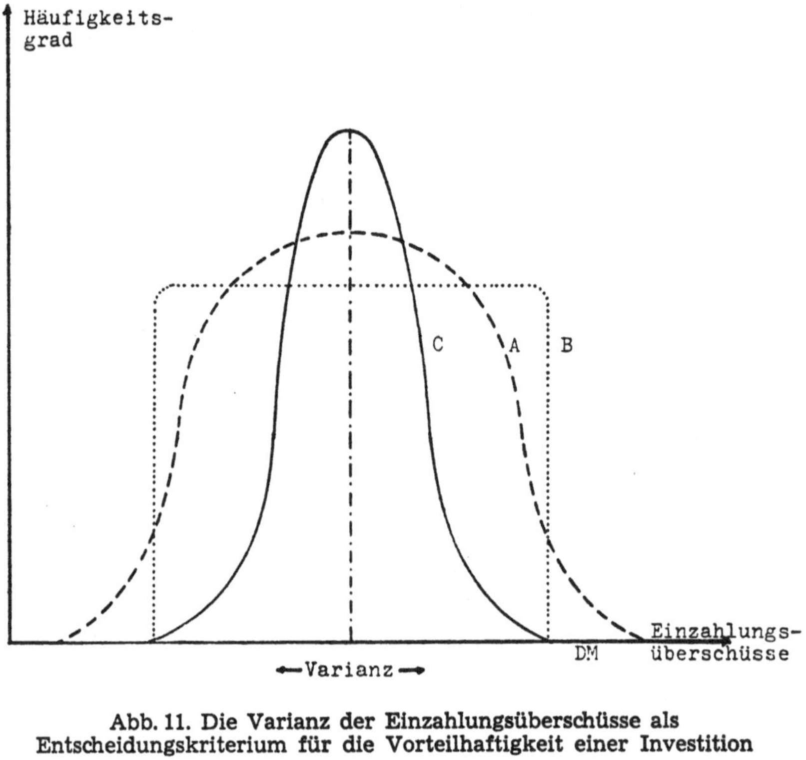

Abb. 11. Die Varianz der Einzahlungsüberschüsse als Entscheidungskriterium für die Vorteilhaftigkeit einer Investition

Der Unterschied zwischen diesen drei Alternativen soll lediglich in den Häufigkeitsverteilungen der einzelnen Einzahlungsüberschüsse und in deren unterschiedlichem Realisierungszeitpunkt liegen.

So weisen die Überschüsse der Investition A die größte Streuungsbreite auf, die wir Varianz der Einzahlungsüberschüsse nennen wollen[178]. Investitionen B und C zeigen dagegen eine geringere Varianz. Neben der Streuungsbreite kommt als Entscheidungskriterium der Art der Gesetzmäßigkeit des Eintrittes der Einzahlungen Bedeutung zu. Diese drückt sich geometrisch gesehen im Verlauf der Häufigkeitsverteilungskurven aus. Die Kurven weisen unterschiedliche Steigungsmaße an den verschiedenen Punkten auf (= Kurtosis[179]). Dabei ist auf die Gleichmäßigkeit der Steigung zu achten, da eine gleichbleibende Steigung, im Extremfall von 0, ab einem gewissen Punkt (vgl. Investition B) anzeigt, daß verschieden große Einzahlungsüberschüsse gleich häufig auftreten. In dieser Hinsicht ist also eine Investition um so ungünstiger, je mehr verschieden hohe Einzahlungsüberschüsse denselben Häufigkeitsgrad aufweisen, da hierdurch deren Höhenextreme unterschiedlich sind. Am günstigsten einzuplanen sind Häufigkeitsverteilungen, wie sie Investition C zeigt. Durch die Tatsache, daß nur *ein* bestimmter Betrag am häufigsten zu erwarten sein wird, ist eine Gleichmäßigkeit des Eintritts *gleichhoher* Einzahlungsüberschüsse gewährleistet.

Am ehesten tritt dieser Erfolg bei Investitionen ein, die den Finanzinvestitionen nahestehen. Vom liquiditätspolitischen Standpunkt aus, ist also das Investitionsprojekt C zu wählen, das insgesamt gesehen dadurch vorteilhafter erscheint als A und B, da das einzige vorteilswirksame Kriterium lediglich in der Varianz und Kurtosis der Einzahlungsüberschüsse liegt. Die bessere Einpassungsmöglichkeit in den Finanzplan gibt den Ausschlag.

III. Der Marktzins und die Finanzierung der Investition

Der Begriff der Finanzierung soll hier im Sinne der Kapital*beschaffung* verstanden werden[180]. Der Marktzins drückt dabei die Kapitalkosten bei Fremdfinanzierung aus. Für den Einfluß der Finanzierung

---

178 *Albach* verwendet den Begriff der Varianz beim Vergleich alternativer Investitionen desselben Internen Zinsfußes. Vgl. *Albach*, Horst: Wirtschaftlichkeitsrechnung bei unsicheren Erwartungen, a.a.O., S. 135 f.

179 Ebenda, S. 135 f.

180 Vgl. z. B. *Beste*, Theodor: Art. Finanzierung, in: Staatslexikon, 6. Aufl., Freiburg/Br. 1959, 3. Bd., S. 295; *Hahn*, Oswald, Neuere Wertpapierformen in der Industriefinanzierung, in: ZfhF NF 13. Jg. (1961), S. 26 ff., hier S. 27; *Hasenack*, Wilhelm: Fragen der Kapitalerhaltung und der Finanzierung, Wolfenbüttel 1949; *Hax*, Karl: Art. Finanzwirtschaft. Die langfristige Finanzdispositionen, in: HdW, Bd. I, 2. Aufl., Köln-Opladen 1966, S. 455 ff., hier S. 464; *Mellerowicz*, Konrad: Wert und Wertung im Betrieb, Essen 1952; *Schmalenbach*, Eugen: Die Finanzierung der Betriebe, Bd. 1, Kapital, Kredit und Zins in betriebwirtschaftlicher Beleuchtung, 4. Aufl., Köln-Opladen 1961 (1. Aufl. 1933). Anderer Ansicht ist Hans *Linhardt*, der zur Finanzierung umfassender alle Maßnahmen zählt, die darauf abzielen, der Unternehmung eine angemessene Kapitalausstattung zu geben. Vgl. *Linhardt*, Hanns: Kapitalbeschaffung, Leipzig 1939, S. 7.

und damit des Marktzinses auf die Investitionsentscheidung sind dabei zwei Probleme von Bedeutung

(1) Besteht ein Zusammenhang zwischen der Finanzierungsform und der Investitionsentscheidung und damit, zumindest bei Fremdfinanzierung, eine Zinsempfindlichkeit der Investitionen?

(2) Wie bestimmen dann die Kapitalkosten die Höhe der vom Investor zu fordernden Mindestverzinsung im Einzelfall?

1. Die Bedeutung der Finanzierung für die Investitionsentscheidung

a) Die Kreditabhängigkeit der Investition

Der Einfluß der Finanzierung erstreckt sich nicht nur auf die rechnerische Ermittlung einer Vorteilhaftigkeitsziffer und liquiditätspolitische Gesichtspunkte, sondern auch auf die Entscheidungsfindung selbst. Hierbei spielt insbesondere die Finanzierungsquelle eine Rolle[181]. Wenn die Investitionen vollständig aus unternehmungseigenen Mitteln in Selbstfinanzierung vorgenommen werden, ist die Frage der Finanzierung ziemlich unproblematisch. „Solange ... auf Grund der Kapitalbeschaffung über den Preis andere Finanzierungsquellen als die des Wertpapiermarktes ... reichlich und ständig (fließen, liegt) naturgemäß auch kein Bedarf an einer Fremdfinanzierung über den Kapitalmarkt von seiten der Investoren vor[182].“

Nun sind jedoch nicht alle Unternehmungen in der Lage, ihre Investitionen vollständig selbst zu finanzieren. Außerdem ergibt sich aus den betriebswirtschaftlichen Erkenntnissen der Kapitalrationalisierung, daß durch Verwendung von Fremdkapital die Rendite des Eigenkapitals (Unternehmerrentabilität) steigen kann. Deshalb finden sich in der Praxis überwiegend Mischformen der Investitionsfinanzierung; es wird unter möglichst optimaler Beachtung einer Selbstfinanzierungsquote sowohl mit Eigen- als auch mit Fremdkapital finanziert[183]. Die

---

181 Vgl. *Hoffmann*, Rolf-R.: Beziehungen zwischen Investitionen und Finanzierung im Bereiche des Betriebs, Berlin 1962.

182 *Wissler*, Albert: Das Zinsproblem in theoretisch-empirischer Sicht. Sonderheft der Schriftenreihe Forschung, Reihe A, Nr. 32, hrsg. v. Deutschen Institut für Wirtschaftsforschung, Berlin 1955, S. 62.

183 Zum Problem des optimalen Verhältnisses von Eigen- und Fremdkapital vgl. u. a. *Büschgen*, Hans E.: Zum Problem der optimalen Selbstfinanzierungsrate, in: ZfB 38. Jg. (1968), S. 305 ff.; *Buchner*, Robert: Anmerkungen zum Fisher-Hirshleifer-Ansatz der simultanen Bestimmung von Gewinnausschüttungs-, Finanzierungs- und Investitionsentscheidungen, in: ZfbF 20. Jg. (1968), S. 30 ff.; *Gutenberg*, Erich: Untersuchungen über die Investitionsentscheidungen industrieller Unternehmen, a.a.O., S. 173 ff.; *Knetschke*, Claus: Die Zinsreagibilität der industriellen Investition, a.a.O., S. 58 ff.; *Fettel*, Johannes: Selbstfinanzierung der Unternehmung, in: Janberg, Hans (Hrsg.): Finanzierungshandbuch, Wiesbaden 1964, S. 131 ff.

Investitionen, die *unumgänglich* auf die Fremdfinanzierung angewiesen sind, wollen wir als *kreditabhängig* bezeichnen[184], wobei es irrelevant ist, ob die Grenzen der Kreditfinanzierung damit erreicht werden oder nicht[185]. Die Kreditabhängigkeit kann einmal branchenbedingt sein, zum anderen mit der Kapitalaustattung der Unternehmung zusammenhängen, wobei häufig beide Elemente miteinander verknüpft sind. Außerdem hängt natürlich alles davon ab, ob der Kredit- und Kapitalmarkt funktionsfähig ist. Für bestimmte Industriezweige sind Großinvestitionen typisch; hier ist die Unternehmung im Normalfall einfach gezwungen, ihre Vorhaben teilweise mit fremden Mitteln zu finanzieren. So werden von Friedrich A. *Lutz* Eisenbahnen, Hochöfen, Schiffe als Paradebeispiele genannt[186], Erich *Preiser* und Albert *Wissler* führen Bau-[187] und Energiewirtschaft, Bergbau und Teile der Grundstoffindustrie an[188].

b) Die Zinsempfindlichkeit der Investition

1. Bei den kreditabhängigen Investitionen kommt nun dem Problem der Kapitalkosten und ihren Wirkungen auf die Investitionsdurchführung oder -unterlassung besondere Bedeutung zu. Als Kapitalkosten der Fremdfinanzierung sollen im folgenden zunächst nur die Fremdkapitalzinsen betrachtet werden. Diese Prämisse ist aufgrund ihrer Bedeutung gegenüber den einmaligen Finanzierungskosten gerechtfertigt und auch deshalb notwendig, weil die ‚einmaligen' Kosten der Finanzierung individuell sowohl nach der Häufigkeit ihres Auftretens als auch ihrer Höhe nach variieren. Sie müssen deshalb gesondert diskutiert werden (vgl. 3. Teil, B., III., 2., b), (1)). So bleiben vorerst steuerliche Gesichtspunkte — soweit sie nicht die Fremdkapitalzinsen betreffen — Emissionskosten, Gebühren, Provisionen der Finanzmakler, Kosten und Bearbeitungsgebühren für Vertragsgestaltung[189]

---

184 Der Ausdruck der ‚Kreditabhängigkeit' ist hier in anderem Sinne verwendet als bei *Preiser*, Erich: Investition und Zins, a.a.O., S. 112.

185 Vgl. hierzu *Jonas*, Heinrich: Die Grenzen der Kreditfinanzierung, Wiesbaden 1960.

186 Vgl. *Lutz*, Friedrich A.: Zinstheorie, a.a.O., S. 179; ders.: Geldpolitik als Konjunkturpolitik, a.a.O., S. 9 f.

187 Vgl. dazu insbes. o. V.: Wohnungsbau doch zinselastisch, in: HB v. 27. 11. 1965, S. 11; o. V.: Warnung vor der Aufnahme zu teurer Hypotheken, in: Die Welt, Nr. 56 v. 7. 3. 1960; o. V.: Hotelbau ist unrentabel, in: HB v. 25. 7. 1966; o. V.: Zinsbelastung der Industrie, in: ZfK 1962, S. 337 f.

188 Vgl. dazu auch *Jonas*, Heinrich: Die Grenzen der Kreditfinanzierung, Wiesbaden 1960. Vgl. *Preiser*, Erich: Investition und Zins, a.a.O., S. 109 und 115; *Wissler*, Albert: Das Zinsproblem in theoretisch-empirischer Sicht, a.a.O., S. 62.

189 Vgl. dazu im einzelnen *Rittershausen*, Heinrich: Industrielle Finanzierungen, a.a.O., S. 138, 191, 249 sowie *Groh*, Manfred: Die Kosten alternativer Finanzierungsentscheidungen bei Kapitalgesellschaften, in: DB 19. Jg. (1966), S. 389 ff.

ebenso außer Ansatz wie z. B. in der Bilanz der Aktiengesellschaft als Herstellkosten zu bilanzierende Bauzinsen.

2. Der Einfluß des Marktzinses auf die Investitionsentscheidung wurde in den dreißiger und vierziger Jahren vor allem von der volkswirtschaftlichen Seite, insbesondere von John Maynard *Keynes*, sehr stark hervorgehoben. Die Volkswirtschaftslehre prägte dafür den Begriff der Investitionsneigung (vgl. 2. Teil, B., I., 1.). Dabei wurden jedoch nicht nur die Einflüsse des Marktzinses als Fremdkapitalkostenanteil untersucht, sondern man versuchte, in ausgeprägtem Maße psychologische Auswirkungen von Zinsänderungen auf das unternehmerische Verhalten zu ergründen. Außerdem wurde vielfach übergangen, daß die Investitionsneigung von einer ganzen Anzahl weiterer Faktoren bestimmt wird, die teilweise einen wesentlich höheren Wirkungsgrad verzeichnen (so z. B. die Gewinnerwartungen des Investors).

Für die rein funktionale Abhängigkeit der Investitionsentscheidung vom Marktzins wollen wir von der einschlägigen Literatur[190] den Begriff der *Zinsempfindlichkeit* übernehmen.

Aus der Sicht des Kapitalmarktes, auf dem die Investoren als Kreditnehmer erscheinen, kann die Zinsempfindlichkeit auch definiert werden als die Preiselastizität der Kapitalmärkte[191]. „Als Zinsempfindlichkeit der Kreditnehmer können wir demzufolge das Verhalten der Kreditnehmer gegenüber Zinsänderungen bezeichnen — seien es nun Zinserhöhungen oder Zinssenkungen[192].“

Oswald *Hahn*[193] arbeitet zwei Formen der Zinsempfindlichkeit heraus

(1) eine Zinserhöhung bringt eine Abnahme der Kreditaufnahme und damit einen Rückgang der Investitionstätigkeit[194] und vice versa,

(2) eine Zinserhöhung bringt eine Zunahme der Kreditaufnahme und der Investitionstätigkeit.

Die zweite Form bezeichnet Oswald *Hahn* in Anlehnung an eine von Heinrich *Rittershausen* geführte Untersuchung[195] als *inverse* Zinsempfindlichkeit[196]. Diesen Sonderfall wollen wir außer acht lassen.

---

[190] Vgl. *Hahn*, Oswald: Die Zinsempfindlichkeit der Kreditnehmer, in: Österr. BankA 15. Jg. (1967), S. 390 ff.; *Knetschke*, Claus: Die Zinsreagibilität der industriellen Investition, a.a.O.; *Lutz*, Friedrich A.: Zinstheorie, a.a.O., S. 177.

[191] Vgl. *Hahn*, Oswald: Die Zinsempfindlichkeit der Kreditnehmer, a.a.O., S. 390; *Lutz*, Friedrich A.: Zinstheorie, a.a.O., S. 177; *Knetschke*, Claus, a.a.O., S. 43.

[192] *Hahn*, Oswald: Die Zinsempfindlichkeit der Kreditnehmer, a.a.O., S. 391.

[193] Ebenda, S. 391.

[194] Vgl. dazu auch *Hahn*, Oswald: Die Auswirkungen einer Diskonterhöhung auf die Unternehmer-Entscheidungen, a.a.O., S. 1255.

[195] *Rittershausen* stellt die inverse Nachfrage am Beispiel der Löhne in Verbindung mit der Hortung von Gütern dar. Vgl. *Rittershausen*, Heinrich: Die Zentralnotenbank, a.a.O., S. 284 ff. und 415 ff.

[196] Vgl. *Hahn*, Oswald: Die Zinsempfindlichkeit der Kreditnehmer, a.a.O., S. 390.

Die kreditabhängigen Investitionen werden im Fall (1) durch eine Zinserhöhung normalerweise nur dann betroffen, wenn sich die Investoren neu verschulden müssen, d. h. die Zinserhöhung vor Beschaffung des Fremdkapitals erfolgt[197]. „Altkredite werden demgegenüber vom Zinsanstieg — wie von jeder Zinsänderung — nur dann berührt, wenn die Konditionen eine Zinsgleitklausel (vgl. dazu 3. Teil, B., III., 1., b), (2)) enthalten. Das trifft immer zu für die typisch kurzfristigen Kredite (die im Rahmen langfristiger Investitionsprojekte zur Vor-, Zwischen- oder Nachfinanzierung dienen können; d. Verf.), aber auch für das langfristige Sparkassendarlehen — nicht jedoch für alte Vorhaben, die über den Kapitalmarkt oder über Realkreditinstitute finanziert worden sind[198]."

Aber selbst diese eingeschränkte Zinswirkung trifft nicht alle kreditabhängigen Investitionen in demselben Ausmaß. Erich *Preiser*[199] fand zwei weitere Prämissen, die auf eine Investition zutreffen müssen, um die Entscheidung über ihre Durchführung in ausgeprägtem Maße zinsempfindlich werden zu lassen. Als absolut zinsempfindlich könnten demzufolge nur Vorhaben angesehen werden, auf die folgende drei Kriterien zutreffen

(a) Hoher, unumgänglicher Fremdkapitalanteil, d. h. die Investition ist kreditabhängig

(b) Niedere Kapitalumschlagsquote der Unternehmung

(c) Lange Lebensdauer der geplanten Investitionen.

Diese drei Momente bewirken eine hohe Zins*belastung* der Investition[200]. Friedrich *Lutz* schätzt den Anteil der Bruttoinvestitionen, auf die alle drei Bedingungen zutreffen, immerhin auf 25 % aller Investitionen[201]. Aber diese allein bewirken jedoch nicht immer gleichzeitig eine Zins*empfindlichkeit*. Erich Preiser nennt sie „notwendige, aber nicht hinreichende Bedingung(en)"[202]. Die Veränderung des Zinses verändert die Kosten und damit ceteris paribus die Rendite; wie groß der allein entscheidende prozentuale Einfluß auf die Rendite ist, hängt jedoch nicht nur vom Ausmaß der Zins- und damit Kostenänderung ab, sondern auch von der Höhe der Profitrate, mit der der Investor rechnen

---

197 Vgl. *Hahn*, Oswald: Die Auswirkungen einer Diskonterhöhung auf die Unternehmer-Entscheidungen, a.a.O., S. 1255.

198 *Hahn*, Oswald: Die Zinsempfindlichkeit der Kreditnehmer, a.a.O., S. 392.

199 Vgl. *Preiser*, Erich: Investition und Zins, a.a.O., S. 128 ff.

200 *Knetschke*, Claus: Die Zinsreagibilität der industriellen Investition, a.a.O., S. 133 (Hervorhebung vom Verfasser).

201 Vgl. *Lutz*, Friedrich A.: The Interest Rate and Investment in a Dynamic Economy, in: AER Vol. XXXV (1945), Bd. 5, S. 826.

202 *Preiser*, Erich: Investition und Zins, a.a.O., S. 133.

kann[203]." Die höchste Zinsempfindlichkeit ist dann gegeben, wenn sich der Marktzinsfuß als Repräsentant der Fremdkapitalkosten und geforderter Mindestverzinsung und die rechnerische Rendite des Investitionsvorhabens entsprechen. Bei Erhöhung der Zinskosten steigt damit die geforderte Mindestrendite über den Internen Zinsfuß: die Investition wird unrentabel. Der Wirkung nach gleich, in der Aussage jedoch u. E. nicht zutreffend, stellen Erich *Preiser* und Claus *Knetschke* allein auf eine *geringe* Profitrate ab, die die Zinsempfindlichkeit bewirken soll[204]. Nicht die absolute Höhe der Profitrate bewirkt eine Zinsempfindlichkeit, sondern ihre Relation zur geforderten Mindestrendite, also zum Marktzins. Geht der *Unterschied* zwischen rechnerischer und geforderter Mindestverzinsung gegen Null, so bewirkt jede Marktzins- und damit Mindestrenditeerhöhung, daß der Marktzins über die Investitionsrendite steigt. Investitionen dieser Art sind zinsempfindlich. Diese Reaktion kann sich sowohl bei einer hohen als auch bei einer niedrigen rechnerischen Verzinsung des Vorhabens einstellen. Von Bedeutung ist nur, daß sich der Marktzinsfuß in etwa derselben Höhe bewegt. Bei einer geringen Profitrate und einem noch viel niedrigeren Marktzins ist also die Investition trotzdem zins*un*empfindlich.

Die Zinsempfindlichkeit der Investitionen von seiten der Finanzierung schrumpft damit auf eine verhältnismäßig geringe Anzahl besonderer Investitionen zusammen. Diese sind in einem eng begrenzten Bereich zu finden, in dem die geforderte Mindestverzinsung knapp über oder unter der errechneten Rendite liegt, in der Praxis kann zudem auch eine Investition dieser Arbeit bei Zinserhöhungen trotzdem durchgeführt werden müssen, wenn der Investor nichtrentabilitätsorientierte Zielvorstellungen verfolgt.

Man könnte allerdings der Meinung sein, daß der übrige Bereich der Unterdeckung ebenfalls eine Zinsempfindlichkeit beinhalte, eben weil rentabilitätsausgerichtete Investitionen nicht mehr zur Durchführung gelangen. Dieser Zusammenhang verkörpert jedoch keine funktionale Abhängigkeit, die u. E. gegeben sein muß, um im Gegensatz zur Investitionsneigung von einer Zins*empfindlichkeit* sprechen zu können. Änderungen des Marktzinses innerhalb dieses Unterdeckungsbereiches haben nämlich regelmäßig keinerlei Einfluß mehr auf die Investitionsentscheidung. Die geplante Investition kann jedoch durch eine Marktzinsänderung in den Bereich der Zinsempfindlichkeit gelangen. Eine Marktzinsänderung des Ausmaßes, daß die Investitionsentscheidung

---

[203] *Preiser*, Erich: Investition und Zins, a.a.O., S. 106. Für Beispiele, die das verdeutlichen sollen vgl. *Preiser*, Erich: ebenda; *Knetschke*, Claus: Die Zinsreagibilität der industriellen Investition, a.a.O., S. 42.

[204] Claus *Knetschke* allerdings mit Einschränkungen; vgl. *Knetschke*, C.: Die Zinsreagibilität der industriellen Investition, a.a.O., S. 41.

über eine bislang als zinsunempfindlich angesehene Investition direkt beeinflußt wird, ist unrealistisch. Wären derart hohe Marktzinsschwankungen zu erwarten, müßte auch der mögliche Bereich einer Zinsempfindlichkeit von vornherein so breit angenommen werden.

Wir sind uns darüber im klaren, daß die Grenzen des Zinsempfindlichkeitsbereichs somit vom einzelnen Investor abhängen. Je nachdem, welche Marktzinsänderungen er im Laufe des Planungszeitraumes für möglich hält, ist ein Vorhaben gerade noch als zinsempfindlich zu betrachten oder nicht mehr.

(1) Die Zinsempfindlichkeit bei konstanten Fremdkapitalzinsen

Im Normalfall der Finanzierung langfristiger Projekte über den Kredit- und Kapitalmarkt zahlt der Investor einen fest vereinbarten Zins, der für die gesamte Laufzeit des Kredits gilt. Die Sicherheit des Investors, daß seine Kapitalkosten ohne Rücksicht auf aktuelle Marktzinsänderungen konstant bleiben, wirkt sich auch auf den Bereich seiner zinsempfindlichen Investitionen aus.

Unter der Prämisse, daß ein Investor das Maximum möglicher Marktzinsänderungen mit ± 2 % ansetzt, könnte man die Zinsempfindlichkeitsbereiche graphisch wie folgt darstellen:

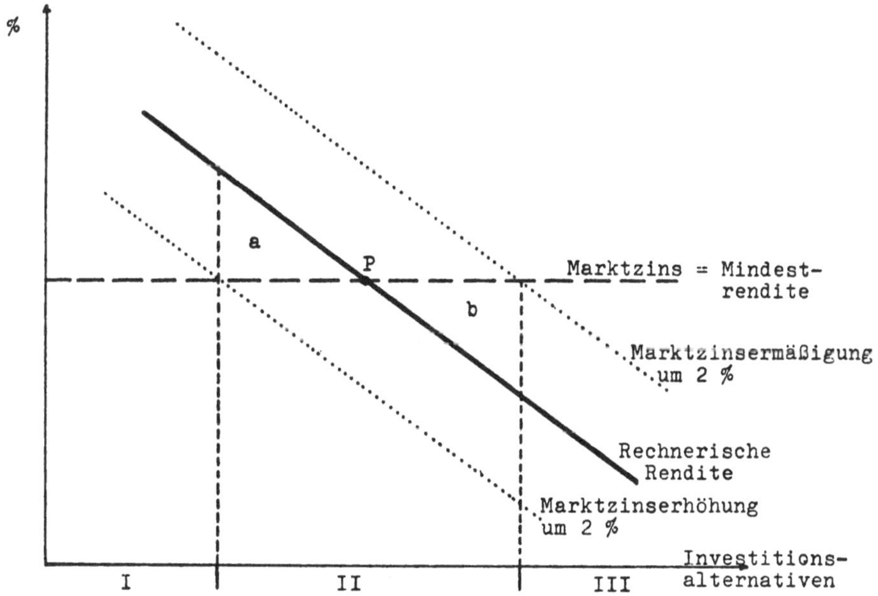

Abb. 12. Die Wirkung von Marktzinsänderungen auf die Vorteilhaftigkeit der Investitionen

Wenn wir mit Erich *Preiser* von der Annahme ausgehen, „daß die Profitrate mit zunehmendem Investitionsvolumen sinkt“[205], so erhalten wir den linear fallenden Kurvenverlauf der rechnerischen Verzinsung. Durch Marktzinsänderungen während der Laufzeit der Investition wird nun lediglich der Interne Zinsfuß der Investition berührt, nicht dagegen die kapitalkostenorientierte Mindestverzinsung. Der Fremdkapitalzins wird bei Darlehensaufnahme regelmäßig fix vereinbart. Eine Ausnahme bildet lediglich die Vereinbarung einer Zinsgleitklausel, von der wir vorerst absehen wollen. Die rechnerische Rendite ändert sich laufend mit dem Marktzins, da dieser als Abzinsungsfaktor den Kapitalwert und damit auch sein Verhältnis zum eingesetzten Kapital beeinflußt. Das unterschiedliche Verhalten beider Größen, die wir beide durch den Marktzinsfuß repräsentiert sahen, ist keineswegs ein Widerspruch. Der Grund, daß rechnerisch unterschiedliche Größen verwendet werden, liegt in der Zeitfixierung. Der Kalkulationszinsfuß verkörpert die Wertschätzung im Zeitablauf, die der Liquiditätshaltung zukommt. Das entspricht dem jeweils gültigen Marktzinsfuß. Der Fremdkapitalzins als Mindestrendite dagegen *war* zur Zeit der Kapitalaufnahme der gültige Marktzins. Dadurch werden die Investitionsalternativen nun in drei Vorteilhaftigkeitsbereiche eingeteilt. In Bereich I sind die rentablen zinsunabhängigen Investitionsmöglichkeiten aufgezeigt: der Interne Zinsfuß liegt erheblich *über* der vom Investor geforderten Mindestverzinsung. Den Bereich II können wir als „kritischen Bereich“ bezeichnen. Die Investitionsmöglichkeiten des Teilbereichs IIa erscheinen noch rentabel, weil sie die Mindestverzinsung übersteigen. Ein Investitionsprojekt, bei dem die rechnerische Rendite der zu fordernden Mindestverzinsung entspricht, nennt die Theorie eine Grenzinvestition. Sie wird durch den Punkt P gekennzeichnet. Bei Vorhaben des Teilbereichs IIb werden die Finanzierungskosten nicht mehr gedeckt, die Investition ist unrentabel. Diese Investitionen können jedoch durch eine Marktzinssenkung rentabel werden. Sie sind deshalb ebenfalls als zinsempfindlich zu betrachten.

Der Bereich III kennzeichnet die unrentablen Investitionen, bei denen die rechnerische Rendite nicht einmal den Fremdkapitalkostensatz deckt. Bei *fallendem* Marktzinsfuß können seither unrentable Investitionen allerdings in den kritischen Bereich kommen und dadurch zinsempfindlich werden. Ebenso werden seither zinsempfindliche Vorhaben des Teilbereiches IIa jetzt zu ‚einwandfrei‘ rentablen. Beide Alternativen zählen aber im Augenblicksbild *nicht* zu den zinsempfindlichen Investitionen.

---

205 *Preiser*, Erich: Investition und Zins, a.a.O., S. 104; vgl. auch *Hax*, Karl: Die Kapitalwirtschaft des wachsenden Industrieunternehmens, a.a.O., S. 256.

(2) Die Zinsempfindlichkeit bei schwankenden Fremdkapitalzinsen

Bei Eigenfinanzierung und Sonderfällen der Fremdfinanzierung kann der Investor nicht von konstanten Kapitalkosten ausgehen. Er muß mit einem gewissen Streuungsbereich rechnen. Verdeutlicht werden soll dies am Beispiel von Darlehensverträgen mit Zinsgleitklauseln in entwertungsbedrohter Währung. Durch Vereinbarung einer Zinsgleitklausel im Darlehensvertrag wird der Zinssatz bis zu einem gewissen Grade an Vorgänge in der realen Güterwirtschaft gekoppelt. Der Investor hat in bezug auf die Zinsempfindlichkeit seiner Investitionen nicht nur die Veränderung der rechnerischen Rendite zu berücksichtigen — die im übrigen ebenfalls einen von der Erscheinung der Geldwertschwankung bereinigten Marktzins verarbeiten müßte —, sondern auch die Änderung des Fremdkapitalzinses als Mindestrendite. Der Bereich zinsempfindlicher Investitionsvorhaben vergrößert sich gegenüber konstanten Fremdkapitalzinsen als Mindestrendite:

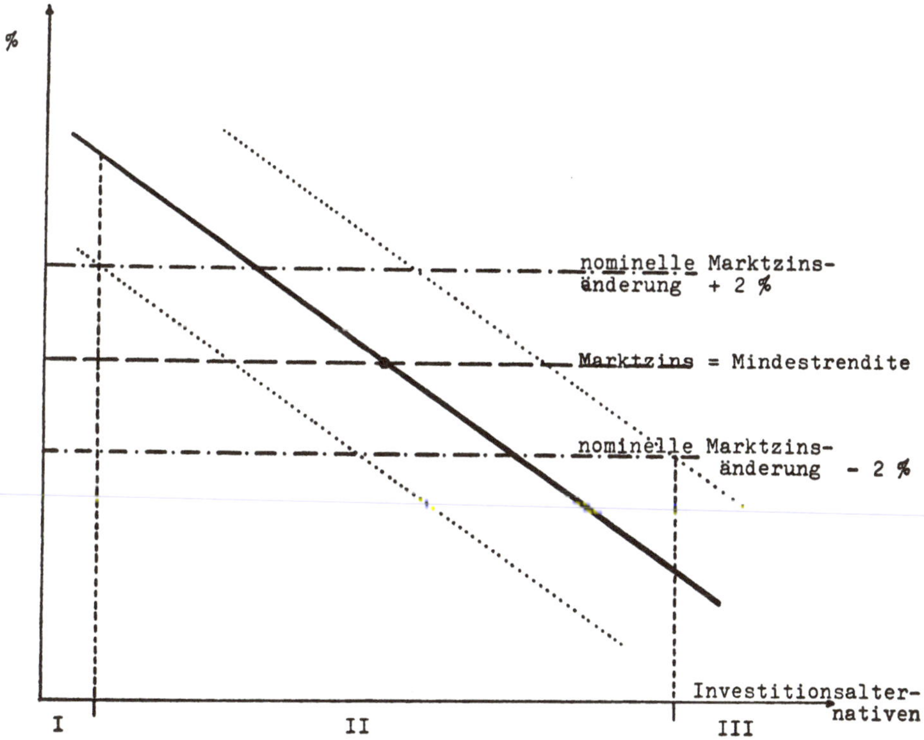

Abb. 13. Die Zinsempfindlichkeit der Investitionen bei schwankenden Fremdkapitalzinsen

Genau denselben Vorgang finden wir bei Darlehensverträgen in ausländischer auf- oder abwertungsverdächtiger Währung. Allerdings wirken sich diese Devisenkursänderungen nicht direkt auf den Darlehenszinsfuß aus. Sie bewirken lediglich bei Darlehensverträgen, die in ausländischer Währung abgeschlossen wurden, eine Änderung der Darlehenssumme. Der Kreditnehmer im Inland muß nach einer Aufwertung der Auslandswährung nun zur Tilgung seiner Schuld mehr inländische Zahlungsmittel aufbringen, um sein Darlehen zu tilgen. In bezug auf eine Wirkung des Fremdkapitalzinses — und damit auf die vom Investor zu fördernden Mindestrendite des Investitionsprojektes — wäre zu überlegen, ob die Erhöhung der Darlehenssumme nicht in Wirklichkeit Kosten für eine Aufwertung des Auslandes darstellen, die dem Schuldner aufgebürdet werden. Insofern handelt es sich bei diesem Vorgang um eine nachträgliche Erhöhung der Fremdkapitalkosten mit denselben Wirkungen auf die Zinsempfindlichkeit einer Investition wie die Vereinbarung von Zinsgleitklauseln. Durch die Aufwertung werden jedoch auch die Zinszahlungen direkt betroffen. Der inländische Kreditnehmer muß nach Aufwertung mehr Mittel für Zinszahlungen aufbringen. Obwohl sich der nominelle Zinssatz nicht ändert, steigt die Effektivverzinsung. Insgesamt gesehen, erweitert sich also auch in diesen Fällen auslandsfinanzierter Investitionen der Zinsempfindlichkeitsbereich aufgrund schwankender Fremdkapitalkosten.

Die inländischen Kreditnehmer versuchen sich davor zu bewahren, indem sie bei aufwertungsverdächtigen Währungen sogenannte Wertsicherungsklauseln vereinbaren. Dadurch will der Kreditnehmer verhindern, daß rein nominelle Geldwertänderungen ohne Änderung der ihm zur Verfügung gestellten Kaufkraft, da die Beträge regelmäßig bereits verausgabt sind, Einfluß auf seinen Darlehensvertrag erhalten. Der Wechselkurs zwischen ausländischer und inländischer Währung wird an irgendwelche Güter- oder Lebenshaltungsindices gebunden. Damit wird erreicht, daß sich Wechselkursänderungen nicht auf die Darlehenssumme und Zinszahlungen auswirken und die Fremdkapitalkosten wie bei festverzinslichen inländischen Darlehen konstant bleiben. Der Zinsempfindlichkeitsbereich entspricht dem normaler Fremdfinanzierung (vgl. Abb. 12, S. 157).

(3) Die Zinsempfindlichkeit beeinträchtigende Faktoren

Diese theoretische Zinsempfindlichkeit der Investitionen im kritischen Bereich stellt nun allerdings nicht den einzigen entscheidungsrelevanten Faktor dar. Die allgemeinen unternehmerischen Investitionsrisiken müssen ebenfalls bei der Entscheidungsfindung berücksichtigt werden. Die Zinsempfindlichkeit der Investitionsentscheidung bleibt davon unberührt, lediglich die Zinswirkungen können ihrer Höhe nach durch

Risikoüberlegungen kompensiert oder kumuliert werden. So könnte eine normalerweise zinsempfindliche Investition, die gerade noch durchgeführt würde, aufgrund der Investitionsrisiken unterbleiben.

Daneben gibt es jedoch auch Kriterien, die die Zinsempfindlichkeit direkt erheblich abschwächen oder gar verhindern können. Claus *Knetschke* unterteilt dabei in außer- und innerbetriebliche Einflußfaktoren[206].

i. Als außerbetriebliche Komponenten führt *Knetschke* Steuern[207], Konjunktur und Marktform[208] an, wobei sich die letzten beiden lediglich über die Gewinnerwartungen des Investors auf die Zinsempfindlichkeit auswirken. Diese Größen beeinflussen damit die rechnerische Rendite einer geplanten Investition über eine Änderung der *Einzahlungen;* sie sind u. E. für eine Theorie der Abhängigkeit der Investitionsentscheidung von den Kapitalkosten — also letztlich einer Beeinflussung der Rendite über die Auszahlungen — irrelevant. Aber auch nicht jede finanzwirtschaftlich bedingte Beeinflussung der Rendite durch direkte Verminderung der Vermehrung der Auszahlungen stellt eine Zinsempfindlichkeit her (wie z. B. staatliche Förderungspolitik mit Subventionen und Beihilfen aller Art[209]), sondern nur eine Wirkung über die Fremdkapitalzinsen führt dazu.

Diese ist z. B. gegeben bei den Ertragsteuern, die die Last der Zinskosten durch Abzugsfähigkeit mildern und somit die Marktzinsempfindlichkeit der Investitionen direkt betreffen.

Weitere Formen außerbetrieblicher Gegenkräfte zur Zinsempfindlichkeit führt Oswald *Hahn* an

(1) „Der Kreditnehmer kann in der Lage sein, die erhöhten Zinskosten auf Dritte abzuwälzen“[210];

(2) „... Kompensation gestiegener Zinsen findet man bei mangelnder Währungsstabilität: Der gestiegene Zins muß in Beziehung gesetzt werden zu den Inflationsgewinnen, die bei der Kreditrückzahlung anfallen[211].“

---

[206] Vgl. *Knetschke,* C.: Die Zinsreagibilität der industriellen Investition, a.a.O., S. 58 ff.

[207] Vgl. ebenda, S. 62.

[208] Vgl. ebenda, S. 66.

[209] Vgl. dazu *Dittes,* Heinrich: Die Finanzierungshilfen des Bundes und der Länder an die gewerbliche Wirtschaft. Sonderdruck der ZfB, 3. Aufl., Frankfurt/Main 1965; *Hahn,* Oswald: Art. Investitionsschutz, in: Enzyklopädisches Lexikon für das Geld-, Bank- und Börsenwesen, 3. Aufl., Frankfurt/Main 1968, 2. Bd.; ders.: Art. Investitionspolitik, in: Entwicklungspolitik. Handbuch und Lexikon, Stuttgart—Berlin—Mainz 1966, Sp. 1272 ff.

[210] *Hahn,* Oswald: Die Zinsempfindlichkeit der Kreditnehmer, a.a.O., S. 393 und 414 ff.

[211] Ebenda, S. 393.

ii. Weitaus bedeutender sind die innerbetrieblichen Komponenten, die einer Zinsempfindlichkeit entgegenwirken können. Hier sind an erster Stelle diejenigen Gründe zu nennen, die den Investor dazu veranlassen, die Investition auf jeden Fall ohne Rücksicht auf die Rentabilität durchzuführen. Das ist die Frage der Investitionsziele und -motive[212]. So ist bei allen jenen Investitionen die Zinsreagibilität auf eine psychologische Wirkung beschränkt, für die aufgrund der Unsicherheit der Gewinnerwartungen keine Rentabilitätsrechnung aufgestellt werden kann[213].

„Schließlich kann es Situationen geben, in denen die Frage nach den Kosten nicht mehr gestellt wird — sei es, daß eine ... spezifische Mangelsituation vorherrscht, wie wir sie im Gefolge von Kreditrestriktionen finden, oder, daß der Kapitalbedarf für den Kreditnehmer eine Frage auf ‚Leben und Tod' ist"[214], wie es z. B. bei bereits in Angriff genommenen Investitionen sein kann, die nichterwartete laufende Auszahlungen verursachen, ohne daß bereits Einzahlungen in derselben Höhe vorliegen.

2. Der Einfluß der Finanzierungsform auf die geforderte Mindestverzinsung

1. Seither gingen wir jeweils von Kapitalkosten gegebener Höhe aus. Wir stellten lediglich fest, daß sich von seiten der Finanzierung die Mindestverzinsung als kapitalkostendeckende Untergrenze bestimmt, die in der Literatur meist als Cut-Off-Rate[215] bezeichnet wird. Dabei ist es unerheblich, ob diese im Vergleich alternativer Möglichkeiten oder zur Bestimmung der Vorteilhaftigkeit einer einzelnen Investition herangezogen werden soll.

Die theoretische Bestimmung dieser Cut-Off-Rate geht von dem Grundgedanken aus, daß für einen Unternehmer, der seine Eigenkapitalrendite maximieren will, die Mindestverzinsung durch den Schnittpunkt von Grenzkosten und Grenzerträgen[216] gegeben wird. Adolf *Moxter* löst dieses Problem anhand eines Diagramms, in dem er eine Kapitalnachfragekurve des Unternehmens mit seiner Kapital-

---

212 Vgl. dazu auch *Knetschke,* Claus: Die Zinsreagibilität der industriellen Investition, a.a.O., S. 75 ff.; vgl. auch 1. Teil, A., II., 1.

213 Vgl. dazu auch *Knetschke,* Claus: Die Zinsreagibilität der industriellen Investition, a.a.O., S. 70 ff.

214 *Hahn,* Oswald: Die Zinsempfindlichkeit der Kreditnehmer, a.a.O., S. 393.

215 Vgl. *Dean,* Joel: Measuring the Productivity of Capital in Capital Investment Decisions, in: HBR Jan./Febr. 1954, S. 129; *Hax,* Karl: Die Kapitalwirtschaft des wachsenden Industrieunternehmens, a.a.O., S. 269.

216 Vgl. u. a. *Gutenberg,* Erich: Grundlagen der Betriebswirtschaftslehre, Band I: Die Produktion, a.a.O., S. 456.

angebotskurve zum Schnitt bringt[217]. Dazu werden auf der Abszisse sämtliche Investitionsmöglichkeiten abgetragen, die sich der Unternehmung im relevanten Planungszeitraum bieten, und zwar in der Reihenfolge ihrer abnehmenden Rendite, die auf der Ordinate in Prozent gemessen wird. Diese Kurve bezeichnet Moxter als Nachfrage-Kurve der Unternehmung. Ihr stellt er als Angebots-Kurve gegenüber den Verlauf der in der Planperiode verfügbaren oder beschaffbaren Mittel und deren Kosten, und zwar dieses Mal beginnend mit den niedrigsten Kapitalkosten. Der Schnittpunkt beider Kurven soll die Mindestverzinsung, die der Investor zu fordern hat, anzeigen. Abgesehen von der praktischen Undurchführbarkeit solcher Rechnungen wird auch von der Theorie das jeweils ‚günstigste' Verhältnis von Angebot und Nachfrage in *einem* Zeitpunkt unterstellt. Der höchsten internen Verzinsung stehen die billigsten Finanzierungsmittel gegenüber.

Den Schnittpunkt kann man deshalb rein theoretisch jedoch trotzdem als optimale Mindestverzinsung für *alle* in der Planungsperiode insgesamt durchzuführenden Vorhaben ansehen, da sie der genannten Bedingung entspricht: Grenzkosten gleich Grenzerträge. „Die Grenzkosten jeder weiteren Investition (rechts vom Schnittpunkt. Vgl. Abb. 14, S. 164. d. Verf.) übersteigen deren Grenzerträge[218]."

Von Franco *Modigliani* und Merton *Miller* wird allerdings die Bedeutung der Grenzkosten als Untergrenze für alle unter dem Gesichtspunkt der Gewinnmaximierung annehmbaren Investitionsprojekte bestritten[219]. Sie stellen vielmehr in erster Linie auf den Nutzenvergleich ab, indem sie den in Zukunft zu erwartenden durchschnittlichen Ertrag der gesamten Branche heranziehen. Solange dieser Renditesatz über den Fremdkapitalzinsen liegt, ist es nach ihrer Meinung völlig unerheblich, zu welchem Zinssatz die Unternehmung Kapital aufnehme. Die Mindestverzinsung wird durch diesen Satz der opportunity costs bestimmt. Die Theorie von Modigliani/Miller löste eine Flut von Stellungnahmen der Fachwelt aus, die teilweise heftige Kritik übten[220].

[217] Vgl. für das folg. *Moxter,* Adolf: Die Bestimmung des Kalkulationszinsfußes bei Investitionsentscheidungen, a.a.O., S. 186 ff.

[218] *Moxter,* Adolf: Die Bestimmung des Kalkulationszinsfußes bei Investitionsentscheidungen, a.a.O., S. 189.

[219] Vgl. *Modigliani,* Franco und *Miller,* Merton H.: The Cost of Capital, Corporation Finance and the Theory of Investment, in: Solomon, Ezra (Hrsg.): The Management of Corporate Capital, Chicago 1959, S. 150 ff.; ebenso *Eiteman,* der die Mindestrendite aus den Durchschnittskosten der verschiedenen Finanzierungsformen ermittelt. Vgl. *Eiteman,* David K.: Capital Budgeting, a.a.O., S. 122.

[220] u. a. *Barges,* Alexander: The Effect of Capital Structure on the Cost of Capital. A Test and Evaluation of the Modigliani and Miller Propositions, Englewood Cliffs 1963; *Cheng,* Pao L., *Shelton,* John P.: A Contribution to the Theory of Capital Budgeting — the Multi-Investment Case, in: JoF, Vol. 18 (1963), S. 622 ff.; *Durand,* David: The Cost of Capital, Corporate Finance, and

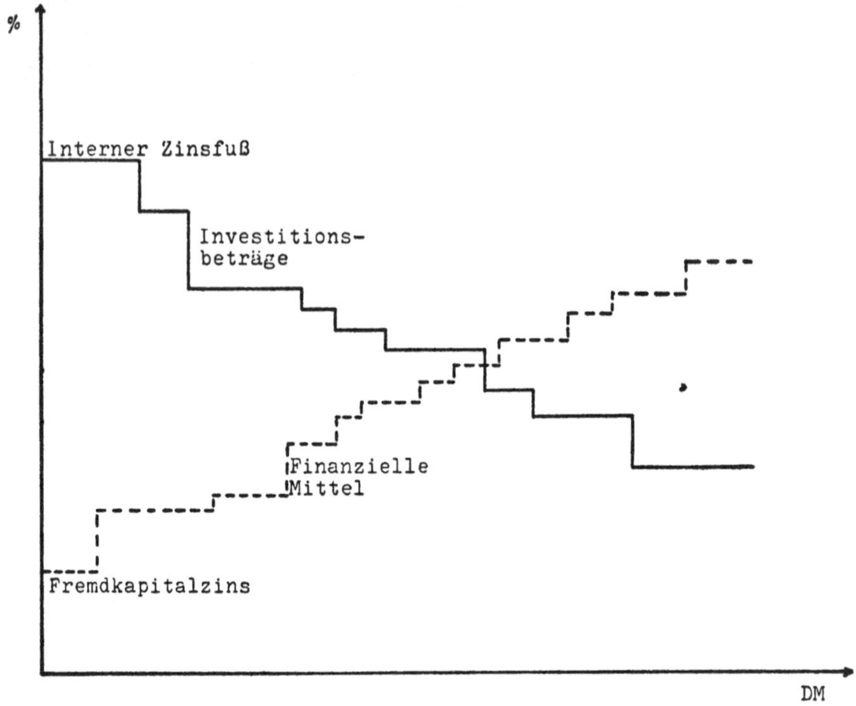

Abb. 14. Zeichnerische Ermittlung der Cut-Off-Rate

Quelle: *Moxter*, Adolf: Die Bestimmung des Kalkulationszinsfußes bei Investitionsentscheidungen, a.a.O., S. 189.

Die u. E. wichtigste Einwendung in unserem Zusammenhang stellt die Prämisse dar, daß die Investitionsprojekte nur auf der Basis unternehmungsbezogener Vorteilhaftigkeit geplant werden und daß dem Investor nicht damit gedient ist, wenn in der Branche im allgemeinen rentable Investitionen zur Durchführung gelangen, sein individuelles Vorhaben jedoch Verluste bringt. Die Mindestverzinsung, die sich der Investor setzt, kann deshalb nicht als unabhängig von der individuellen Kapitalstruktur und den Finanzierungsmöglichkeiten der Unternehmung angesehen werden.

Auf einen nicht-unternehmungsbezogenen Durchschnittssatz sollte deshalb nur in den Fällen zurückgegriffen werden, in denen sich die

---

the Theory of Investment: Comment, in: Solomon, Ezra (Hrsg.): The Management of Corporate Capital, Chicago 1959, S. 182 ff.; *Gordon*, Myron L.: Optimal Investment and Financing Policy, in: JoF, Vol. 18 (1963), S. 264 ff.; *Rose*, Joseph R.: The Cost of Capital, Corporate Finance, and the Theory of Investment: Comment, in: AER, Vol. 49 (1959), S. 638 ff.

Kapitalkosten nicht ermitteln lassen, weil keine direkten Ausgaben verursacht werden, wie z. B. bei der Selbstfinanzierung. „Soll eine Investition mit Eigenkapital finanziert werden, so wird der Investor mit einem Kalkulationszinsfuß (im Sinne einer Mindestverzinsung. d. Verf.) rechnen, der mindestens gleich dem Zinsfuß ist, den er bei Durchführung einer anderen mit dem gleichen Risiko behafteten Investition erzielen könnte. Bei Realinvestitionen wird sich die Höhe des Kalkulationszinsfußes (im Sinne einer Mindestverzinsung. d. Verf.) deshalb im allgemeinen nach der in der betreffenden Branche als normal angesehenen Verzinsung richten[221]."

Erich *Schneiders* Grundgedanke ist einleuchtend. Trotzdem ergeben sich selbst bei Ermittlung dieser „Ersatz"-Rendite erhebliche Schwierigkeiten. Den Vergleich mit einer zweiten Realinvestition desselben Risikos — ganz abgesehen davon, daß diese Prämisse durch die Vielzahl der höchst unterschiedlichen Risikofaktoren in der Praxis äußerst selten gegeben sein wird —, *kann* der Investor gar nicht vornehmen, da er bei der Vergleichsinvestition, die ja der Vergleichbarkeit wegen im gleichen Zeitabschnitt vorgenommen werden müßte, d. h. also momentan ebenfalls im Planungsstadium steht, vor genau demselben Problem der Fixierung dieser Mindestrendite stünde.

Aus diesen Gründen schlägt Erich Schneider einen *vergangenheitsbezogenen Durchschnitts*satz der gesamten *Branche* vor. Wir glauben nicht, daß man sich von den unquantifizierbaren individuellen Unternehmungsbedingungen so weit zu entfernen braucht und sofort ins Extrem des objektiven Branchendurchschnittssatzes fallen muß. Wir sind vielmehr mit Heinz *Schindler*[222] der Meinung, daß es einen dafür geeigneten *einheitlichen* — sowohl formell einheitlich definierten als auch materiell einheitlich fundierten — Zinssatz einfach nicht gibt. „Es fehlen vor allem Vergleichswerte für die Rentabilitätsverhältnisse von Einzelbetrieben verschiedener Größenklasse und von Wirtschaftszweigen in reiner und gemischter Form[223]." Erich *Schneiders* eigene Forderungen wären doch am ehesten dann erfüllt, wenn so wenig wie möglich von der individuellen Vergleichbarkeit aufgegeben werden müßte. Der Investor wäre u. E. besser bedient, wenn er den zwar auch vergangenheitsbezogenen, aber *unternehmungseigenen* rechnerischen Zinsfuß früherer Investitionen dieser Art als Richtgröße heranziehen würde und auf heutige Verhältnisse — soweit rational durchführbar — zuschneiden könnte. Sofern diese vergangenheitsbezogene Vergleichsbasis in der eigenen Unternehmung nicht anzutreffen ist, sollte sich der

---

[221] *Schneider*, Erich: Wirtschaftlichkeitsrechnung, a.a.O., S. 67.

[222] Vgl. *Schindler*, Heinz: Investitionsrechnungen in Theorie und Praxis, a.a.O., S. 133.

[223] *Linhardt*, Hanns: Der Einsatz des Kapitals im Betriebe, a.a.O., S. 652.

Investor nach den Daten einer ähnlichen Unternehmung richten. Allerdings sollte nicht allzusehr in die Vergangenheit zurückgegriffen werden müssen, da die Begleitumstände außer- und innerbetrieblicher Art sich sonst inzwischen stark geändert haben könnten. Erst wenn alle diese Quellen zu keinem konkreten Opportunitäts-Satz verhelfen, sollte auf die Allgemeinheit, also z. B. die Branche, abgestellt werden.

2. Die Betrachtungen in bezug auf die Selbstfinanzierung sind jedoch nicht ohne weiteres auf die übrigen Finanzierungsformen zu übertragen, da keineswegs garantiert ist, daß dieser Satz als Mindestrendite auch die Forderung der Abdeckung der ausgabewirksamen Finanzierungskosten erfüllt. Um das zu überprüfen, muß der Investor die effektiven Kapitalkosten eines geplanten Vorhabens wenigstens grob voranschlagen. Beläuft sich dieser ungefähre Kostensatz dann über dem allgemeinen Durchschnittssatz, kann der Investor aus Vorsichtsgründen den höheren Satz als Mindestrendite ansetzen. Bei der Ermittlung der effektiven Kapitalkosten stellen sich dem Investor zwei Hauptprobleme

(a) Welche Finanzierungsquellen sind im Hinblick auf die optimale Kapitalkostengestaltung heranzuziehen?

(b) Wie bestimmen sich die Kosten der zu beschaffenden Kapitalien?

a) Der optimale Verschuldungsgrad

1. Nach den Aussagen der traditionellen Finanzierungstheorie scheint es für einen Unternehmer, der seine Eigenkapitalrendite maximieren will, am vorteilhaftesten zu sein, wenig Eigenkapital einzusetzen und dafür soviel wie möglich Fremdkapital heranzuziehen, denn solange das Fremdkapital weniger kostet als die Investitionsprojekte erbringen, wächst dem Eigenkapital ein Teil der mit Fremdkapital erwirtschafteten Rendite zu (Leverage Effect). Die unbegrenzte Fremdkapitalaufnahme ist aber weder möglich noch erwünscht. Die Finanzierung aus eigenen Mitteln, die die Unternehmung durch Kapitalakkumulation ansammelt, ist die natürliche Expansionsform[224]. „Die Aufnahme von fremdem Kapital im Betrieb bildet einen Sonderfall der Kapitalbildung. ... Im Fall der Kapitalbildung aus fremden Kapitalquellen ist die Umwandlung in Eigenkapital angestrebt[225].“ „... der Unternehmer (will) die Rendite seines *gesamten* Eigenkapitals, nicht nur des betrieb-

---

[224] Vgl. *Brinkmann*, Fritz: Investition und Selbstfinanzierung, in: Janberg, Hans (Hrsg.): Finanzierungshandbuch, Wiesbaden 1964, S. 351 ff., hier S. 335; *Gutenberg*, Erich: Gewinnverwendungspolitik, in: Janberg, Hans (Hrsg.): Finanzierungshandbuch, a.a.O., S. 59 ff., hier S. 60.

[225] *Linhardt*, Hanns: Kapitalwirtschaft und Kapitalrechnung, a.a.O., S. 42.

lich genutzten Teils, maximieren; es wäre daher unwirtschaftlich, wenn er einen Teil seines Eigenkapitals außerhalb des Betriebes mehr oder weniger brachliegen ließe und im Betrieb mit teurem Fremdkapital arbeitete: Es ist unmittelbar ersichtlich, daß es sich nicht lohnt, eigene Mittel zu zwei Prozent auszuleihen und zugleich zu vier Prozent Schulden aufzunehmen. Der *betriebliche* Einsatz des Eigenkapitals empfiehlt sich vielmehr immer dann, wenn die Fremdkapitalkosten höher sind als die außerbetrieblich erzielbaren Erträge des Eigenkapitals; die Differenz zwischen Fremdkapitalkosten und niedriger außerbetrieblicher Eigenkapitalverzinsung wächst der Rendite des *gesamten* Eigenkapitals zu[226]."

2. Das zweite Problem liegt darin begründet, daß sich dieser Vorgang der Kapitalrationalisierung nicht bis ins Unendliche fortführen läßt. Die praktischen Gegebenheiten und die übrigen unternehmerischen Orientierungsmaßstäbe — Liquiditäts- und Sicherheitsstreben — begrenzen die Möglichkeiten der Fremdfinanzierung aus innerbetrieblicher Sicht. So stellt sich hier insbesondere das Problem des optimalen Verschuldungsgrades bei Finanzierung eines bestimmten Projektes bzw. aus anderer Sicht die Frage der optimalen Selbstfinanzierungsrate[227]. Schwierigkeiten ergeben sich dabei vor allem durch die Notwendigkeit der simultanen Beachtung von Konsum-, Investitions- und Finanzierungszielen des Unternehmers. Aus einer ganzen Reihe volkswirtschaftlicher Veröffentlichungen soll hier auf Irving *Fisher*[228] und auf die darauf aufbauenden Betrachtungen Jack *Hirshleifers*[229]

---

226 *Moxter*, Adolf: Die Bestimmung des Kalkulationszinsfußes bei Investitionsentscheidungen, a.a.O., S. 189 (Hervorhebungen im Original).

227 Vgl. dazu *Büschgen*, Hans E.: Zum Problem der optimalen Selbstfinanzierungsrate, a.a.O., S. 305 ff.; *Barges*, Alexander: The Effect of Capital Structure on the Cost of Capital, a.a.O., S. 4 ff.; *Dean*, Joel: Capital Budgeting, a.a.O., S. 53 f.; *Dougall*, H. E.: Management of Corporate Capital, in: JoF, Vol. 18 (1965), S. 193 ff.; *Lipfert*, Helmut: Optimale Unternehmensfinanzierung, Frankfurt/Main 1967, S. 39 ff.; ders.: Theorie der optimalen Unternehmensfinanzierung, in: ZfbF 17. Jg. (1965), S. 64 ff.; *Moxter*, Adolf: Die Bestimmung des optimalen Selbstfinanzierungsgrades unter privatwirtschaftlichem Aspekt, in: Linhardt, Hanns, Fettel, Johannes (Hrsg.): Der Betrieb in der Unternehmung. Festschrift für Wilhelm Rieger, Stuttgart 1963, S. 300 ff.; *Oettle*, Karl: Selbstfinanzierung, in: HdB, 3. Aufl., 3. Bd., Stuttgart 1960, Sp. 4867 ff.; *Hax*, Karl: Möglichkeiten und Grenzen der Selbstfinanzierung, in: IdW (Hrsg.): Die Kapitalausstattung der Unternehmung, Bd. 6, Düsseldorf 1952, S. 113 ff.; *Brinckmann*, Fritz: Investition und Selbstfinanzierung, a.a.O., S. 359; *Fettel*, Johannes: Die Selbstfinanzierung der Unternehmung, a.a.O., S. 131 ff.; *Gutenberg*, Erich: Gewinnverwendungspolitik, a.a.O., S. 59 ff.; ders.: Zum Problem des optimalen Verschuldungsgrades, in: ZfB 36. Jg. (1966), S. 681 ff.

228 Vgl. *Fisher*, Irving: The Theory of Interest as Determined of Impatience to Spend Income and Opportunity to Invest. Ins Deutsche übertragen: Die Zinstheorie, a.a.O., S. 218 ff.

229 Vgl. *Hirshleifer*, Jack: On the Theory of Optimal Investment Decision, a.a.O., S. 329 ff.; ders.: Risk, the Discount Rate and Investment Decisions, a.a.O., S. 112 ff.

Bezug genommen werden und auf eine Kritik bezüglich der Realitätsnähe der Theorie Hirshleifers durch Robert *Buchner*[230], der aus diesen Gründen den Marktzins in die Betrachtung einbezog, hingewiesen werden.

Der Unternehmer steht vor jeder Investitionsentscheidung vor dem Problem, ob er die vorhandenen finanziellen Mittel investieren oder konsumieren (d. h, konkret: Gewinne ausschütten oder in der Unternehmung belassen[231]) soll. Bei einer Investition kann darüber hinaus zwischen einer Anlage der Mittel *in* der Unternehmung zum Internen Zinsfuß oder *außerhalb* zum Marktzins gewählt werden. Die Entscheidung wird er nach dem Rationalprinzip treffen, so daß einmal der Gegenwartswert seines Einkommens (= Kapitalwert seiner Gewinne, bezogen auf den Anfang des Investitionsprozesses) und zum anderen der Nutzen seines Konsums maximal wird[232]. Jack *Hirshleifer* weist nach, daß das Maximum des Gegenwartseinkommens in der Weise vom Marktzins abhängt, daß der Gegenwartswert der Einkommen um so höher sein wird, je niedriger der Marktzinsfuß ist[233]. Das ergibt sich aus der Verwendung der Diskontierungsrechnung nach der Zinseszinsmethode[234]. Aufgrund der eingangs erwähnten Maximierungsprämisse Grenzkosten gleich Grenzertrag kommt man zu dem Schluß, daß das Einkommensmaximum dort liegen muß, wo der Interne Zinsfuß der abgezinsten Zukunftseinkommen dem externen Zinsfuß (dem Marktzinsfuß), also der Rendite bei außerbetrieblicher Kapitalverwendung, entspricht.

Der Kapitalmarktzins wird damit für sämtliche Formen der Eigenfinanzierung zur vom Investor zu fordernden Mindestrendite einer Investition, da bei niedrigerem Marktzins von dem momentan zur Verfügung stehenden Einkommen weniger konsumiert und daher mehr in der Unternehmung investiert wird — unter dem Aspekt einer Maximierung sowohl des gegenwärtigen Einkommens als auch des damit verbundenen Konsumnutzens. Da mit einer Änderung der Konsumquote auch die finanziellen Mittel für Investitionsprojekte variiert werden, muß aber auch der sich daraus ergebenden Änderung der Gesamtrendite aus Konsum und Investition Beachtung geschenkt wer-

---

230 Vgl. *Buchner*, Robert: Anmerkungen zum Fisher-Hirshleifer-Ansatz der simultanen Bestimmung von Gewinnausschüttungs-, Finanzierungs- und Investitionsentscheidungen, a.a.O., S. 30 ff.

231 Vgl. dazu *Gutenberg*, Erich: Gewinnverwendungspolitik, a.a.O., S. 59 ff.

232 Vgl. *Fisher*, Irving: Die Zinstheorie, a.a.O., S. 218 ff.; *Hirshleifer*, Jack: On the Theory of Optimal Investment Decision, a.a.O., S. 330 ff.

233 Vgl. *Hirshleifer*, Jack: On the Theory of Optimal Investment Decision, a.a.O., S. 331.

234 Vgl. dazu die Auswirkungen eines Risikozuschlages im Abzinsungsfaktor (3. Teil, A., I., 1., b., 3., iii.).

den. Diese soll letzten Endes maximiert werden und deshalb wird bei gegebenem Marktzinsfuß auf die Konsummöglichkeit des Unternehmers solange zugunsten von Investitionen verzichtet werden, bis die Gesamtrendite aus beiden Dispositionsmöglichkeiten als die höchst mögliche angesehen werden kann. Als Transformationsmaßstab dient der Zins. Erst er ermöglicht es, beide Verwendungsmöglichkeiten so zu variieren, daß sie der Unternehmer letztlich als indifferente Kapitalanlagemöglichkeit betrachtet. Als zu fordernde Mindestverzinsung, die gleichzeitig Transformationsmaßstab darstellt, kommt nach Jack Hirshleifer nur der Sollzinssatz in Frage. In langfristiger Betrachtung ist das der einheitliche Kapitalmarktzins. Der Kapitaleinsatz in der Unternehmung ist dann so lange auszudehnen, bis der marginale rechnerische Zinsfuß gleich der geforderten Mindestrendite ist, also dem Marktzinsfuß.

Allerdings müssen wir mit Robert *Buchner* feststellen, daß diese, letztlich wiederum auf Keynesschem Gedankengut aufbauende[235] Bedeutung des Marktzinses als Mindestrendite einer Investition nur einseitig begründet wird, da für die Transformationsbeziehung zwischen Konsum und Investition nur das Eigenkapital der Unternehmung herangezogen wird[236]. „Diese Konzeption läßt unberücksichtigt, daß in praxi die Planung der Unternehmensgröße (und zwar in der Mehrheit der Fälle) sowohl von Eigen- wie von Fremdfinanzierungsmöglichkeiten bestimmt wird[237].“

In der Praxis sind für die Bestimmung der Mindestrendite bei Eigenfinanzierung die oben genannten Erkenntnisse auch nicht unmodifiziert verwertbar. Der Investor kann zwar von dem empfohlenen Marktzins als Opportunitätszinssatz ausgehen, muß aber die Prämisse sicherer Voraussagen fallen lassen und versuchen, die Unsicherheitsmomente einer Zukunftsbetrachtung auch auf die Opportunitätsbetrachtung auszudehnen.

3. Verfahrenstechnisch hilft man sich durch einen ‚Risikozuschlag‘ darüber hinweg. Damit soll sowohl der zukünftigen Kredit- und Kapitalmarktsituation Rechnung getragen als auch dem Risiko begegnet werden, das durch die Möglichkeit entsteht, daß für das im Investitionsprojekt eingesetzte Eigenkapital später eine noch wesentlich teurere Kreditaufnahme für andere Zwecke notwendig werden könnte

---

235 Einkommen Y = Konsum C + Investition I. Vgl. *Keynes*, John Maynard: Allgemeine Theorie der Beschäftigung, des Zinses und des Geldes, a.a.O., S. 55.

236 Vgl. *Buchner*, Robert: Anmerkungen zum Fisher-Hirshleifer-Ansatz der simultanen Bestimmung von Gewinnausschüttungs-, Finanzierungs- und Investitionsentscheidungen, a.a.O., S. 47.

237 Ebenda, S. 47; vgl. auch *Busse v. Colbe*, Walther: Die Planung der Betriebsgröße, Wiesbaden 1964, S. 46 ff. und 208 ff.

oder daß mit diesem Kapital eine Rückzahlung erheblich höher verzinster Schulden möglich gewesen wäre.

Die hier im Zusammenhang mit der Entscheidungsfindung bei Eigenfinanzierung erörterten Vergleichserwägungen des Investors werden in der einschlägigen Literatur u. E. zu Unrecht vernachlässigt. Lediglich bei Heinrich *Jonas* ist der Hinweis zu finden, daß für den Satz der Mindestverzinsung „selbstverständlich ... nicht die tatsächlichen Kosten des diese Investition finanzierenden Kapitals maßgeblich sein können, sondern die Kosten der Finanzierung innerhalb der gesamten Unternehmung zuzüglich eines Beitrages für die Selbstfinanzierung. Wird der Investition ein derartiger Durchschnitts- oder Normalsatz vorgegeben, so ist sichergestellt, daß die Unternehmung hier keine Verluste erleidet, solange freilich nur, als die Kapitalkosten nicht steigen“[238].

b) Die Finanzierungskosten

Der Investor muß bei Ansatz des Marktzinsfußes als Opportunitätszins in Fällen der Fremd- oder Mischfinanzierung versuchen, die effektiven Kapitalkosten des speziellen Investitionsprojektes zu ermitteln, um einen absichernden Aufwands-/Ertragsvergleich zu ermöglichen. Letzten Endes bestimmen die tatsächlichen Kapitalkosten die Mindestverzinsung des Projektes; sie verursachen Auszahlungen, der Opportunitätsertrag dagegen bleibt immer eine fiktive Größe der Theorie.

(1) Die Kosten der Fremdfinanzierung

i. Bei der Finanzierung über den Kredit- und Kapitalmarkt[239] bleiben die Kapitalzinsen Hauptbestandteil der Fremdkapitalkosten. Auf sie haben wir uns in unseren seitherigen Ausführungen beschränkt. Im Einzelfall hinzuzurechnen sind jedoch verschiedene einmalige Kosten, die mit der Emission und Kreditaufnahme anfallen[240]. In der Praxis finden die so ermittelten Kapitalkosten, die in ihrer Höhe von den

---

[238] *Jonas,* Heinrich: Zur Methode der Rentabilitätsrechnung beim Investitionsvergleich, a.a.O., S. 5. *Jonas* setzt hier die Anwendung der Kapitalwertmethode voraus und kann deshalb allein die Kapitalkosten als gesamte Mindestrendite ansetzen, da er die von uns zu berücksichtigenden anderen Einflußfaktoren bereits im Kalkulationszinsfuß (Schneiderscher Art) in Anrechnung brachte.

[239] Hier ist in erster Linie an die Aktiengesellschaft gedacht; vgl. auch *Pfeiffer,* Johann H.: Langfristige Finanzierung durch Ausgabe von Obligationen, Wandelanleihen usw., in: Janberg, Hans (Hrsg.): Finanzierungshandbuch, a.a.O., S. 297—314.

[240] Vgl. dazu auch *Dorner,* R.: Die Industriefinanzierung über den Effektenmarkt von der Währungsreform bis Ende 1956, Diss. München 1960; *Durand,* David: The Cost of Capital, Corporate Finance and the Theory of Investment, a.a.O.

einzelnen Finanzierungsformen abhängen[241], eine Berichtigung aus steuerlichen Gesichtspunkten, die die Bedeutung des Marktzinses für die Investitionsentscheidung nicht unerheblich mindern. „(Die Zinszahlungen) stellen allerdings wegen der steuerlichen Abzugsfähigkeit eine geringere tatsächliche Belastung dar, nämlich nur in Höhe von Zins x (1 — marginalem Ertragssteuersatz)[242]." Eine von Karl *Hax* vorgeschlagene Form der Berücksichtigung der Ertragssteuern halten wir nicht für sehr geeignet. Um die Vergleichbarkeit der Kosten für Eigen- und Fremdfinanzierung zu erreichen, will er nicht die Fremdkapitalzinsen kürzen, sondern den auf das Eigenkapital zu zahlenden Dividenden die Körperschaftssteuer hinzurechnen[243]. Dadurch wird ein Minderaufwand als Mehrertrag behandelt. Die Eigenkapitalrendite wird erhöht, während die durch die steuerliche Abzugsfähigkeit erreichte Verminderung der Fremdkapitalkosten unberücksichtigt bleibt[244].

i.i. Die Kosten der längerfristigen Fremdfinanzierung nichtemissionsfähiger Unternehmungen können dagegen starken Unterschieden ausgesetzt sein durch die individuelle freie Vereinbarung der Zinshöhe zwischen Kapitalgeber und -nehmer. Diese Unternehmungen sind in aller Regel gegenüber den emissionsfähigen benachteiligt, was die Möglichkeiten der Kapitalbeschaffung anbelangt und müssen auch vielfach höhere Finanzierungskosten bei vergleichbaren Finanzierungsquellen in Kauf nehmen[245]. Die emissionsfähigen Unternehmungen haben aufgrund ihrer Marktgröße gegenüber den Kreditgebern meist eine stärkere Verhandlungsposition, da sie z. B. für die Banken auch wegen ihrer übrigen Geschäftsabwicklung interessante Kunden sind[246]. Außerdem können Großunternehmen für die Verhandlung besonders geschulte Kreditspezialisten einsetzen, die die Kapitalkosten drücken können[247].

---

241 Bezüglich der traditionellen Finanzierungsformen wird auf die Finanzierungsliteratur (vgl. S. 151, Anm. 180) verwiesen. Zu den Sonderformen vgl. *Hahn*, Oswald: Neuere Wertpapierformen in der Industriefinanzierung, a.a.O., S. 26 ff.

242 *Moxter*, Adolf: Die Bestimmung des Kalkulationszinsfußes bei Investitionsentscheidungen, a.a.O., S. 191.

243 *Hax*, Karl: Die Kapitalwirtschaft des wachsenden Industrieunternehmens, a.a.O., S. 273.

244 Zu den steuerlichen Problemen vgl. insbes. *Schwarz*, Horst: Optimale Investitionsentscheidungen, a.a.O., S. 172 ff.

245 Vgl. *Hax*, Karl: Unternehmungswachstum und Unternehmungskonzentration in der Industrie, in: ZfhF, NF 13. Jg. (1961), S. 1 ff., hier S. 19 f.

246 Vgl. *Kuhlmann*, Peter und *Schöneich*, Klaus: Probleme der langfristigen Fremdfinanzierung nicht-emmissionsfähiger Unternehmen in der Bundesrepublik Deutschland, in: Kredit und Kapital 1. Jg. (1968), S. 193 ff., hier S. 207.

247 Ebenda, S. 208.

„Ein weiterer Einfluß auf die gesamten Kreditkosten geht von der Höhe des jeweiligen Kredites aus. Während bei konstantem Zinssatz die Zinsen mit der Kreditsumme proportional steigen, fallen die Bearbeitungskosten für jeden Kredit annähernd in gleicher Höhe an, können also als Fixkosten angesehen werden. Infolgedessen ist die Bearbeitung kleinerer oder mittlerer Kredite relativ teurer als die großer Kredite[248].“ Den wesentlichsten Einflußfaktor höherer Finanzierungskosten nicht-emissionsfähiger Unternehmungen sehen wir mit *Kuhlmann/Schöneich* in der Tatsache individueller Vereinbarung der Zinssätze[249], wobei zumindest in Zusammenarbeit mit den Banken die Kreditgeber die mächtigere Stellung einnehmen. Aufgrund der häufig bei kleineren Unternehmen unzureichenden Informationsmöglichkeit über die Ertragserwartungen, geht der Kapitalgeber ein größeres Risiko ein als bei exakt planenden Großunternehmungen mit Publizitätspflichten und will dieses durch erhöhten Zinssatz abgegolten wissen[250].

(2) Die Kosten der Selbstfinanzierung

Als Kosten der Finanzierung aus Gewinnen müssen jene Erträge angesehen werden, die bei alternativer Verwendung außerhalb des Unternehmens hätten erzielt werden können[251]. Diese Alternativverwendung hängt von den individuellen Verhältnissen der einzelnen Unternehmung ab. Die Rückzahlung hochverzinslicher Schulden, die damit hätte getätigt werden können oder die Ausnützung von Skonti sämtlicher Lieferantenverbindlichkeiten der nächsten zwei Jahre sollten in die Überlegungen einbezogen werden; eventuell ist die Alternativverwendung tatsächlich rentabler. Zumindest jedoch können die Kosten der Selbstfinanzierung die zu fordernde Mindestverzinsung in die Höhe treiben. Das ist unabhängig von den bedingungsmäßigen Vorzügen der Selbstfinanzierung, deren Kosten regelmäßig nicht notwendigerweise auch Auszahlungen sind[252]. Wir schließen uns der Meinung Adolf *Moxters* nicht an, der als Hilfsmaßstab für die Ermittlung der Selbstfinanzierungskosten die den Aktionären entgangenen Dividenden emp-

---

[248] *Kuhlmann*, Peter und *Schöneich*, Klaus: Probleme der langfristigen Fremdfinanzierung nicht-emissionsfähiger Unternehmen in der Bundesrepublik Deutschland, a.a.O., S. 208.

[249] Ebenda, S. 208.

[250] Dieser „Risikozuschlag“ der Banken im Kreditzins darf nicht verwechselt werden mit dem im *Schneider*schen Kalkulationszins bzw. in der Mindestrendite. Der Kapitalgeber hat keine andere Möglichkeit, sich vor dem Kreditrisiko zu schützen als über entsprechende Sicherheiten oder über den Preis.

[251] Vgl. *Hahn*, Oswald: Die Zinsempfindlichkeit der Kreditnehmer, a.a.O., S. 396.

[252] Vgl. *Zimmerer*, Carl: Eigenkapital und Fremdkapital in der Unternehmung, in: Wirtschaft — Finanzen — Finanzierung, hrsg. v. DGfB, Berlin 1960, S. 44—61, hier S. 45.

fiehlt[253]. Den Unternehmer bewegen grundsätzlich andere Motive dazu, Gewinne einzubehalten als die Anteilseigner. Diese denken dabei in erster Linie nicht an eine Gewinnmaximierung der individuellen Investitionsprojekte, sondern an eine Werterhöhung der Unternehmung und eine damit verbundene Kurssteigerung ihrer Aktienwerte.

(3) Die Kosten der Beteiligungsfinanzierung

Auch bei Kapitalerhöhungen oder sonstigen Formen der Aufnahme neuer Gesellschafter entstehen sowohl laufende als auch einmalige Kosten. Als laufende Kosten sind die künftig zu zahlenden Dividenden oder abzuführenden Gewinnanteile zu betrachten. Da bei Aktienausgabe Rückwirkungen auf den Börsenkurs zu erwarten sind, sollte nicht die Nominaldividende, sondern die Effektivverzinsung der Aktien des Unternehmens herangezogen werden.

Eine Notwendigkeit für das Vorgehen Adolf *Moxters,* auf die Gesamtrendite der Aktien der betreffenden Gattung abzustellen[254], läßt sich nicht ersehen; auch einer Berücksichtigung eines psychologischen Faktors, mit dem die Aktienrendite multipliziert werden soll, um die Kosten der Beteiligungsfinanzierung zu erhalten, können wir nicht das Wort reden. Der psychologische Faktor wird als eine Größe definiert, „die das Maß des Widerwillens der gegenwärtigen Eigentümer gegen die Aufnahme neuer Gesellschafter angibt“[255]. Für die Quantifizierung dieser Größe gibt es keinerlei allgemeingültige Grundsätze. Dadurch erscheint eine objektive Feststellung der Kosten der Beteiligungsfinanzierung auch nur annäherungsweise unmöglich. Dem Wunschdenken des Investors wird durch eine solche „Gummigröße“ Tür und Tor geöffnet.

Wir glauben vielmehr, daß sich für die Kosten der Beteiligungsfinanzierung ein unternehmungsindividueller Satz ermitteln läßt, der trotzdem objektiven Charakter trägt und zur Anwendung gelangen kann bei der Entscheidung über die Durchführung eines bestimmten Projektes. Diese Objektivität braucht sich bei Verwendung als Vergleichsmaßstab nur auf die *Höhe* des Satzes zu beziehen und nicht auf die Allgemeingültigkeit seiner zeitlichen Anwendung. Mit anderen Worten: *der* Zinssatz kommt in Betracht, der die einzelne Unternehmung unmittelbar in irgendeiner Weise tangiert, aber eben ein objektiver am Markt gebildeter Satz ist.

Als Beispiel soll angenommen werden, daß eine Aktiengesellschaft junge Aktien zum Bezugskurs von 300 ausgibt. Der Dividendensatz der

---

253 Vgl. *Moxter,* Adolf: Die Bestimmung des Kalkulationszinsfußes bei Investitionsentscheidungen, a.a.O., S. 190.

254 Vgl. ebenda, S. 191.

255 Ebenda, S. 191.

alten Aktien soll auch für die jungen gelten. Die Unternehmung betreibt eine Dividendenstabilisierungspolitik, so daß damit zu rechnen ist, daß die seitherige Dividende von 18 % beibehalten wird. In diesem Fall bezahlt die Aktiengesellschaft pro DM 100,— aufgenommenes Kapital einen Zins von 6 %. Auch bei Beteiligungsfinanzierungen im Bereich der Personalgesellschaften durch Neuaufnahme von Gesellschaftern läßt sich eine entsprechende Rechnung aufmachen. Im Gesellschaftsvertrag wird regelmäßig der Gewinnanteil des Gesellschafters vereinbart. Wird der Gesellschafter lediglich zur Verwirklichung investitionspolitischer Ziele aufgenommen, nämlich zur Kapitalbeschaffung, so läßt sich sein Anteil am vorausgeschätzten Investitionsgewinn ermitteln. Dieser wird zur Kapitaleinlage des Gesellschafters in Beziehung gesetzt. Das Resultat ergibt die voraussichtlichen Kosten der Beteiligungsfinanzierung für bestimmte Investitionsvorhaben.

Im Kostenvergleich zwischen Aktien- und Obligationenfinanzierung[256] kann man also die laufenden Zinszahlungen bei den Obligationen den Dividendensätzen der Aktien gegenüberstellen. Die Emissionskosten beider Wertpapierarten unterscheiden sich grob gesehen nur um die bei der Aktienausgabe entstehenden Mehraufwendungen des Bezugsrechtes. Die Verwaltungskosten der Ausgabe und die Börsenzulassungsaufwendungen weichen nur geringfügig voneinander ab.

(4) Die Kosten einer Mischfinanzierung

Bei der Kombination von Eigen- und Fremdkapital zur Finanzierung des Investitionsvorhabens kommen nun aber u. U. schon für die laufenden Kosten unterschiedliche Marktzinssätze für die Finanzierungsanteile in Betracht, die zur Bestimmung einer einheitlichen Mindestverzinsung kombiniert werden müssen, während die einmaligen Kosten beider Finanzierungsarten kumulativ in Ansatz gebracht werden müssen und insofern keine weiteren Probleme aufwerfen.

i. Erich *Schneider* hat u. E. dafür das einfachste Verfahren zur Kombination unterschiedlicher Zinssätze für Eigen- und Fremdkapital entwickelt. Er bestimmt die laufenden Finanzierungskosten als gewichteten Durchschnitt der einzelnen Zinssätze. An folgendem Beispiel soll das verdeutlicht werden[257]:

Zur Durchführung einer Investition soll der Eigenkapitalbetrag k_e in Höhe von DM 30.000,— und der Fremdkapitalbetrag k_f mit DM 70.000,— verwendet werden. Der Leihzinsfuß für das Fremdkapital sei i_f = 4,5 %; für das Eigenkapital wird die zukünftige Dividende i_e = 12 % angesetzt. Als Mindestverzinsung aus der Sicht der Finan-

[256] Vgl. hierzu insbes. *Rittershausen*, Heinrich: Industrielle Finanzierungen, a.a.O., S. 221 ff.
[257] Vgl. *Schneider*, Erich: Wirtschaftlichkeitsrechnung, a.a.O., S. 67.

zierungskosten ergibt sich ein gewichteter Satz von

$$i = \frac{k_e + k_f}{k_e \times i_e + k_f \times i_f}$$

Zahlenmäßig beträgt dieser Wert dann

$$i = \frac{30\,000 \times 4{,}5 + 70\,000 \times 12}{100\,000}$$

$$i = 9{,}75\,\%$$

Dieser Zinssatz ist nun das Ergebnis einer Rechenoperation, was seiner Aussagefähigkeit z. B. im Vergleich mit den Kosten kurzfristiger Anschluß-Überziehungskredite u. ä. keinen Abbruch tut; er kann jedoch nicht mehr als Marktzins seiner Art nach bezeichnet werden.

Während in sämtlichen bisher diskutierten Fällen der Beschränkung auf eine traditionelle Finanzierungsart die Mindestrendite selbst einen speziellen Marktzins repräsentierte und somit der Marktzins seiner originären Höhe nach einen unmittelbaren Einfluß auf die Investitionsentscheidung hatte, wird diese Funktion hier verwischt. Dem Marktzins kommt bei Mischfinanzierungen nur noch eine Wirkung der Art nach, der Höhe nach jedoch nur abgeleitet, zu. Der Mittelwert verschiedener Marktzinssätze bleibt zwar ein aus den Marktgegebenheiten gewonnener Verrechnungssatz, ist jedoch kein Marktzinsfuß im eigentlichen Sinne mehr.

ii. Eine weitere Möglichkeit, die Mindestverzinsung beim geplanten Einsatz mehrerer unterschiedlicher Finanzierungsmittel mit unterschiedlichen Kapitalkosten zu bestimmen, wird in der Literatur durch die bereits in Verbindung mit der Eigenfinanzierung erwähnte Marginalbetrachtung gegeben. Für die im Planungszeitraum durchzuführenden Investitionen wird der Kapitalbedarf des gesamten Investitionsvolumens bestimmt. Als die vom Investor zu fordernde Mindestrendite sind dann nur die Grenzkosten der Finanzierung maßgebend. Zur Bestimmung der Mindestverzinsung kommen die Kosten (in Prozent) derjenigen Finanzierungsform in Betracht, die gerade noch zur Ausführung aller Projekte herangezogen wurden (vgl. Abb. 14, S. 164 und die anschließende Kritik an diesem Verfahren). Das sind nach der Theorie die Finanzierungsmittel, deren (Grenz-)Kosten gleich sind dem Internen Zinsfuß (Grenzertrag) der Investition, die damit gerade noch lohnend finanziert werden kann[258]. Da diese Kapitalkosten jegliche Finanzierungsform einbeziehen und sich allgemein an den Marktpreisen für die Zurverfügungstellung von Kreditmitteln orientieren,

[258] Vgl. *Moxter*, Adolf: Die Bestimmung des Kalkulationszinsfußes bei Investitionsentscheidungen, a.a.O., S. 189.

handelt es sich bei diesem Satz wiederum um einen originären Marktzinsfuß.

Die Feststellung, daß der Marktzinsfuß im allgemeinen für die Entscheidungsfindung eine bedeutende Orientierungsgröße darstellt, soll jedoch nicht darüber hinwegtäuschen, daß sich trotz großer Interdependenz der Bereiche Investition und Finanzierung keine allgemeinverbindlichen präzisen Optimierungsgrundsätze beider Bereiche aufstellen lassen, da beide Problemkreise im Grunde ein völliges Eigenleben führen. „Das beruht darauf, daß sie aus verschiedenen Märkten heraus in ihrer Gestaltung bestimmt werden: die Investition aus dem Markt der Güter und Dienstleistungen und die Finanzierungen aus dem Kapital-(und Kredit-; d. Verf.)markt. Die Einflüsse aus beiden Märkten brauchen aber nicht aufeinander abgestimmt zu sein. Es ist möglich, daß der Gütermarkt eine Produktionserweiterung und damit die entsprechenden Investitionen als lohnend erscheinen läßt, während der Kapitalmarkt sich in bezug auf die Finanzierung als unergiebig erweist, und daß umgekehrt einem reichlichen Angebot an Geldkapital keine entsprechenden Investitionsmöglichkeiten im Güterbereich gegenüberstehen. Aufgabe des Unternehmers ist es in solchen Fällen, durch Kombination der Möglichkeiten, die gleichzeitig im Gütermarkt und im Kapitalmarkt gegeben sind, einen Ausgleich zwischen den unterschiedlichen Tendenzen beider Märkte zu finden[259].“

C. Die Doppelfunktion des Marktzinses im Rahmen der Investitionsentscheidung

Die Grundbedeutung des Marktzinses für die Investitionsentscheidung liegt in seiner Objektivität. Wir kennzeichneten ihn als objektiven, d. h. am Markt aufgrund von Angebot und Nachfrage zustandegekommenen Preis für die zeitweilige Überlassung von Kapital. Seine Objektivität bezieht sich nur auf sein Zustandekommen. Das erklärt auch, daß wir unter dem Begriff des Marktzinses eine Vielzahl unterschiedlicher Sätze für unsere Betrachtungen herangezogen haben. Welcher für den jeweiligen Gebrauch innerhalb des Entscheidungsprozesses der Richtige war, mußte aus vergleichbaren Kriterien zwischen Finanz- und Realinvestition geschlossen werden. Auf der Vergleichbarkeit zwischen diesen beiden Investitionsarten fußt die gesamte rationale quantifizierbare Erfaßbarkeit der Investitionsanalyse, vornehmlich der Investitionsrechnungen.

---

259 *Hax*, Karl: Die Kapitalwirtschaft des wachsenden Industrieunternehmens, a.a.O., S. 279.

I. Der Marktzins als Rechenfaktor in der finanzmathematischen Analyse einer Realinvestition

Bei der Finanzinvestition als einem unter sicheren Erwartungen mit bekannten Größen operierendem Verzinsungsprozeß, liegt die eigentliche und natürliche Aufgabe des Marktzinses. Er stellt hier den objektiv ermittelten „Internen Zinsfuß" dar, der zugleich mit dem „Kalkulationszinsfuß" zusammenfällt. Die Trennung in diese beiden ‚künstlichen' Zinsfüße mußte eingeführt werden, um das finanzmathematische Instrumentarium der Vorteilhaftigkeitsanalyse auf die Gegebenheiten einer Realinvestition zuzuschneiden. „Gegen eine solche Übertragung des finanzmathematischen Ansatzes von der Finanzinvestition auf die Realinvestition ... wäre nichts einzuwenden, könnten alle Realinvestitionen und Finanzinvestitionen umkehrbar eindeutig einander zugeordnet werden. Dies ist jedoch nicht möglich[260]." Nicht eindeutig äquivalent sind jene Investitionen, die mehrdeutige Interne Zinsfüße besitzen: einer bestimmten Realinvestition können hier mehrere Finanzinvestitionen zugeordnet werden. Ein weiterer Unterschied liegt darin, daß bei der Realinvestition in den seltensten Fällen kontinuierliche Zahlungsströme vorliegen. Zwar wächst auch hier in der Regel die Summe der Einzahlungen ständig, aber nicht in regelmäßigen Beträgen und konstanten Zeitabständen.

Die Mehrdeutigkeit der Internen Zinsfüße fällt vor allem deshalb nicht sehr ins Gewicht, weil sie bei der Vorteilhaftigkeitsanalyse regelmäßig erkannt wird. Die Mehrdeutigkeit des Internen Zinsfußes kann zudem sehr häufig von der Praxis her auf Eindeutigkeit zurückgeführt werden, so z. B. bei negativen Zweit- und Drittergebnissen. Hier kommt lediglich der positive Zinsfuß in Erwägung und das Rechnungsergebnis ist eindeutig fixiert.

In weit mißlicherer Lage befindet man sich in bezug auf den zweiten Einwand. Diesen kann man nur damit entkräften, daß es bis heute noch keine praktikable Methode gibt, die unvorhersehbaren Unregelmäßigkeiten der Zahlungsströme zu erfassen und der Ansatz kontinuierlicher Einzahlungsströme daher bislang die *einzige* Methode ist, den Realinvestitionsvorgang der rationalen Planung überhaupt zugänglich zu machen. Solange hier kein operationabler Weg der genaueren Analyse gefunden wird, muß mit der Übertragung finanzmathematischer Rechenoperationen auf die Realinvestition vorlieb genommen werden.

Unter diesen Bedingungen muß dann aber auch jeder Versuch scheitern, sämtliche Eigenarten der Realinvestition in den einzelnen Eingangsvariablen, wie im Kalkulationszinsfuß, zu berücksichtigen.

---

[260] *Heister,* Matthias: Investitionsrechnung als empirisches Problem, in: ZfB 31. Jg. (1961), S. 332 ff., hier S. 338.

Erstens sind diese Besonderheiten keiner vorausschauenden Quantifizierung zugänglich und zweitens führt die finanztechnische Verarbeitung der realitätsnäheren Variablen nicht unbedingt zu einem realitätsnäheren Ergebnis. Die Wurzel des Übels liegt eben in der finanzmathematischen Rechenweise. Da wir diese nicht ausschalten können, halten wir es für das richtige, die Prämisse der Äquivalenz von Finanz- und Realinvestition auf alle Eingangsvariablen auszudehnen. Die Aus- und Einzahlungsströme müssen als gleichförmig angesehen werden, darum sollte um der Einheit und Aussagefähigkeit der Operation willen auch der Abzinsungsfaktor als einziges objektives Kriterium von der Finanzinvestition übernommen werden. Es bleibt u. E. also nur die Möglichkeit, mit dem den Finanzinvestitionen eigenen Zins — dem Marktzinsfuß — abzuzinsen.

Durch die Verwendung des Marktzinses ist eine objektive Vergleichsrechnung von Ein- und Auszahlungsreihen gewährleistet. Der einheitliche Soll- und Habenzinssatz des Kapitalmarktes ist deshalb der geeignetste Abzinsungsfaktor für langfristige Investitionsprojekte, da er zudem regelmäßig zum Ausdruck für eine Fristenkongruenz wird, die eine *bessere* Vergleichbarkeit zwischen Finanz- und Realinvestition bewirkt.

II. Der Marktzins als objektiver Beurteilungsmaßstab für die Vorteilhaftigkeit einer Investition

Die zweite Funktion des Marktzinses im Rahmen der Investitionsentscheidung liegt im Bewertungsvorgang der Entscheidung. Hier stellt der Marktzins den Vorteilhaftigkeitsmaßstab, an dem die voraussichtliche Rendite der geplanten Investition gemessen wird. Der Marktzins repräsentiert hier die Mindestforderung, die der Investor an das Investitionsvorhaben richtet.

Das mit Hilfe des Marktzinsfußes erhaltene Rechenergebnis wird also wiederum einem Marktzinsfuß gegenübergestellt. Auf den ersten Blick erscheint das vielleicht als Anachronismus, zuerst die Realinvestition fiktiv als Finanzinvestition anzusehen, um sie rechnerisch erfassen zu können, sie dann aber bei der Verwertung der Rechenergebnisse in der Entscheidungsfindung wiederum als eigenständig zu betrachten, um sie einer Finanzinvestition *gegenüber*stellen zu können.. In Wirklichkeit folgt jedoch die zweite Anwendungsform des Marktzinses logisch konsequent aus der ersten. Wenn man eine Vergleichbarkeit beider Investitionsarten statuiert, müssen auch die erzielbaren Ergebnisse der Finanzinvestition für eine Beurteilung der ‚eingezwängten' Realinvestition den richtigen Rahmen abgeben, soweit diese Beurteilung sich auf gemeinsame Kriterien bezieht. Dies war der Grund, warum wir ganz entschieden für die Ausklammerung eines quantifizierten Risikofaktors aus der geforderten Mindestverzinsung plädierten. Dieser rein auf die Realinvestition abgestellte Entscheidungsfaktor kann erst dann Berücksichtigung finden, wenn der Investor den Standpunkt rein finanzwirtschaftlicher Betrachtungsweise wieder aufgibt und unter Abwägung aller entscheidungsbestimmender Kriterien zu einem Gesamtkonzept der Investitionspolitik kommt. Die finanzwirtschaftlichen Ergebnisse verarbeitende Vorteilhaftigkeitsentscheidung kann nur an einem Maßstab derselben Kategorie gemessen werden. Deshalb kommt hier wiederum nur ein Abstellen auf eine vergleichbare Finanzinvestition und deren Rendite — einem Marktzinsfuß — in Frage. Obwohl die Möglichkeit besteht, daß nun Abzinsungsfaktor und Mindestrendite betragsmäßig dieselben Sätze sind, müssen sie unter verschiedenen Gesichtspunkten gewählt werden und erfüllen unterschiedliche Aufgaben. Während der Abzinsungsfaktor als rechnerischer Vergleichszinsfuß eindeutig quantifiziert werden kann, können für den Marktzins als Mindestrendite keine einheitlichen Größenangaben gemacht werden. Er wird aufgrund von Rentabilitätsüberlegungen ausgewählt. Zur Maximierung des Gewinnes bedarf es dazu entweder des Aspektes der Kostenminimierung oder des Gesichtspunktes der Ertragsmaximierung. Im ersten Fall werden die Finanzierungskosten, das sind im wesentlichen die Kapitalzinsen, zuzüglich der einmaligen Kosten, in Prozenten ausgedrückt und als zu fordernde Mindestverzinsung angesetzt; im zweiten Fall strebt der Investor nach dem höchstmöglichen Ertrag, er setzt als Mindestrendite die Verzinsung der bestmöglichen anderweitigen Kapitalverwendung an, aus Gründen der Meßbarkeit meist wiederum den Marktzinsfuß.

Diese vielseitigen natürlichen Funktionen des Marktzinses bei der Finanzinvestition ermöglichen seine unterschiedliche Verwendung als Rechenfaktor und als Entscheidungsmaßstab. Trotzdem besteht zwischen diesen Größen nicht nur art-, sondern auch betragsmäßige Verwandschaft, die deutlich zeigt, daß in beiden Fällen der Marktzinsfuß u. E. nicht nur Anwendung finden kann, sondern *muß*.

Einer langfristigen Realinvestition wird beispielsweise der Kapitalmarktzins von sieben Prozent als Abzinsungsfaktor zugeordnet. Der Investor finanziert aus Gewinnen, Kapitalkosten entstehen somit nur geringfügige, es wird deshalb als Mindestverzinsung die bestmögliche Alternativverwendung berücksichtigt. Da eine alternative Realinvestition vor dieselben Quantifizierungsprobleme stellt wie die zu beurteilende, wird eine Alternativverwendung am Kapitalmarkt als Vergleichsbasis herangezogen. Auch als Mindestrendite wird also der Kapitalmarktsatz angesetzt, unter Berücksichtigung der Kapitalanlagekosten wie Maklerprovision und Tresorgebühren. Die beiden Zinssätze unterscheiden sich also nur um diese einmaligen Kosten. Das ist genau die Gewinnmarge des für die Anlage des Kapitals am Markt Tätigen! Gedacht sei hier insbesondere an das Beispiel einer Finanzierung über die Banken. Deren Gewinnspanne stellt für den Anleger einen Aufwand bzw. einen Minderertrag dar, weshalb sie in dessen Investitionsüberlegungen in der kostendeckenden Mindestverzinsung berücksichtigt werden müssen, womit sich der gedankliche Kreis schließt.

Literaturverzeichnis

Ahlsdorf, Manfred: Zum Problem der Differenzinvestition, in: ZfB 34. Jg. (1964), S. 449—457.

Albach, Horst: Investition und Liquidität, Wiesbaden 1962.

— Lineare Programmierung als Hilfsmittel betrieblicher Investitionsplanung, in: ZfhF NF 12. Jg. (1960), S. 526—549.

— Rentabilität und Sicherheit als Kriterien betrieblicher Investitionsentscheidungen, in: ZfB 30. Jg. (1960), S. 583 ff.

— Vorwort zu: Terborgh, G.: Leitfaden betrieblicher Investitionspolitik, Wiesbaden 1962.

— Wirtschaftlichkeitsrechnung bei unsicheren Erwartungen, Köln-Opladen 1959.

— Zur Verbindung der Payoff-Methode mit der Kapitalwertmethode in der Investitionsrechnung, in: ZfB 31. Jg. (1961), S. 297—300.

Alford, L. P.: Technical Changes in Manufacturing Industries, Recent Economic Changes I, New York 1929.

Arbeitskreis Karl *Hax*: Wesen und Arten unternehmerischer Entscheidungen, in: ZfbF 16. Jg. (1964), S. 685—715.

Arndt, Helmut: Mikroökonomische Theorie Bd. 1: Marktgleichgewicht, Tübingen 1966.

Arndt, Paul: Rentabilität. Kritik der Lehre vom Unternehmergewinn, Berlin 1935.

Barges, Alexander: The Effect of Capital Structure on the Cost of Capital. A Test and Evaluation of the Modigliani and Miller Propositions, Englewood Cliffs 1963.

Barna, Tibor: Investment and Growth Policies in British Industrial Firms, Cambridge 1962.

v. Beckerath, Herbert: Kapitalmarkt und Geldmarkt. Eine ökonomische Studie, Jena 1916.

Beckmann, Liesel: Die betriebswirtschaftliche Finanzierung, 2. Aufl., Stuttgart 1956.

Behrens, Karl Chr.: Marktforschung, in: Die Wirtschaftswissenschaften, Reihe A, Nr. 15, Wiesbaden 1958.

Beste, Theodor: Art. „Finanzierung", in: Staatslexikon, 6. Aufl., Freiburg/Br. 1959, 3. Bd., S. 295 ff.

— Art. „Wirtschaftsplanung" HdB, 2. Aufl., Stuttgart 1939, Sp. 2339 f.

— Der Stand der betriebswirtschaftlichen Planung, in: ZfhF 1942, S. 117 ff.

Bierfelder, Wilhelm H.: Ansätze zu einer Typologie der unternehmerischen Entscheidungen, in: ZfB 31. Jg. (1961), S. 520—530.

— Optimales Informationsverhalten im Entscheidungsprozeß der Unternehmung, Berlin 1968.

Bierman, Harold Jr. / *Smidt*, Seymour: The Capital Budgeting Decision, New York 1960.

von Böhm-Bawerk, Eugen: Kapital und Kapitalzins, II. Abt. 1. Bd.: Positive Theorie des Kapitals, 4. Aufl., Jena 1921 (1. Aufl. 1889).

— Wert, Kosten und Grenznutzen, in: JbfNÖuStat Bd. 1 (1924).

Borchard, K. H.: Wirtschaftlichkeitsplanung, Wiesbaden 1962.

Bosch, Werner: Anlage- und Betriebskapital in der Volkswirtschaft, Frankfurt/Main 1951.

Bouffier, Willy: Einheitliche oder unterschiedliche Zinssätze für Eigen- und Fremdkapital bei langfristigen Wirtschaftlichkeitsrechnungen, in: Der österr. Bw. 12. Jg. (1962), S. 15—26.

Boulding, Kenneth E.: Time and Investment, in: Economica, Vol. III (1936), p. 196—220.

Brandt, Horst: Investitionspolitik des Industriebetriebs, 2. Aufl., Wiesbaden 1964.

Brinckmann, Fritz: Investition und Selbstfinanzierung, in: Janberg, H. (Hrsg.): Finanzierungshandbuch, Wiesbaden 1964, S. 351—360.

Buchner, Robert: Anmerkungen zum Fisher-Hirshleifer-Ansatz der simultanen Bestimmung von Gewinnausschüttungs-, Finanzierungs- und Investitionsentscheidungen, in: ZfbF 20. Jg. (1968), S. 30—47.

— Das Problem des zieladäquaten Entscheidungskriteriums bei Bestimmung der optimalen Investitionsdauer, in: ZfB 37. Jg. (1967), S. 244 ff.

Büschgen, Hans E.: Zum Problem der optimalen Selbstfinanzierungsrate, in: ZfB 38. Jg. (1968), S. 305—328.

Bursk, Edward C. / *Fenn*, Dan H.: Unternehmerstrategie, Essen 1956.

Busse v. Colbe, Walther: Die Planung der Betriebsgröße, Wiesbaden 1964.

Bußmann, Karl F.: Das betriebswirtschaftliche Risiko, Meisenheim/Glan 1955.

Carter, C. F. / *Williams*, B. R.: Investment in Innovation, London 1958.

Cassel, Gustav: Theoretische Sozialökonomie, 3. Aufl., Erlangen—Leipzig 1923.

Chamberlin, Edward H.: The Theory of Monopolistic Competition, Cambridge (Mass.) 1933.

Cheng, Pao L. / *Shelton*, John P.: A Contribution to the Theory of Capital Budgeting — the Multi-Investment Case, in: JoF Vol. 18 (1963), S. 622—636.

Cox, Reavis: Some things we know and some we do not know about markets and market models, in: Oxenfeldt, Alfred R. (Hrsg.): Models of Market, New York—London 1963, S. 3—19.

Dean, Joel: Capital Budgeting, New York 1951.

— Managerial Economics, New York 1951.

— Measuring the Productivity of Capital in Capital Investment Decisions, in: HBR Vol. XXXII (1954), S. 120—130.

Deutsche Bundesbank (Hrsg.): Monatsberichte der Deutschen Bundesbank 20. Jg. (1968).

Diehl, Karl: Zur neuesten Entwicklung der Lehre vom Einkommen und Ertrag, in: Schmollers Jahrbuch Bd. 53 (1929).

Diez, Werner: Der Kapitalisierungsfaktor als Bestandteil der Ertragswertberechnung bei der Gesamtbewertung von Unternehmungen und Unternehmungsanteilen, in: WP 8. Jg. (1955), S. 2 ff.

Dittes, Heinrich: Die Finanzierungshilfen des Bundes und der Länder an die gewerbliche Wirtschaft, Sonderdruck der ZfB, 3. Aufl., Frankfurt/Main 1965.

Dorner, R.: Die Industriefinanzierung über den Effektenmarkt von der Währungsreform bis Ende 1956. Diss., München 1960.

Dougall, H. E.: Management of Corporate Capital, in: JoF Vol. 18 (1963), S. 193 ff.

Duden: Vergleichendes Synonymwörterbuch, München 1964.

Dürr, Karl: Investitionsrechnung, Band I: Investitionsrechnung und Grundlagen der Wirtschaftsmathematik, Bern 1958.

Durand, David: The Cost of Capital, Corporate Finance, and the Theory of Investment: Comment, in: Solomon, E. (Hrsg.): The Management of Corporate Capital, Chicago 1959, S. 182—197.

Eisner, Robert: Determinants of Capital Expenditures. Studies in Business Expectations and Planning, No. 2 Urbana/Ill. 1956.

Eiteman, David K.: Capital Budgeting, in: MI 1964, No. 6, pp. 117—128.

Eucken, Walter, Grundlagen der Nationalökonomie, 7. Aufl., Berlin—Göttingen—Heidelberg 1959.

Fettel, Johannes: Die Selbstfinanzierung der Unternehmung, in: Janberg, H. (Hrsg.): Finanzierungshandbuch, Wiesbaden 1964, S. 131—138.

Fischer, Guido: Betriebliche Marktwirtschaftslehre, Heidelberg 1953.

Fisher, Irving: The Theory of Interest, New York 1930.

— The Nature of Capital and Income, New York—London 1906.

— The Theory of Interest as Determined of Impatience to Spend Income and Opportunity to Invest. Als Übersetzung: Die Zinstheorie, Jena 1932.

Forstmann, Albrecht: Geld und Kredit, Frankfurt 1960.

— Volkswirtschaftliche Theorie des Geldes, Band I: Reine Theorie des Geldes, Berlin 1943; Band II: Monetäre Ökonomie. Allgemeine Volkswirtschaftslehre der Geldwirtschaft, Berlin 1955.

Gäfgen, Gerard: Theorie der wirtschaftlichen Entscheidung, Tübingen 1963.

Gerbel, B. M.: Rentabilität — Fehlinvestitionen, ihre Ursache und ihre Verhütung, 2. Aufl., Wien 1955 (1. Aufl. 1946).

Gordon, Myron L.: The Dynamics of Risk and Investment, Diss., Harvard 1952.

— Optimal Investment, and Financing Policy, in: JoF, Vol. 18 (1963), S. 264 bis 272.

— The Payoff-Period and the Rate of Profit, in: JoB 1955, S. 253 ff.

Gossen, Hermann H.: Entwicklung der Gesetze des menschlichen Verkehrs und der daraus fließenden Regeln für menschliches Handeln, Wien 1854.

— Art. Grenznutzen, in: HdStw, 4. Aufl., 4. Bd., Jena 1927.

Grant, Eugene L.: Principles of Engineering Economics, 4. Aufl., New York 1960.

Grochla, Erwin: Finanzierung, in: HdSW, 3. Bd., Göttingen 1961, S. 604—618.

Groh, Manfred: Die Kosten alternativer Finanzierungsentscheidungen bei Kapitalgesellschaften, in: DB 19. Jg. (1966), S. 389—392.

Groos, Manfred: Die optimale Investitionsentscheidung in der Unternehmung unter besonderer Berücksichtigung der Ersatzinvestitionen, Diss., Köln 1964.

Gsell, Erik: Rentabilität und Wirtschaftlichkeit, Verlustquellen in Betrieb und Unternehmung, Zürich 1945.

Gudehus, H.: Bewertung und Abschreibung von Anlagen, Wiesbaden 1959.

Gutenberg, Erich: Gewinnverwendungspolitik, in: Janberg, H. (Hrsg.): Finanzierungshandbuch, Wiesbaden 1964, S. 59—77.

— Grundlagen der Betriebswirtschaftslehre, Band I: Die Produktion, 11. Aufl., Berlin—Heidelberg—New York 1965.

— Grundlagen der Betriebswirtschaftslehre, Zweiter Band: Der Absatz, Berlin—Göttingen—Heidelberg 1955.

— Der Stand der wissenschaftlichen Forschung auf dem Gebiet der betrieblichen Investitionsplanung, in: ZfhF NF, 6. Jg. (1954), S. 557—574.

— Unternehmensführung, Wiesbaden 1962.

— Untersuchungen über die Investitionsentscheidungen industrieller Unternehmen, Köln-Opladen 1959.

— Zur neueren Entwicklung der Wirtschaftslichkeitsrechnung, in: ZfgStw., 108. Bd. (1952), S. 630 ff.

— Zum Problem des optimalen Verschuldungsgrades, in: ZfB 36. Jg. (1966), S. 681—703.

Hagenmüller, Karl F.: „Kapitalmarkt", in: HdB 2. Bd., Stuttgart 1958, Sp. 3008 bis 3010.

Hahn, L. Albert: Geld und Kredit, Frankfurt/Main 1960.

— Volkswirtschaftliche Theorie des Bankkredits, 3. Aufl., Tübingen 1930.

Hahn, Oswald: Das absatzpolitische Instrumentarium der Depositenbank, in: Österr. BankA 14. Jg (1966), S. 326—344.

— Allgemeine Betriebswirtschaftslehre, Unveröffentlichter Umdruck, Nürnberg 1967.

— Art. „Investitionspolitik", in: Entwicklungspolitik. Handbuch und Lexikon, Stuttgart—Berlin—Mainz 1966, Sp. 1272—1276.

— Art. „Investitionsschutz", in: Enzyklopädisches Lexikon für das Geld-, Bank- und Börsenwesen, 3. Aufl., Frankfurt/Main 1968, 2. Bd.

— Auswirkungen einer Diskonterhöhung auf die Unternehmer-Entscheidungen, in: DB 13. Jg. (1960), S. 1253—1256.

— Geldverleiher und Kreditvermittler = Winkelbankiers und Kredithaie, in: ZfK 1963, S. 1052—1054.

— Das Instrumentarium der Währungsbank, Hefte I und II, Rückersdorf 1968.

— Das langfristige Kreditgeschäft bei gewerblichen und ländlichen Kreditgenossenschaften, in: Archiv für Öffentliche und Freigemeinwirtschaftliche Unternehmen, Band 6 (1961).

— Neuere Wertpapierformen in der Industriefinanzierung, in: ZfhF NF 13. Jg. (1961), S. 26—38.

— Private Kreditgeber in Afghanistan, in: ZfK 1967, S. 181—183.

— Probleme beim Einsatz atlantischer Arbeitskräfte in Entwicklungsinvestitionen, in: Gegenwartsfragen der Unternehmensführung. Festschrift zum 65. Geburtstag von Wilhelm Hasenack, Herne—Berlin 1966, S. 447—461.

— Probleme der Kapitalerhaltung in Entwicklungsländern, in: Wirtschaftlichkeit — Wettbewerb — Werterhaltung. Vorträge des 19. Deutschen Betriebswirtschafter-Tages, Berlin 1966.

— Der Skonto in der Wirtschaftspraxis, Frankfurt/Main 1962.

Hahn, Oswald: Die Substitutionskonkurrenten der Universalbanken, in: BFuP 18. Jg. (1966). Festnummer zum 65. Geburtstag von Prof. Dr. Hanns Linhardt, S. 503—516.

— Zahlungsmittelverkehr der Unternehmung, Wiesbaden 1962.

— Die Zinsempfindlichkeit der Kreditnehmer, in: Österr. BankA 15. Jg. (1967), S. 390—439.

Hall, Robert L. / *Hitch*, Charles J.: Price Theory and Business Behavior, in: Oxford Economic Papers 2. Jg. (1939).

Hansen, Alvin H.: Monetary Theory and Fiscal Policy, New York—Toronto—London 1949.

Harrmann, A.: Die Anwendung des Kapitalwertverfahrens bei Investitionsrechnungen, in: DB 19. Jg. (1966), S. 1061 ff.

Hart, Gailord Albert: Connecting Links between Monetary Policy and Fixed Investment, in: Issues in Banking and Monetary Analysis, hrsg. v. Pontecorvo, Giulio; Shay, Robert P.; Hart, G. Albert, New York—London 1967.

Hasenack, Wilhelm: Fragen der Kapitalerhaltung und der Finanzierung, Wolfenbüttel 1949.

Hax, Karl: Finanzwirtschaft. Die langfristigen Finanzdispositionen, in: HdW Bd. 1, 2. Aufl., Köln-Opladen 1966, S. 455—542.

— Diskussionsbeitrag bei der Arbeitstagung der Schmalenbach-Gesellschaft am 29. 10. 54 in Dortmund, abgedruckt in: ZfhF NF 6. Jg. (1954), S. 592—594.

— Die Kapitalwirtschaft des wachsenden Industrieunternehmens, in: ZfbF 16. Jg. (1964), S. 252—279.

— Möglichkeiten und Grenzen der Selbstfinanzierung, in: IdW (Hrsg.): Die Kapitalausstattung der Unternehmung, Bd. 6 der Schriftenreihe des IdW, Düsseldorf 1952, S. 113—131.

— Planung und Organisation als Instrumente der Unternehmensführung, in: ZfhF 11. Jg. (1959), S. 605—615.

— Die Stellung des Finanzplans im Rahmen des betrieblichen Rechnungswesens, in: ZfhF NF 7. Jg. (1955), S. 297 ff.

— Unternehmungswachstum und Unternehmungskonzentration in der Industrie, in: ZfhF NF 13. Jg. (1961), S. 1—26.

— Der Gewinnbegriff in der Betriebswirtschaftslehre, Wiesbaden 1926.

Heinen, Edmund: Betriebswirtschaftliche Kostenlehre, Bd. I: Theorie der Kosten, Wiesbaden 1965.

Heiser, Herman C.: Budgetierung. Grundsätze und Praxis der betriebswirtschaftlichen Planung, Berlin 1964.

Heister, Matthias: Investitionsrechnung als empirisches Problem, in: ZfB 31. Jg. (1961), S. 332 ff.

— Rentabilitätsanalyse von Investitionen, Köln-Opladen 1962.

Heuss, Ernst: Das Oligopol, ein determinierter Markt, in: Weltwirtschaftliches Archiv 84. Bd. (1960).

Hintner, Otto: Wertpapierbörsen, Wiesbaden 1960.

Hirshleifer, Jack: On the Theory of Optimal Investment Decision, in: The Journal of Political Economy 1958, S. 349 ff.

— Risk, the Discount Rate and Investment Decisions, in: AER Vol. 51 (1961), Papers and Proceedings of the 73. Annual Meeting of the American Economic Association, S. 112—120.

Höfermann, Friedrich: Geldmarkt und Geldmarktgeschäfte, Frankfurt/Main 1959.

Hoffmann, Alexander: Der Gewinn der kaufmännischen Unternehmung, Leipzig 1929.

Hoffmann, Rolf-R.: Beziehungen zwischen Investitionen und Finanzierung im Bereiche des Betriebs, Berlin 1962.

Holt, Knut: Noen sider ved den administrative behandling av tekniske investeringer, Trondheim 1962.

Hummel, Otto: Das Rentabilitäts- und Wirtschaftlichkeitsproblem, Stuttgart 1927.

Husmann, Heinrich: Die Investitionsplanung im Industriebetrieb, in: DB 1952, S. 85 ff.

Illy, Leo: Der Kapitalzins in der Wirtschaftsrechnung, in: ZfNÖ Band XIII (1950), H. I, S. 68—113.

Isaac, Alfred: Das Problem der Augenblicksverzinsung, in: ZfB 20. Jg. (1950), S. 487 ff.

Istvan, Donald F.: Capital-Expenditure Decisions, in: Indiana Business Report No. 33, Bloomington/Ind. 1961.

Jonas, Heinrich: Die Bestimmung des Kapitalisierungszinsfußes bei der Unternehmungsbewertung, in: ZfB 24. Jg. (1954), S. 488 ff.

— Die Grenzen der Kreditfinanzierung, Wiesbaden 1960.

— Investitionsrechnung, Berlin 1964.

— Zur Methode der Rentabilitätsrechnung beim Investitionsvergleich, in: ZfB 31. Jg. (1961), S. 1—11.

Kahl, Hans-Peter: Die Methoden der Wirtschaftlichkeitsrechnung und ihre Bedeutung für die praktische Investitionspolitik, in: Jacob, H (Hrsg.): Optimale Investitionspolitik. Schriften zur Unternehmensführung Bd. 4, Wiesbaden 1968.

Katona, George: Das Verhalten der Verbraucher und Unternehmer. Über die Beziehungen zwischen Nationalökonomie, Psychologie und Sozialpsychologie, Tübingen 1960. Aus dem Englischen: Psychological Analysis of Economic Behavior, New York 1951.

Kepner, Charles / *Tregoe,* Benjamin B.: Management-Entscheidungen vorbereiten und richtig treffen, München 1967.

Keynes, John Maynard: The General Theory of Employment, Interest and Money, London 1935. Deutsche Übersetzung von H. Krämer: Allgemeine Theorie der Beschäftigung, des Zinses und des Geldes, München—Leipzig 1936.

— A Treatise on Money, New York/London 1930.

Kilger, Wolfgang: Flexible Plankostenrechnung, 3. Aufl., Köln/Opladen 1967.

— Zur Kritik am internen Zinsfuß, in: ZfB 35. Jg. (1965), S. 765—798.

Kirsch, Werner: Zur Problematik „optimaler“ Kapitalstrukturen, in: ZfB 38. Jg. (1968), S. 881—888.

Klaasen, L. H. / *Koyck,* L. M. / *Meij,* J. L. / *Bouma,* J. L.: The Theory of Depreciation and Entrepreneurial Behavior, in: Meij, J. L. (Ed.): Depreciation and Replacement Policy, Amsterdam 1961.

Knetschke, Claus: Die Zinsreagibilität der industriellen Investition, Frankfurt/Main 1963.

Knight, Frank H.: Risk, Uncertainty and Profit, 2. Aufl., New York 1957 (1. Aufl. 1921).

Koch, Helmut: Zur Diskussion in der Ungewißheitstheorie, in: ZfhF NF 12. Jg. (1960), S. 49—75.

— Das Wirtschaftlichkeitsprinzip als betriebswirtschaftliche Maxime, in: ZfhF NF 3. Jg. (1951), S. 160 ff.

Koch, Waldemar: Preistheorie bei Böhm-Bawerk und Morgenstern, in: JbfNÖStat 171. Bd. (1959).

Kondratieff, N. D.: Das Problem der Prognose, in Sonderheit der sozialwissenschaftlichen, in: Annalen der Betriebswirtschaft Bd. I (1927), S. 41—64.

Koreimann, Dieter: Der betriebliche Entscheidungsprozeß, in: BfuP 14. Jg. (1962), S. 129—134.

v. Kortzfleisch, Gert: Die Grundlagen der Finanzplanung, Berlin 1957.

Kosiol, Erich: Art. Rentabilität HdB, 3. Aufl., 3. Bd., Stuttgart 1958.

— (Hrsg.): Die Organisation des Entscheidungsprozesses, Berlin 1959.

— Die Organisation von Investitionsentscheidungen, in: Kosiol, E. (Hrsg.): Organisation des Entscheidungsprozesses, Berlin 1959.

Krelle, Wilhelm: Kapitalbildung und Kapitalverwendung. Schriften des Vereins für Socialpolitik Bd. 5, Berlin 1953.

— Preistheorie, Tübingen—Zürich 1961.

Kuhlmann, Peter / Klaus *Schöneich*: Probleme der langfristigen Fremdfinanzierung nicht-emissionsfähiger Unternehmen in der Bundesrepublik Deutschland, in: Kredit und Kapital 1. Jg. (1968), S. 193—233.

Lange, Günther: Die Investitionsfunktion, in: Die Konsum- und Investitionsfunktion. Untersuchung für die BRD. Forschungsberichte des Landes Nordrhein-Westfalen, hrsg. v. Leo Brandt, Köln-Opladen 1962.

Lehmann, Max Rudolf: Allgemeine Betriebswirtschaftslehre, 3. Aufl., Wiesbaden 1956.

— Wirtschaftlichkeit, Produktivität und Rentabilität, in: ZfB 28. Jg. (1958), S. 573 ff., 614 ff., 671 ff., 746 ff.

Lehnert, P. R.: Rationeller Kapitaleinsatz, Band 6 der Schriftenreihe des IdW, Düsseldorf 1954.

Leitner, Friedrich: Die Unternehmensrisiken, Berlin 1915.

Linhardt, Hanns: Bankbetriebslehre, Band I: Bankbetrieb und Bankpolitik, Köln-Opladen 1957.

— Buchbesprechung zu Schmidt, Werner H. F.: Die Kapitalfehlleitung in der Unternehmung, Bühl/Baden 1935, in: JbfNÖuStat, Bd. 147 (1938), S. 619 bis 623.

— Der Einsatz des Kapitals im Betriebe, in: Der Praktische Betriebswirt 1939 II. Halbjahr, S. 640—655.

— Die finanzielle Führung der Unternehmung, insbesondere der Aktiengesellschaft, in: Büschgen H. E. (Hrsg.): Geld, Kapital und Kredit. Festschrift zum 70. Geburtstag von Heinrich Rittershausen, Stuttgart 1968, S. 375—400.

— Geldmarktforschung im Dienst von Absatz und Verbrauch, in: Jahrbuch für Absatz- und Verbrauchsforschung, hrsg. v. Georg Bergler und Wilhelm Vershofen, 10. Jg. (1964), S. 257 ff.

— Kapitalbeschaffung, Sonderdruck, Leipzig 1939.

Linhardt, Hanns: Der Kapitalmarkt im System der Märkte und die Kapitalmarktpolitik der Banken, in: Österr. BankA 4. Jg (1956), S. 8—24.

— Kapitalwirtschaft und Kapitalrechnung, in: Die Unternehmung im Markt. Festschrift für Wilhelm Rieger, Stuttgart—Köln 1953, S. 39—65.

— Kreditpolitik, in: ZfhF NF 7. Jg. (1955), S. 49—64, wiederabgedruckt in: Kritik der Währungs- und Bankpolitik, Köln-Opladen 1963.

— Die Kreditpolitik der Geschäftsbanken, in: ZfB 25. Jg. (1955), S. 401 ff.

— Liquiditätsprobleme bei der Unternehmensfinanzierung, in: BFuP 13. Jg. (1961), S. 613—629.

— Markttheorie des Geldes, in: BFuP 8. Jg. (1956), S. 6 ff.

— Neue Tendenzen in der Betriebswirtschaftslehre, in: Angriff und Abwehr im Kampf um die Betriebswirtschaftslehre, Berlin 1963, S. 198—214.

— Das Objekt der Wirtschaftswissenschaft, in: ZfB 26. Jg. (1956), S. 197—218.

— Die Unternehmung im Wandel von Geld und Währung, in: Proesler, H., Lehmann, M. R. (Hrsg.): Gestaltwandel der Unternehmung, Nürnberger Abhandlungen, Berlin 1954; wiederabgedruckt in: Angriff und Abwehr im Kampf um die Betriebswirtschaftslehre, Berlin 1963, S. 66—87.

— Wettbewerb und Finanzierung, in: BFuP 10. Jg. (1958), S. 487—497.

— Wettbewerb und Werbung der Kreditinstitute, in: BFuP 21. Jg. (1969), S. 129 ff.

Lipfert, Helmut: Der Geldmarkt, 2. Aufl., Frankfurt/Main 1963.

— Internationale Finanzmärkte. Probleme und Entwicklung eines Jahrzehnts, Frankfurt/Main 1964.

— Optimale Unternehmensfinanzierung, Frankfurt/Main 1967.

— Theorie der optimalen Unternehmensfinanzierung, in: ZfbF 17. Jg. (1965), S. 64 ff.

Lohmann, Martin: Einführung in die Betriebswirtschaftslehre, 2. Aufl., Tübingen 1955.

Lücke, Wolfgang: Finanzplan und Finanzkontrolle, Wiesbaden 1962.

— Investitionsrechnung — aber wie?, in: Der Volkswirt 19. Jg. (1965), S. 152 bis 153.

— Investitionsrechnungen auf der Grundlage von Ausgaben oder Kosten?, in: ZfhF NF 7. Jg. (1955), S. 310—324.

Lüder, Klaus: Zur dynamischen Amortisationsrechnung, in: DB 1966, S. 117 bis 119.

Lundberg, Erik: Produktivitet och räntabilitet, Stockholm 1961.

Lutz, Friedrich A.: Geldpolitik als Konjunkturpolitik, in: ZfK 1955, Sonderheft Juli, S. 9—11.

— The Interest Rate and Investment in a Dynamic Economy, in: AER Vol. XXXV (1945), Bd. 5, S. 826 ff.

— Das Problem der Wirtschaftsprognosen, Tübingen 1955.

— Zinstheorie, Zürich—Tübingen 1956.

Lutz, Friedrich A. / *Lutz,* Vera: The Theory of Investment of the Firm, Princeton 1951.

Lux, Emil: Moderne Unternehmensführung, in: Die Aussprache, 18. Jg. (1968), Heft 11, S. 255—256.

Machlup, Fritz: Börsenkredit, Industriekredit und Kapitalbildung, Wien 1931.

Mahlberg, Walter: Die Betriebsverwaltung. Grundriß der Betriebswirtschaftslehre, Bd. 2: Der Betriebsbegriff und das System der Betriebswirtschaftslehre, Leipzig 1926.

Marx, Karl: Das Kapital, 5. Aufl., Berlin 1955.

Massé, Pierre: Optimal Investment Decisions, New York 1962.

Mellerowicz, Konrad: Geleitwort zu Brandt, H.: Investitionspolitik des Industriebetriebs, Wiesbaden 1959.

— Kosten und Kostenrechnung, 4. Aufl., Berlin 1963.

— Wert und Wertung im Betrieb, Essen 1952.

— Der Wert der Unternehmung als Ganzes, Essen 1952.

Menger, Carl: Grundsätze der Volkswirtschaftslehre, Wien 1871.

Meniconi, Fausto: Theorie des Einkommens, Diss., Basel—Zürich 1954.

Merk, Gerhard: Zur Frage der Zinselastizität der Investitionen, in: ZfgStw 114. Bd. (1958), S. 454—467.

Miller, James H. A.: Glimpse at Calculating and Using Return on Investment, in: NAA Bulletin, June 1960.

v. Mises, Ludwig: Theorie des Geldes und der Umlaufsmittel, 2. Aufl., München—Leipzig 1924 (1. Aufl. 1911).

— The Theory of Money and Credit, New Haven 1954 (1st printing 1953).

Modigliani, Franco / *Hohn*, F. E.: Production Planning over Time and the Nature of the Expectation and Planning Horizon, in: Econometrica 1955, S. 46 ff.

Modigliani, Franco / *Miller*, Merton H.: The Cost of Capital, Corporation Finance, and the Theory of Investment, in: Solomon, E. (Hrsg.): The Management of Corporate Capital, Chicago 1959.

Morgenstern, Oskar: Wirtschaftsprognose, Wien 1928.

Moxter, Adolf: Die Bestimmung des Kalkulationszinsfußes bei Investitionsentscheidungen, in: ZfhF NF 13. Jg. (1961), S. 186—200.

— Die Bestimmung des optimalen Selbstfinanzierungsgrades unter privatwirtschaftlichem Aspekt, in: Fettel, Johannes / Linhardt, Hanns (Hrsg.): Der Betrieb in der Unternehmung. Festschrift für Wilhelm Rieger, Stuttgart 1963, S. 300—317.

— Präferenzstruktur und Aktivitätsfunktion des Unternehmers, in: ZfbF 16. Jg. (1964), S. 6—35.

Münstermann, Hans: Die Bedeutung der Opportunitätskosten für unternehmerische Entscheidungen, in: ZfB 36. Jg. (1966), 1. Ergänzungsheft, S. 18 ff.

Müller-Haeseler, Wolfgang: Der Zins als Konjunkturinstrument, in: WP, 17. Jg. (1964), S. 323—325.

Neumann, John / *Morgenstern*, Oskar: Theory of Games and Economic Behavior, Princeton—Oxford 1944. Deutsche Übersetzung: Spieltheorie und wirtschaftliches Verhalten, Würzburg 1961.

Newman, William H.: Administrative Action, New York 1955.

Nicklisch, Heinrich: Art. „Rentabilität", in: HdB, 2. Aufl., 2. Bd., Stuttgart 1939.

Nowak, Richard: Der Finanzmarkt New York, Köln-Opladen 1967.

Oberparleiter, Karl: Funktionen und Risiken des Warenhandels, 2. Aufl., Wien 1955 (1. Aufl. 1930).

Oettle, Karl: Art. „Selbstfinanzierung" HdB 3. Aufl., 3. Bd., Stuttgart 1960, Sp. 4867—4877.

Oppenheimer, Franz: Das Kapital, Leiden 1938.

Ott, Alfred E.: Marktform und Verhaltensweise, Stuttgart 1959.

o. V.: Art. „Psychology", in: Encyclopaedia Britannica, London 1960, Vol. 18, Sp. 687 b.

o. V.: Hotelbau ist unrentabel, in: HB v. 25. 7. 66.

o. V.: Short-Term Economic Foreasting. Studies in Economic and Wealth Bd. 17, Princeton 1955.

o. V.: Warnung vor der Aufnahme zu teurer Hypotheken, in: Die Welt Nr. 56 v. 7. 3. 60.

o. V.: Wohnungsbau doch zinselastisch, in: HB v. 27. 11. 65, S. 11.

o. V.: Die Zinsbelastung der Industrie, in: ZfK 1962, S. 337—338.

Pack, Ludwig: Betriebliche Investition, Wiesbaden 1959.

— Rationalprinzip und Gewinnmaximierungsprinzip, in: ZfB 13. Jg. (1961), S. 207 ff. u. 281 ff.

— Rationalprinzip, Gewinnprinzip und Rentabilitätsprinzip, in: ZfB 17. Jg. (1965), S. 525 ff.

— Rentabilitätsanalyse von Investitionen, in: ZfB 33. Jg. (1963), S. 291—296.

Paulsen, Andreas: Neue Wirtschaftslehre, Berlin—Frankfurt/Main 1954.

Pfeiffer, Johann H.: Langfristige Finanzierung durch Ausgabe von Obligationen, Wandelanleihen usw., in: Janberg, H. (Hrsg.): Finanzierungshandbuch, Wiesbaden 1964, S. 297—314.

Pigou, Arthur C.: Income, London 1946.

Preiser, Erich: Der Kapitalbegriff und die neuere Theorie, in: Die Unternehmung im Markt. Festschrift für Wilhelm Rieger zum 75. Geburtstag, hrsg. v. Johannes Fettel und Hanns Linhardt, Stuttgart 1953, S. 14—38.

— Investition und Zins, in: JbfNÖStat Bd. 170 (1958), S. 100 ff.

— Nochmals: Investition und Zins, in: JfbNÖStat Bd. 171 (1959), S. 241 ff.

Plenge, Johann: Kapital und Geld, in: Weltwirtschaftliches Archiv 24. Bd. (1926).

Prion, Willi: Kapital und Betrieb, Leipzig 1929.

Ravenscroft, Edward A.: Return on Investment — Fit the Method to Your Need, in: HBR March/April 1960, S. 97 ff.

Recktenwald, Horst C.: Zur Lehre von den Marktformen, in: Weltwirtschaftliches Archiv 67. Bd. (1951).

Renck, Olle: Empirical Studies of Investment Behavior, in: MI 1964, Nr. 5/6, S. 70—80.

Reul, Ray J.: Profitability Index for Investments, in: HBR Juli/August 1957, S. 43—59.

Reuther, Waldemar: Der Kapitalisierungszinsfuß in der Ertragswertberechnung der Unternehmung, Diss., Gießen 1933.

Rieger, Wilhelm: Einführung in die Privatwirtschaftslehre, 4. Aufl., Erlangen 1964 (1. Aufl. 1928).

Rittershausen, H.: Finanzwirtschaft. Die kurzfristigen Finanzdispositionen, in: HdW, 2. Aufl., Köln-Opladen 1966, S. 381—452.

— Industrielle Finanzierungen, Wiesbaden 1964.

Rittershausen, H.: Die Vereinigung von Geldtheorie und Wirtschaftspolitik, in: Kruse, A. (Hrsg.): Wirtschaftstheorie und Wirtschaftspolitik, Berlin 1951.

— Die Zentralnotenbank, Frankfurt/Main 1962.

Robinson, Joan: The Economics of Imperfect Competition, 9. Aufl., London 1954.

Rose, Joseph R.: The Cost of Capital, Corporate Finance, and the Theory of Investment: Comment, in: AER Vol. 49 (1959), S. 638 ff.

Rummel, Kurt: Wirtschaftlichkeitsrechnung, in: Archiv für das Eisenhüttenwesen 10. Jg. (1936), S. 73—84.

Samuelson, Paul A.: Some Aspects of the Pure Theory of Capital, in: Quarterly Journal of Economics 1936/37, S. 475 ff.

Sandig, Curt: Finanzierung mit Fremdkapital, Stuttgart 1930.

— Die Forschungs- und Darstellungsmethoden und das Methodenproblem in betriebswirtschaftlicher Sicht, in: BFuP 9. Jg (1957), S. 138 ff.

— Art. „Methodenprobleme, betriebswirtschaftliche", in: HdB, 3. Aufl., 3. Bd., Sp. 3961—3979.

Seischab, Hans: Über Wirtschaftlichkeit und Wirtschaftlichkeitsrechnung, in: Aktuelle Betriebswirtschaft. Festschrift für Konrad Mellerowicz, Berlin 1952.

Shackle, George L. S.: Expectations in Economics, 2. Aufl., Cambridge 1952.

Simon, Herbert A.: Administrative Behavior. A study of decision making processes in administrative organisations, New York 1945.

Smith, V. L.: A Theoretical and Empirical Inquiry into the Economic Replacement of Equipment, Diss., Harvard 1955.

Solomon, Ezra: The Management of Corporate Capital, Glencoe 1959.

Sombart, Werner: Der moderne Kapitalismus, Band 1 und 2: 1902, Band 3: 1928.

Sveriges Mekanförbund (Hrsg.): Investeringskalkyler, Stockholm 1958/1960.

Schäfer, Erich: Grundfragen der Betriebswirtschaftslehre, in: HdW, Bd. I: Betriebswirtschaft, S. 11 ff.

— Grundlagen der Marktforschung, 3. Aufl., Köln-Opladen 1953.

— Über einige Grundfragen der Betriebswirtschaftslehre, in: ZfB 20. Jg. (1950), S. 553 ff.

— Die Unternehmung, 5. Aufl., Köln-Opladen 1963.

Scheffler, Hans Eberhard: Investitionen und ihre Wirtschaftlichkeit, Bremen 1961.

Schiller, Karl: Die Rolle der Banken in der Wirtschaft, in: Banken im Dienste des Fortschritts. Sonderbeilage zum ‚Handelsblatt' v. 21. 10. 68.

Schindler, Heinz: Investitionsrechnungen in Theorie und Praxis, 3. Aufl., Meisenheim/Glan 1966 (1. Aufl. 1958; Diss., Freiburg/Brsg. 1955).

Schmalenbach, Eugen: Die Beteiligungsfinanzierung, 9. Aufl., Köln-Opladen 1966.

— Dynamische Bilanz, 13. Aufl., Köln-Opladen 1962.

— Finanzierungen, 6. Aufl., Köln-Opladen 1937.

— Die Finanzierung der Betriebe. Bd. I: Kapital, Kredit und Zins in betriebswirtschaftlicher Beleuchtung, 4. Aufl. 1961 (1. Aufl. 1933).

— Kostenrechnung und Preispolitik, 8. Aufl., Köln-Opladen 1963.

Schmidt, Werner H. F.: Die Kapitalfehlleitung in der Unternehmung, Bühl/Baden 1935.

Schneider, Dieter: Der Einfluß der Besteuerung auf die Investitionspolitik der Unternehmungen, in: Jacob, Herbert (Hrsg.): Optimale Investitionspolitik. Schriften zur Unternehmensführung Bd. 4, Wiesbaden 1968.

— Die wirtschaftliche Nutzungsdauer von Anlagegütern als Bestimmungsgrund der Abschreibungen, Köln-Opladen 1961.

Schneider, Erich: Einführung in die Wirtschaftstheorie, II. Teil, 2. Aufl., Tübingen 1953.

— Investering og Rente, Kopenhagen 1943/44.

— Reine Theorie monopolistischer Wirtschaftsformen, Tübingen 1932.

— Wirtschaftlichkeitsrechnung. Theorie der Investition, 4. Aufl., Tübingen 1962.

— Zielsetzung, Verhaltensweisen und Preisbildung, in: JbfNÖuStat 157. Bd. (1943), S. 405—434.

Schnettler, Albert: Der Zins im Wirtschaftsbetrieb, Stuttgart 1939.

Schumpeter, Joseph A.: Theorie der wirtschaftlichen Entwicklung, 5. Aufl., Berlin 1952 (1. Aufl. 1912).

Schwarz, Horst: Die Bedeutung der Forschung und Entwicklung für die Investitionspolitik. Vortrag auf dem 13. Deutschen Betriebswirtschafter-Tag, Berlin 1960, abgedruckt in: Wirtschaftlich führen — wirtschaftlich investieren, hrsg. v. d. DGfB, Berlin 1960.

— Optimale Investitionsentscheidungen, München 1967.

— Rationale Vorbereitung der Entscheidungen über größere Investitionsvorschläge, in: Mellerowicz, K. u. J. Bankmann (Hrsg.): Wirtschaft und Wirtschaftsprüfung, Stuttgart 1966.

— Zur Bedeutung und Berücksichtigung nicht oder schwer quantifizierbarer Faktoren im Rahmen des investitionspolitischen Entscheidungsprozesses, in: BFuP 12. Jg. (1960), S. 686—698.

v. Stackelberg, Heinrich: Grundlagen der theoretischen Volkswirtschaftslehre, 2. Aufl., Bern-Tübingen 1951.

— Marktformen und Gleichgewicht, Berlin 1934.

Stadler, Willy: Der Investitionsplan, in: IdW (Hrsg.), Unternehmen und Unternehmensberater im Gemeinsamen Europäischen Markt, Düsseldorf 1960.

Strobel, Arno: Die Liquidität, 2. Aufl., Stuttgart 1953.

Stucken, Rudolf: Geld und Kredit, 2. Aufl., Tübingen 1957.

Terborgh, George: Equipment Replacement and Depreciation, Washington 1956.

— Leitfaden der betrieblichen Investitionspolitik, Wiesbaden 1962 (1. Aufl.: Dynamic Equipment Policy, New York—Toronto—London 1949).

Trechsel, Fritz: Investitionsplanung und Investitionsrechnung, Bern 1966.

Töndury, Hans / *Gsell*, Erik: Finanzierungen, Zürich 1948.

Veit, Otto: Wirkungsfelder des Zinses. Veröffentlichung der Arbeitsgemeinschaft Kleinheubach, Kleinheubach 1958.

Wagner, Adolph: Die Geld- und Kredittheorie der Peelschen Bankakte, Wien 1862.

Walb, Ernst: Unternehmungsgewinn und Betriebsgewinn, in: ZfhF 20. Jg. (1926), S. 545 ff.

Walther, Alfred: Einführung in die Wirtschaftslehre der Unternehmung, 1. Band, Zürich 1947.

Weber, Max: Grundriß der Sozialökonomie, III. Abt.: Wirtschaft und Gesellschaft, 4. Aufl., Tübingen 1956.

Wicksell, Knut: Geldzins und Güterpreise, Jena 1898.

— Kapital, Wert und Rente, Jena 1893.

von Wieser, Friedrich: Der natürliche Werth, Wien 1889.

— Theorie der gesellschaftlichen Wirtschaft, in: Grundriß der Sozialökonomik, Abt. I, Teil II, Wien 1924.

Wild, Jürgen: Zur praktischen Bedeutung der Organisationstheorie, in: ZfB 37. Jg. (1967), S. 577.

Wissler, Albert: Das Zinsproblem in theoretisch-empirischer Sicht, Sonderheft der Schriftenreihe Forschung, Reihe A, Nr. 32, hrsg. v. Dt. Inst. f. Wirtschaftsforschung, Berlin 1955.

Witte, Eberhard: Die Liquiditätspolitik der Unternehmung, Tübingen 1963.

Wittmann, Waldemar: Unternehmung und unvollkommene Information, Köln-Opladen 1959.

Wöhe, Günter: Methodologische Grundprobleme der Betriebswirtschaftslehre, Meisenheim/Glan 1959.

Wright, Robert W.: A Note on ‚Time and Investment', in: Economica Vol. III (1936), S. 436 ff.

Zangen, Wilhelm: Die Praxis der industriellen Unternehmensführung, Essen 1961.

Zimmerer, Carl: Eigenkapital und Fremdkapital in der Unternehmung, in: Wirtschaft — Finanzen — Finanzierung, hrsg. v. DGfB, Berlin 1960, S. 44 bis 61.

Zwiedineck-Südenhorst, Otto: Der Begriff des homo oeconomicus und sein Lehrwert, in: JbfNÖuStat Bd. 140 (1936), S. 519 ff.

FSC
www.fsc.org
MIX
Papier | Fördert gute Waldnutzung
FSC® C083411

Kolibri 360 GmbH
Ferdinand-Jühlke-Straße 7
99095 Erfurt, Deutschland
produktsicherheit@kolibri360.de

Druck:
CPI Druckdienstleistungen GmbH
im Auftrag der
Kolibri 360 GmbH
Ferdinand-Jühlke-Str. 7
99095 Erfurt